本著作受上海市哲学社会科学规划课题资助
（批准号：2016BJL001）

上海大学马克思主义中国化研究丛书

上海居家养老服务供求状况及机制研究

艾慧 著

中国社会科学出版社

图书在版编目（CIP）数据

上海居家养老服务供求状况及机制研究／艾慧著．—北京：中国社会科学出版社，2021.10

（上海大学马克思主义中国化研究丛书）

ISBN 978－7－5203－7857－4

Ⅰ.①上… Ⅱ.①艾… Ⅲ.①养老—服务业—需求—研究—上海 Ⅳ.①F726.99

中国版本图书馆CIP数据核字（2021）第022834号

出版人 赵剑英
责任编辑 喻 苗
责任校对 杨 林
责任印制 王 超

出 版 中国社会科学出版社
社 址 北京鼓楼西大街甲158号
邮 编 100720
网 址 http://www.csspw.cn
发行部 010－84083685
门市部 010－84029450
经 销 新华书店及其他书店

印 刷 北京明恒达印务有限公司
装 订 廊坊市广阳区广增装订厂
版 次 2021年10月第1版
印 次 2021年10月第1次印刷

开 本 710×1000 1/16
印 张 19.75
插 页 2
字 数 314千字
定 价 99.00元

《上海大学马克思主义中国化研究丛书》
编 委 会

主　任　孙伟平

副主任　王天恩　刘绍学　邱仁富

委　员（按姓氏笔划为序）

段　勇　王天恩　孙伟平　邱仁富　陈新汉
刘绍学　焦成换　高立伟　张高峰　陶　倩
欧阳光明　夏国军　程　娜　刘靖北
忻　平　尹　岩　宁莉娜

总　序

中国共产党即将迎来建党100周年，这也是马克思主义“中国化”、“化中国”的100年。100年来，中国共产党始终坚持马克思主义基本原理与中国革命、建设、改革的具体实践相结合，形成了一系列与时俱进的理论创新成果，深刻回答了什么是社会主义、怎样建设社会主义，建设什么样的党、怎样建设党，实现怎么样的发展、怎样发展，新时代坚持和发展什么样的中国特色社会主义、怎样坚持和发展中国特色社会主义等一系列重大课题；并带领中国人民从“站起来”走向“富起来”、“强起来”，为解决人类共同问题提供了“中国智慧”和“中国方案”。迈入全球化、信息化、智能化时代，面对新的时代背景、新的实践基础和新的人民诉求，进一步梳理马克思主义中国化的进程和成果，深化马克思主义中国化研究，仍然是摆在我们面前的时代课题。

上海大学是一所具有“红色基因”的高等学府。1922年10月23日，国共两党合作创办了上海大学，成为中国共产党传播马克思主义、培养革命干部的重要舞台。瞿秋白、邓中夏、蔡和森等一大批早期共产党人曾任职上海大学，积极宣传、传播马克思主义，推动了马克思主义中国化的历史进程。今天的上海大学秉承老上海大学的红色传统，一直将马克思主义中国化、培养新时代的马克思主义者视为自己的神圣使命。上海大学马克思主义学院在此方面，自然更是肩负使命，责无旁贷。2015年，上海大学马克思主义学院获批上海市马克思主义理论学科发展同城平台、上海高校“马克思主义理论高原学科”，2016年获批上海市示范马克思主义学院，2018年获批上海高校“马克思主义理论高峰学科”和马克思主义理论研究智库，2019年获批上海市习近平新时代中国特色社会主义思想研究基地和上海市高水平地方高校重点创新团队。以上述平台为依托，学院组织力量，积极开展20世纪20年代上海大学马克思主义中国化的文献整理和研究，开展马克思主义中国化的历史、理论和实践研究，为推动马克思主义中国化贡献“上大力量”。

在多年的研究过程中，上海大学马克思主义学院在马克思主义中国化方面，逐渐形成了智能时代的马克思主义、马克思主义价值思想中国化、思想政治教育课改革与创新等特色研究方向，逐渐形成了与当年的红色传统遥相呼应的“上大特色”。特别是以上海高校马克思主义理论高峰学科建设为依托，正在努力探索马克思主义中国化的当代学术形态，并以之为特色灌注到学生培养的全过程，培育立场坚定、业务过硬、勇于担当的“时代新人”。

策划、出版这套《上海大学马克思主义中国化研究丛书》，正是上海大学马克思主义学院不忘初心，传承红色基因，推进当代马克思主义中国化的重要举措。我们衷心地希望，能够以更加开阔的胸怀，凝聚更多的力量参与这项工作，推出一系列重要成果，培育一大批时代英才，在今日的上海大学续写马克思主义中国化的新篇章。

孙伟平　邱仁富

2020年10月1日

前　　言

上海市构建居家养老服务体系已经过了20年的探索历程。居家养老服务体系的完备程度和服务质量不仅关乎社会福祉，同时还属于总供求范畴，对于经济发展、公共服务质量提升有着重要的推动作用。本书主要以微观调查为基础，聚焦需求分析居家养老服务可能存在的供求错配，并展开定量分析。供给侧主要涉及居家养老服务产业的“市场失灵”及政策协调层面存在的问题和原因。针对这些问题，参照其他国家的做法，为上海乃至全国的居家养老实践及制度完善提供可资借鉴的经验。主要内容如下：

第一章“绪论”：研究背景、意义和思路。上海市居家养老服务在制度和服务体系建构方面已经取得相当大的进展，在党的十九大报告的宏观政策面指引下以及互联网催生的新经济新业态的背景下，居家养老服务的供给结构及制度安排是否与需求结构的发展同步，或者对需求是否有先导性的引领，尚需要进一步研究。居家养老服务为主导的养老服务体系的研究，是对福利经济学、宏观经济学、公共经济学等学科知识的具体应用，“双差距”“双失灵”的分析实质是寻求养老“福利化”与“产业化”有机结合模式，一方面关乎社会福祉，另一方面还是供求范畴，对经济发展也具有一定的推动作用。本书的分析主要有居家养老的微观、中观和宏观研究三个层次。

第二章“文献述评”：居家养老实践拓展相关研究。本部分在梳理国内外居家养老服务有关文献的基础上，分析现有研究的不足之处，目前的研究主要包括居家养老服务供求、财政支出效率衡量方法及其应用、关于幸福感的研究以及居家养老服务的供给模式分析等。现有研究在微观层面、定量研究层面及多学科交叉层面均有可以改进的地方，本书的创新之处也主要集中于上述几个方面。

第三章“居家养老理论基础”：供求分析的起点。社会资本理论、网络化治理理论和福利多元理论是本书写作的理论基础。居家养老服务的供给方多元化要求制度资本和关系资本之间建立互补、合作的关系，在关系网络上的各个环节各司其职且功能相互协调和配合，从而取得整体效率的最大化，以避免“市场失灵”、“政府失灵”、“家庭失灵”及“志愿失灵”等问题，而这些均与上述三个理论有着密切的关联。

第四章“中国传统文化与现代养老观念”：中国传统文化与现实养老基础。本书在总结传统孝文化的基础上，站在现实背景去思考孝文化的演变，首先对比分析大同社会对于养老问题的憧憬及其与现代社会化养老的区别，而制度化和社会化养老的提出和实践实质上是现代版有条件的“老吾老以及人之老”。然而问题在于目前制度性养老与家庭养老的关系是替代还是互补？当传统的“孝”文化在当今社会的人口迁移和家庭结构小型化的冲击下日渐弱化，现实中出现的事实表明两者更趋向于替代关系。养老仍然是家庭的重要义务和责任，在制度化与社会化养老逐渐兴起之时，需要更加强调家庭的养老作用，矫正逐渐偏离的关系。

第五章“居家养老的理想与现实”：供给来源的多元化与老人的现实偏好。与居家养老相关的概念很多，目前处于比较混杂的局面，本书采用“居家养老”更加强调家庭的责任和义务，从居家养老服务的供给来源看是多元化的，于是“居家养老”的定义有了狭义和广义之分，本书选取广义的概念，目的是既强调家庭作用又强调社会化养老专业性的补充功能。根据两个比较权威的调查，与全国情况相比，上海市老人目前的选择更多的是居家养老，而从服务来源上看选择自我照料和亲属照料的居多，选择居家上门服务的也占一定比例。这说明上海市的养老方式和观念正在发生变化，社会化养老的需求主体开始逐渐培养起来。这样的趋势更需要进行供求结构的分析，将居家养老配以专业化社会养老，从而提高居家养老服务的供给效率。

第六章“问卷设计及定性定量分析”：老人情况及需求的整体状况。主要包括根据问卷调查的具体结果进行的定性分析，其中最主要是在界定“居家养老”基础上的需求偏好及“双差距”分析。除此之外，根据调查问卷的信息反馈，通过定性和量化相结合的分析，我们可以大致勾勒出被调查者群体的整体状况，包括家庭、收入、身体状况、与子女的相处方式、信息的获得渠道、对互联网等相关产品的使用情况、需求偏好及满足状况、对政策的满意程度、养老方式选择以及精神情绪的表达等信息。

第七章“老人幸福感的定性与定量分析”：幸福感的影响因素。老人的收入、需求偏好、供求情况、焦虑等因素将体现在幸福感上，因此对于养老的各项制度安排最终目的是提升老人的幸福感，基于以上原因，本章对问卷数据做更深入的信息挖掘，在定性分析基础上以幸福感作为核心，分析影响幸福感的主要因素。最后将定性与定量结合起来，从微观角度提出提升老年群体幸福感的建议，主要包括养老服务的供给侧结构性改革、互联网等新知识的传授、政策宣传渠道以及摒除老年人忧虑等方面。市场的供给侧需要在引导老人需求升级的方面发挥更重要的作用。

第八章“养老服务产业发展的不平衡性状况研究”：中观层面的前半部分。本部分结合产业结构理论从狭义的养老服务产业出发，对养老服务产业与其他产业的关联性及波动效应进行了定量分析，发现上海市养老服务产业发展不平衡主要表现在两个方面：一是养老服务产业与其他产业之间的不平衡性。养老服务产业与相关产业具有较强的关联性，但是受区域经济的拉动作用较弱，因此这个领域不具有完全的市场性，从这个角度也说明养老产业属于准公共产品领域。二是从产业内部的性质看，产业内部也存在不平衡性，狭义的养老产业发展更快，而广义的市场化部分却发展缓慢。这说明狭义的养老产业可能对市场化部分有挤出作用，市场化部分尚待发展。

第九章“社会资本角度的老龄产业运作模式研究”：中观层面的后半部分。养老产业具有周期性长和公益性并存的性质，当我们讨论养老服务产业时，需要兼顾对产品产业的分析，因为养老服务产业与养老产品市场相辅相成，一方发展不好就成为另一方的掣肘。现实中养老服务产业的发展更胜一筹，一方面与养老服务产业采取了“居家养老 + 社区服务”的模式，拥有比较充足的社会资本，另一方面养老产品供给者更多是市场化和专业化程度比较高的部门，尚缺乏社会资本的支持，被老年人接受需假以时日，这方面同时体现出政府和市场在营造社会资本时的失灵。

第十章“居家养老服务供求错配现状及原因研究”：宏观层面的整合协调。本部分针对资源闲置和资源浪费并存、功能定位模糊与职能交叉并存以及供给结构与年龄分层的矛盾，从以政府为核心的层面多个角度分析供求错配的原因，该问题与政府在资源配置方面的效率关系密切，因此本部分更多以养老服务供给效率为角度探讨供求错配的原因。分别从政府层面、社区层面、社会组织、评估机构、家庭5个方面分析各主体内部已经取得的成就、存在的问题及主体间的配合和运营模式问题。养老层面的市场失灵决定了需要政府的支持、引导，政府失灵需要政府供给结构的调整，或在职责范围内进行制度完善提高政府供给效率，或为市场提供更为公平的竞争环境。

第十一章“居家养老服务财政支出绩效评估”：直观量化的评估方法。本部分介绍了绩效评估及扩展线性支出模型的发展及其原理，但因缺乏数据支持，留作今后的研究方向：对养老服务的消费结构分析，估计出老人对某种服务的基本需求及其满足情况，以此作为评价政府支出效率的微观基础。在宏观方面，本部分尝试利用DEA的计算方法评估案例区域的居家养老财政支出效率，比较区域之间的支出效率及改进的可能性，从定量上评价财政支出效果。

第十二章“国外居家养老的经验借鉴”：他山之石，可以攻玉。选择了比较典型的日本、澳大利亚、英国和法国四国，总结其居家养老制度的发展过程及实践经验，从法律制度完善、政府职能转变、医疗服务体系的构建、生活照料体系的构建、专业人才培养机制的完善、社会力量的参与及各专业协同合作等方面对案例国家的经验进行总结，为我国在居家养老服务层面的市场失灵和政府失灵提供可资借鉴的经验。比如日本是超老龄化社会，它经过了长时间的制度设计和实践，对我国应对老龄化危机具有较好的借鉴意义。

第十三章“老年退休社区的发展趋势”：未来的可能走向。目前居家养老仍为老年群体所选择的最重要的养老方式，但未来随着生活质量的提高可能产生资源共享的老年社区。本部分主要对目前已经产生的退休社区业态进行分析，生态化和智能化养老将成为未来的发展趋势。并介绍案例国家生态化、智能化社区的设计和案例社区的运行模式，为目前中国的养老地产的发展和养老社区的营建，从人性化、社会化、生态化、智能化等方面提供有益的理念支持。

第十四章“养老保险统筹账户面临的挑战及可持续运行能力”：老人收入的可持续性。从微观调查看老人对养老服务的需求影响因素主要是收入，而老人的收入主要来自于养老金，那么在老龄化逐渐提高的情况下养老金支付的可持续预期势必影响老人的消费水平。本部分就养老金问题展开，因统筹账户是全国统筹，故计算数据也是全国数据，但基于上海市老龄化程度和人口自然增长率均高于全国水平，而整个账户的亏空势必影响上海市老人的养老金统筹账户的发放，故就此而言养老金账户的保值增值迫在眉睫，否则财富增长的预期会影响到老人福利水平及当期和未来消费，进而影响到养老服务产业的发展。

第十五章“长三角区域一体化研究现状和展望”：未来的研究方向。长三角一体化是目前的热门话题，而长三角区域养老一体化也逐渐引起关注。受地域和习惯的影响，长三角地区之间的老人流动性比较高，但养老资源的闲置和稀缺并存说明老人流动要快于资源的配置效率，因此需要对长三角区域的养老一体化进行分析，未来的研究将基于异地养老微观调查所划定的养老服务产业的特定部门，在划分产品性质基础上进行分析，包括养老服务的纯公共产品供给过程中的政府效率，准公共产品的政府与市场配合效率（两者是互补还是挤出关系），市场化私人产品供给中的效率问题等，判断一体化的资源配置效应，为长三角区域养老一体化助力。

第十六章“结论与政策建议”。本部分的结论将包括本书所有的分析结论，分别从微观、中观和宏观三个层面进行概括，包括制度性养老及家庭养老的关系、目前供求错位状况及原因、养老服务产业发展的不平衡状况以及公共支出效率的评估，等等。根据分析，提出以下政策建议：制定产业发展规划并落实到位、厘清政府职责加快市场化进程、优化产业布局发挥区域优势、加强对企业家和老年人的政策宣传、培育专业人才并通过科技替代人工等。

目　　录

第一章
绪　论

一　研究背景

从 2001 年上海市提出构建居家养老服务体系开始，相关的制度正在不断完善过程中。上海市政府不仅在政策方面给予支持，而且在实际操作层面也开展了许多工作，在全市范围内已经进行了一系列前瞻性的探索。2000 年，上海市民政局率先实行由政府买单的居家养老服务实践，向试点的每个街道提供三万元资金补助，街道依托养老服务机构为老年人提供居家养老。2002 年，上海市民政局发布《上海市民政局关于进一步推进深化居家养老服务工作的通知》，一方面明确购买居家养老的资金来源和筹措渠道，另一方面要求对提供服务的人员进行岗前技能培训。2003 年起，确定了政府主导、社会组织提供实体服务的举措，在市民政局的统筹安排下，建立市、区、街道三级居家养老服务中心，负责居家养老的具体实施。2005 年和 2006 年，上海市政府先后颁布《关于全面落实 2005 年市政府养老服务实施项目，进一步推进本市养老服务工作意见》和《上海市居家养老服务需求评估表》，决定以经济水平和生活自理能力为评估标准进一步扩大养老服务受益人群，确定为占老年人口总数 2.5% 的人群提供服务，补助对象从部分困难老年人扩大到低收入且生活不能自理的老年人。2008 年，上海市发布《关于全面落实 2008 年市政府养老服务实事项目进一步推进本市养老服务工作的意见》，对 80 周岁以上，独居或家中仅有老年人居住的纯老家庭，而且月养老金低于全市城镇企业月平均养老金且需要生活照料的老人，按标准服务补贴的50%再给予补贴。2015年发布的《社区居家养老服务规范实施细则（试行）》，将社区居家养老服务的各项内容及要求作了进一步细化，如洗发水温控制在40℃～45℃，保持无长指（趾）甲等。2016年，上海市开始建立老年综合津贴制度，将65至100岁以上的老年人按照年龄段划分为五档，分别对应不同的津贴标准。同时，建立起敬老卡管理制度。2016年，上海市发布《关于全面推进老年照护统一需求评估体系建设的意见》，将老年人的照护需求从自理能力和疾病轻重两个维度进行评估，综合考量两个维度的评分将老年人需求分为1至6个等级，等级越高照护标准越高。2017年，老年人照护统一需求评估体系试点工作开始在上海市徐汇、普陀、金山三个区域进行试点工作。《上海市社区养老服务管理办法》将社区养老服务的参与主体和职责进行了进一步明确，同时从设施建设、服务供给、服务监管方面提出了具体的要求。2018年，上海市人社局修订了《上海市长期护理保险试点办法》，将长期护理保险试点工作推广至全市。

目前上海市已经逐步建立起以街道办事处、镇（乡）政府为枢纽的社区居家养老服务体系，由各级民政局和相关部门开展管理、监督工作；由街道办事处、镇（乡）政府负责整合社区服务资源，发展社区养老服务；由各类社会服务机构开展专业照护服务的居家养老体系。经过20多年的探索，上海的老龄事业取得了很大成绩，根据《2016年上海市老龄事业发展报告书》，社区已经构建成“五环”为老服务设施布局：第一环，镇综合服务圈，建设社区综合为老服务中心，提供一站式服务；第二环，社区托养服务圈，加快建设老年人日间服务中心、长者照护之家、助餐服务点等设施；第三环，居村活动圈，每村每居至少拥有1家标准化老年活动室；第四环，邻里互助圈，建立社区睦邻点，推动老年人互助式养老；第五环，居家生活圈，居室适老性改造及楼梯、小区公共环境设施。①

在2016年1月26日召开的中央财经领导小组第十二次会议上，习近

① 上海市养老服务平台（http：//www. shweilao. cn/cms/cmsDetail？uuid＝0e52a153－1784－4871－8308－69ec59c9c0dc）。

平总书记强调，供给侧结构性改革基本目的是提高社会生产力水平，落实好以人民为中心的发展思想。党的十九大又进一步指出："中国特色社会主义进入新时代，社会主要矛盾转化为人民日益增长的美好生活需要和不平衡、不充分的发展之间的矛盾。"新时代我国的社会主要矛盾发生变化，养老需求也在升级，为积极应对我国人口老龄化危机，本书对居家养老服务供求现状、老龄产业的现状、政府职能演变作出研究，旨在推动居家养老服务全面协调可持续发展。具体有两个方面：一是需求方面，新时代提出了更广泛的命题——受大环境的影响新时代老年群体展现出与传统时代不同的需求特征。面对多种需求，幸福感为基础的需求研究可以判断出老龄服务供给的侧重点。二是供给方面，鉴于养老领域的准公共产品性质，居家养老服务产业的供给来源于不同的供给主体，它们在功能上既有联系又有区别，本书通过它们之间关系、目前的定位及问题研究，为其关系的进一步厘清和产业发展的制度环境等的政策制定提供依据，为提高老人福祉、刺激银发经济建言献策。

二 研究意义

（一）学术意义

第一，区分获取养老服务的主观意愿和有效需求。只有具备支付能力的养老服务消费意愿才能成为有效需求，区分的目的是判断主观意愿和有效需求的差距，有效需求和供给的差距（以下简称"双差距"）。第二，将计量等定量研究方法运用于养老服务的分析。主要包括老人的幸福感影响因素、老龄产业发展情况的度量以及居家养老服务公共财政支出效率评估等方面。第三，从理论上阐明居家养老服务供给过程中的家庭养老和社会化养老的分工，寻求养老"福利化"与"产业化"有机结合的模式，因此本书具有一定的学术意义。

（二）应用意义

居家养老服务体系发展研究不仅关乎社会福祉，同时还属于总供求范畴，对于经济发展及质量提升有着重要的推动作用。居家养老被认为是最适合我国发展现状的养老模式。但实践中，养老服务由谁提供、提供的内容、提供的方式等问题仍在讨论中，而这些问题具有显著的城乡和区域性差异，因此本书对上海市城乡的养老服务“双差距”进行区域对比的微观研究，避免在养老服务供给过程中的“一刀切”，建立合理的供给系统以实现区域性的需求总量和结构的匹配。

三 研究思路

居家养老服务的主观意愿和有效需求是两个差别很大的概念，一个合理的养老服务体系不仅在于满足现实的有效需求，还在于解决主观意愿无法转化为有效需求的问题。上海市现有的居家养老服务在弥补“双差距”过程中仍存在问题，问卷调查可以清楚地显示问题所在。公共财政支出效率是分析养老资源配置的关键，支出效率影响着养老服务的社会化、专业化、产业化和社区化及科技化程度。居家养老服务存在较强的区域性差异，在问卷调查基础上对城区和乡镇分别进行研究，才可因地制宜，“一刀切”的做法会加剧“双差距”和“双失灵”的情况。

第一，区域性问卷基础上的双差距研究。对上海市各城区和乡镇分别计算并对比老龄化率。在问卷设计中充分体现主观意愿、有效需求、供给及满意度，充分收集安德森模型及相关文献所涉及的变量样本数据，充分收集养老资源供给主体的信息。然后分别对城区养老服务“双差距”以及乡镇养老服务“双差距”进行对比。

第二，养老服务需求影响因素及幸福感研究。以问卷数据为基础，分别对城区和乡镇幸福感的影响因素进行 logistic 回归分析，对比各因素的显著性及偏效应。结合人口结构变迁、城镇化、收入结构调整等未来趋势，对上海市城区和乡镇养老服务需求进行预判。

第三，中观层面主要是居家养老服务产业与国民经济的关联作用，分为居家养老产业对国民经济其他部门的推动作用及国民经济对居家养老产业的拉动作用。在居家养老产业内部，分为居家养老产品和居家养老服务两部分，现实中两者结合紧密，两者是互补和相互推动的关系，但如果发展不平衡也会被对方所掣肘。因此居家养老产业与国民经济、居家养老产业内部的情况，需要做进一步研究。

第四，“双差距”的原因探析。近年来学术界对国外养老服务的研究中，存在较多关注国外养老服务“福利化”的一面，而相对忽视其“产业化”一面的倾向。居家养老服务具有准公共产品的性质，在市场失灵的基础上需要对政府应介入的领域进行分析。本部分根据问卷调查信息、地方年鉴和资料，从政府、家庭、企业、社区等层面研究造成“双差距”的原因。政府层面，本部分运用 DEA，通过养老服务公共财政支出效率及其影响因素进行比较。政府推进“产业化”过程中的政策、资金和科研导向，“福利化”与“产业化”相融合的制度模式，国外养老服务经验的整合和应用程度，将影响上海市居家养老体系的发展方向。

第五，构建居家养老服务体系的政策建议。基于养老服务“双差距”特征和原因探讨，本部分结合具体需求对居家养老服务体系进行构建，即针对区域性特征缓解市场失灵、政府失灵（以下简称“双失灵”）问题。以模型结果为基础，提出提高地方财政支出效率的措施，国外制度模式的借鉴亦需因地制宜。“互联网 + 养老服务”的养老方式也可以增进资源配置效率，产生产业集聚效果，但互联网的应用需要有更广泛的老年群体基础。

四 研究内容

目前以居家为基础的政策定位说明居家养老服务体系的完备程度和服务质量关系到最广大老年群体的利益。本书以上海市居家养老服务的“双差距”为研究对象，调查城区和乡镇的“双差距”情况及区域性差异。市场失灵决定了需要政府支持和引导，供求结构问题与政府在资源配置方面的效率关系密切，因此本书以养老服务公共财政支出效率为角度探讨供求错配的原因，在此基础上分析其社会化、专业化、市场化和社区化程度。总体框架如下：第一，问卷调查是基础。对比上海市总体的老龄化程度，并分别选择老龄化程度严重的样本城区和农村进行问卷调查，以养老服务“双差距”数据为基础，分析居家养老政策定位的合理性及区域间供求错配程度。第二，资源配置是关键。通过分析上海市居家养老准公共产品性质、外部性及信息不对称等问题，以及样本地区供求错配过程中的资源配置效率和政府职能，评估公共财政支出效率。第三，因地制宜是目标。提高养老服务公共财政支出效率即通过政府的支持，在资源禀赋约束和成本可控的前提下最大化减少“双差距”。需要根据城区间、城乡间“双差距”及政府财政支出效率的具体情况，进行“福利化”和“产业化”程度的匹配。

以居家为基础的政策定位说明居家养老服务体系的完备程度和服务质量关系到最广大老年群体的利益，也是共享经济发展成果的标志之一。主要内容如下：

（1）传统文化与现实养老基础。本书首先对比分析大同社会对于养老问题的憧憬及其与现代社会化养老的区别，社会化养老的提出背景，共享理念在养老领域的体现，以及传统的“孝”文化的重要性，在此基础上判断目前制度性养老与家庭养老的关系：替代性还是互补性？

（2）供求错位状况与幸福感的微观层面分析。在界定“居家养老”的基础上，通过问卷调查结果，详细分析上海市居家养老服务的供求错位情况。以幸福感作为核心，分析影响幸福感的主要因素。

（3）养老服务产业的中观层面分析。本书结合产业结构理论从狭义的养老服务产业出发，对养老服务产业与其他产业的关联性及波动效应进行了定量分析。发现上海市养老服务产业发展的三大不平衡：一是养老服务产业与区域经济的不平衡性。养老服务产业对区域经济具有较强的拉动作用，但是受区域经济的拉动较弱，因此这个领域不具有完全的市场性，属于准公共产品领域。二是狭义的养老服务产业与广义养老服务产业的市场化部分发展不平衡。三是养老服务与用品市场发展不平衡。

（4）供求错配的多角度原因分析。市场失灵主要表现在养老产业的三大不平衡性，市场失灵决定了需要政府的支持和引导，供求结构问题与资源配置关系密切，因此本书以养老模式所涉及的资源配置状况为核心，分析各主体内部存在的问题及主体间的合作模式。

（5）公共财政支出效率研究。本部分在介绍绩效评估及扩展线性支出模型的基础上，对养老服务的消费结构进行理论分析，但因数据不可得，无法现实地估计出老人对某种服务的基本需求及其满足情况，留作以后进一步努力的方向。根据数据，可以使用 DEA 方式评估养老服务公共财政支出效率，以此作为公共财政支出效率的另一种评价基础。

（6）结论与政策建议。本书的结论包括制度性养老及家庭养老的关系、目前供求错位状况及原因、养老服务产业发展的不平衡状况以及公共支出效率的评估。根据分析，本书提出制定产业发展规划并落实到位、厘清政府职责加快市场化进程、优化产业布局发挥区域优势、加强对企业家和老年人的政策宣传、培育专业人才并通过科技替代人工等建议。

五　研究方法和预期困难

第一，区域对比与国别比较相结合，分析养老服务“双差距”的区域性及解决方案。养老服务“双差距”具有显著的区域性质，具体差异有赖于我们对上海市城区与乡镇之间进行的比较分析。同时，国别比较可以帮助我们挖掘出相同问题的不同分析角度，借鉴他国的经验思考本国的问题。

第二，定量计算与定性分析相结合，挖掘“双差距”的深层原因。问卷数据的描述性分析、养老服务需求影响因素的 Logistic 回归分析以及公共财政资金支出效率评价，均使用定量计算，辅之以定性分析，衡量养老服务供给主体的资源配置效应。

研究的过程中预期会遇到一些困难，在实地调查方面，老人的认知情况可能会影响问卷反馈质量，这需要问卷设计符合老人的认知习惯以及团队的专业化管理。除此之外，在理论研究方面存在以下困难：第一，“双差距”分析。“双差距”分析可判断政策的实施效果，全面反映存在的问题，同时也是建模的数据基础。因此问卷设计需要全面、准确，此难点可以通过参考安德森模型及相关文献对于变量选择的研究得到合理解决。第二，养老服务需求的影响因素分析。本书不仅把握需求类型，还要分析其影响因素，以对未来养老需求做预判，所涉及的变量较多，此难点可以安德森模型及其发展为基础，运用 logistic 回归，对区域性单个养老服务需求的影响因素及其偏效应做进一步分析。第三，养老服务公共财政支出效率计算与分析。公共财政支出效率评估理论已经比较成熟，但用于养老服务评估的研究不多。作为政府支持下的居家养老，支出效率与养老资源配置效率有很强的相关性，本书将应用 DEA 的分析框架，尝试测算区域性养老服务公共支出效率及其影响因素。

第二章
文献述评

一 居家养老服务供求错配研究

国外有关养老服务的研究侧重于老年人的需求和养老照顾服务供给主体的选择，并以安德森模型为基础的微观需求影响因素方面做了大量研究，Myunghan（2010）进一步考察影响居家养老服务需求的因素发现，未婚和无偶同居的老年人更有可能利用居家健康照料服务。① Crist（2007）将影响居家养老服务需求的因素归结为经济状况、服务认知②、文化种族等都会对居家养老需求有影响。Nyameazea（2008）认为市场应提供更多类型的养老服务产品以满足老年群体的多元需求。③

郑秉文（2014）提出居家养老的严峻性，指出空巢老人和失独家庭的居家养老服务供给严重不足。④ 对于供求失衡的原因，学界有不同的理解，倪东生等（2015）认为，中国养老服务的供求失衡与养老服务经费、

---

① Myunghan C.，Janice D. C.，Marianne M. C.，et al.，"Predictors of Home Health Care Service Use by Anglo American：Mexican American and South Korean Elders"，*Int J Res Nurs*，Vol. 6，No. 1，2010，pp. 8 – 16.

② Crist J. D.，Woo S. H.，Choi M.，"A comparison of the use of home care services by Anglo-American and Mexican American elders."*Transcul Nurs*，No. 18，2007，pp. 339 – 348.

③ Kodwo-Nyameazea Y.，Nguyen P. V.，"Immigrants and Long-distance Elder Care：An Exploratory Study"，*Ageing International*，No. 4，2008，pp. 279 – 297.

④ 郑秉文：《养老保险制度和养老产业一体两面》，2014 年 5 月 6 日，腾讯网（http：//xw. qq. com/finance/20140506032664）。

养老服务机构的数量及养老服务专业人员的数量显著相关。[①] 朱勤皓（2018）指出养老服务供求不对称实质上是老年人对身边的养老服务资源不了解、不熟悉，以及供需信息不对称导致的问题。[②] 田钰燕等（2017）认为信息技术的嵌入改变了传统的居家养老服务供给方式和组织结构，但是这并没有从根本上解决城市居家养老服务供需之间的衔接问题，反而因协调性服务的缺乏而产生了新的供给问题。[③]

就微观层面而言，王琼（2016）提出城市老年人有较高的社区居家养老服务需求，然而需求被满足的程度却较低。[④] 杜鹏等（2016）认为居家养老符合绝大多数老人的愿望，拓展社会养老服务资源，强化居家养老支持和提升家庭发展能力是我国解决养老问题的必然选择。[⑤] 鲁万波等（2018）发现居家养老不平等指标对老年人健康有明显的负向影响，农村老人对于平等享有居家养老服务有强烈需求。[⑥] 姚兆余等（2018）调查发现：农村老年人对医疗保健、康复护理、生活照料等服务的需求较高，家庭类型和代际关系对农村老年人居家养老服务需求存在影响。[⑦] 杨晓奇（2014）分析调查数据后发现东部养老服务比中西部发展快。[⑧] 孙中锋、何菁菁（2016）对安徽省进行调研，分析四种养老模式及居家养老需求现状。[⑨]

---

① 倪东生、张艳芳：《养老服务供求失衡背景下中国政府购买养老服务政策研究》，《中央财经大学学报》2015 年第 11 期。

② 朱勤皓：《解决养老供需信息不对称问题，上海即将推出“养老顾问”制度》，2018 年 4 月 16 日，东方网（http://sh.eastday.com/m/20180416/u1ai11365188.html.）。

③ 田钰燕、包学雄：《“互联网＋”时代居家养老服务供给：从技术嵌入到协作生产》，《社会保障研究》2017 年第 2 期。

④ 王琼：《城市社区居家养老服务需求及其影响因素——基于全国性的城市老年人口调查数据》，《人口研究》2016 年第 40 期。

⑤ 杜鹏、孙鹃娟、张文娟等：《中国老年人的养老需求及家庭和社会养老资源现状——基于 2014 年中国老年社会追踪调查的分析》，《人口研究》2016 年第 40 期。

⑥ 鲁万波、于翠婷、高宇璇：《社会、家庭养老不平等对农村老年人健康的影响研究》，《经济问题》2018 年第 2 期。

⑦ 姚兆余等：《家庭类型、代际关系与农村老年人居家养老服务需求》，《南京大学学报》（哲学・人文科学・社会科学）2018 年第 6 期。

⑧ 杨晓奇：《对我国城市居家养老服务发展的探讨——基于十城市万名老年人的调研》，《老龄科学研究》2014 年第 2 期。

⑨ 孙中锋、何菁菁：《安徽省养老服务业发展的 SWOT 分析》，《淮南师范学院学报》2016 年第 4 期。

二 财政支出效率理论用于养老服务的研究

Worthington（2000）测算了澳大利亚市政支出效率。Afonso and Fernandes（2008）评价了葡萄牙各地方政府效率。① 此外，部分学者对政府用于提供某项特定公共产品或服务的支出效率进行研究，比如 Sanjeev Gupta（2001）核算非洲政府卫生支出效率；Afonso and Aubyn（2009）研究教育供给效率。

韩华为、苗艳青（2010）在 DEA - Tobit 两阶段分析框架下研究地方政府的卫生支出效率。② 龚锋（2008）采用四阶段 DEA 方法，实证评估内地公共安全服务的供给效率。③ 钱海燕、沈飞（2014）选用 DEA 模型及合肥政府购买居家养老服务为研究样本，研究影响财政支出效率的重要因素。④ 丁建定（2013）分析了居家养老服务政府资源不均衡配置等方面的问题。⑤ 董红亚（2012）提出机构福利反导向反映的资源错配问题。⑥

三 关于幸福感的研究

主观幸福感是指个人对自己生活状况的整体评价和满意程度，包括感觉到积极情绪的出现和消极情绪的消失。⑦ 主观幸福感的评价存在不同的观点和方法，包括两维度分析和多维度分析等。在两维度分析中，已

① A. Afonso, S. Fernandes, "Assessing and Explaining the Relative Efficiency of Local Government", *The Journal of Socio-Economics*, No. 5, 2008.

② 韩华为、苗艳青：《地方政府卫生支出效率核算及影响因素实证研究——以中国 31 个省份面板数据为依据的 DEA - Tobit 分析》，《财经研究》2010 年第 5 期。

③ 龚锋：《地方公共安全服务供给效率评估——基于四阶段 DEA 和 Bootstrapped DEA 的实证研究》，《管理世界》2008 年第 4 期。

④ 钱海燕、沈飞：《地方政府购买服务的财政支出效率评价——以合肥市政府购买居家养老服务为例》，《财政研究》2014 年第 3 期。

⑤ 丁建定：《居家养老服务：认识误区、理性原则及完善对策》，《中国人民大学学报》2013 年第 2 期。

⑥ 董红亚：《我国社会养老服务体系的解析和重构》，《社会科学》2012 年第 3 期。

⑦ Diener E. and S. E. and Lucas R. , "Subjective Well—being: Three Decades of Progress", *Psychological Bulletin*, Vol. 125, No. 2, 1999.

有研究认为正向情感与负向情感是两个彼此独立的维度，并且两者都与主观幸福感相关。[①] 而也有研究者提出了多维度分析，即主观幸福感的第三个维度——认知维度，认为个体构建出一个适合于自己的标准，并将生活的各个方面作为一个整体来评定自己的满意感程度。[②]

关于幸福感影响因素的研究比较成熟，Demir（2010）认为家庭和婚姻关系良好、邻里信任，[③] Hudson（2006）认为对公共机构信任，[④] 吴金晶（2012）认为从事公益活动，[⑤] 这些因素均对幸福感有显著的正向作用。而 Di Tella（2003）认为失业、环境污染会显著降低幸福感。[⑥] 来自拉美[⑦]、欧洲[⑧]及中国[⑨]的证据表明，城市居民比农村居民幸福感低。有些因素的影响方向有争议，在收入方面，Blanchflower 和 Oswald（2004）[⑩]、Helliwell（2003）[⑪] 认为高收入者幸福感强。Muller（2011）认为相对收入与幸福感呈负相关关系，[⑫] 而白志远（2017）认为相对收入的

---

① Bradburn, N. M., *The Structure of Psychological Well—being*, Chicago: Aldine publishing company, 1969.

② Andrews F. M. and S. B. Withey, *Social Indicators of Well —being: Americans' Perceptions of Life Quality*, New York: Plenum Press, 1976.

③ Demir M., "Close relationships and happiness among emerging adults", *Journal of Happiness Studies*, No. 11, 2010, pp. 293 – 313.

④ Hudson J., "Institutional trust and subjective well-being across the EU", *Kyklos*, No. 5, 2006, pp. 43 – 62.

⑤ 吴金晶：《城市老人从事志愿者活动对自身主观幸福感的影响》，《南方人口》2012 年第 5 期。

⑥ Demir M., "Close relationships and happiness among emerging adults", *Journal of Happiness Studies*, No. 11, 2010, pp. 293 – 313.

⑦ Graham C., Felton A., "Inequality and happiness: Insights from Latin America", *Journal of Economic Inequality*, No. 4, 2006, pp. 107 – 122.

⑧ Hudson J., "Institutional Trust and Subjective Well-being Across the EU", *Kyklos*, No. 59, 2006. pp. 43 – 62.

⑨ Knight Song, Gunatilaka, "Subjective Well-being and Its Determinants in Rural China", *China Economic Review*, No. 20, 2009, pp. 635 – 649.

⑩ Blanchflower, Oswald, Andrew J., "Well-being Over Time in Britain and the USA", *Journal of Public Economics*, No. 6, 2004, pp. 1359 – 1386.

⑪ Helliwell J., "How's life? Combining Individual and National Variables to Explain Subjective Well-being", *Economic Modeling*, Vol. 20, No. 2, 2003, pp. 331 – 360.

⑫ Muller Christophe, Trannoy Alain, "A Dominance Approach to the Appraisal of the Distribution of Well-being Across Countries", *Journal of Public Economics*, No. 95, 2011, pp. 239 – 246.

影响在不同收入阶段有差异。程超（2018）认为家庭内部相对收入对中国居民生活幸福感有显著影响。政府支出方面，Ram（2009）认为政府支出水平与幸福感存在一定的正相关关系。[①] 而 Hessami（2010）则认为幸福水平随政府支出规模的变化呈倒 U 型。[②] 年龄、性别、教育程度和子女个数等方面的不同而呈现出个体差异。

四 养老服务供给模式研究

外国政府一直认为政府购买养老服务制度是满足老年人多样化需求、提高养老服务质量和效率的重要方式。[③] 要想提高养老服务供给质量和效率，要以政府购买养老服务制度的改革为核心。[④]

包国宪、刘红芹（2012）对政府购买居家养老服务的内涵进行了研究，认为政府购买居家养老服务是政府与加盟企业或非营利组织之间的一种合同关系，将政府购买养老服务的过程概括为供给、生产和消费三个环节，并明确界定了供给者（政府）、生产者（企业或非营利性组织）和消费者（老人或家属）之间的角色与功能定位。[⑤]

章晓懿（2012）从政府与民间组织合作的视角分析了政府购买养老服务的模式，认为政府购买养老服务合作模式取决于合作双方拥有的资源优势和权力优势。强调政府作为社会管理的第一主体，在养老服务供

---

① Ram R.，“Government Spending and Happiness of the Population：Additional Evidence from Large Cross-country Samples”，*Public Choice*，Vol. 138，No. 3，2009，pp. 483 – 490.

② Hessami Z.，“The Size and Composition of Government Spending in Europe and Its Impact on Well-being”，*Kyklos*，Vol. 63，No. 3，2010，pp. 346 – 382.

③ Robert Morris，Delwin Anderson，“Personal Care Services：An ldentity for Social Work”，*Social Service Review*，No. 2，1975，pp. 157 – 174.

④ Martin Knapp，Annette Bauer，“Building Community Capital in Social Care：Is There an Economic Case?”，*Community Development Journal*，No. 2，2013，pp. 179 – 196. Olga Milliken，Rose Anne Devlin，“Comparative Efficiency Assessment of Primary Care Service Delivery Models Using Data Envelopment Analysis”，*Canadian Public Policy*，No. 1，2011，pp. 85 – 109.

⑤ 包国宪、刘红芹：《政府购买居家养老服务的绩效评价研究》，《广东社会科学》2012 年第 2 期。

给过程中必须处于主导地位，承担起养老服务的投资主体角色。①

王萍、倪娜（2011）通过对杭州市四个社区进行调研，发现政府主导下的社区居家养老服务面临诸多运行困境，指出社区居家养老服务模式中，服务主体的界定是关键，其中社区和家庭的作用不容忽视。认为社区居家养老服务除了强调政府的主导作用之外，更重要的是促使养老服务资源的优化配置，其中社会中介组织（营利性机构和非营利性机构）就是特别重要的力量之一。②

王莉莉（2013）基于服务链理论将养老服务供给过程划分为三个阶段，按照服务供给（政府、相关企业和组织）、服务输送（企业和社会组织）、服务利用（老年人及照料者）界定了各个阶段的参与主体。文章指出，要深化政府、市场、社会组织、社区、家庭的权责定位，通过各个参与主体的共同努力来解决养老服务供求失衡。③

杨璐瑶、张向前（2013）通过分析政府购买社会组织居家养老服务发展现状，对比国内外政府购买居家养老已有模式和经验，发现政府、社会组织、老年人三方面在居家养老中均存在一定问题，包括政府购买力不足、法律法规不完善、社会组织自身能力不足、缺乏独立性、老年人和家庭社会对居家养老认识不全面等，强调社会组织在养老服务供给过程中的重要作用。④

五　研究不足及本书的创新之处

（一）研究不足

现有研究成果对养老领域的研究越来越细化，供求研究、供给模式

① 章晓懿：《政府购买养老服务模式研究：基于与民间组织合作的视角》，《中国行政管理》2012 年第 12 期。

② 王萍、倪娜：《政府主导下的社区居家养老服务运行困境——基于杭州市四个社区的实证分析》，《浙江学刊》2011 年第 6 期。

③ 王莉莉：《基于“服务链”理论的居家养老服务需求、供给与利用研究》，《人口学刊》2013 年第 2 期。

④ 杨璐瑶、张向前：《政府购买服务、社会资本合作（PPP）促进社会组织发展——基于居家养老分析》，《哈尔滨商业大学学报》（社会科学版）2017 年第 1 期。

研究、养老产业研究、财政支出效率研究，无论是哪个方面的研究，其终极目标都是增强老年群体的幸福感，从目前的发展趋势看这样的思路是非常明确的，本书认为现有研究尚存在一定的不足，在此基础上还可以做进一步探讨。

第一，宏观研究多，微观研究少。国内研究已有很多，包括居家养老的概念、养老服务体系的构建，居家养老中政府角色地位的界定等，一般以宏观政策制定与实施为角度，从微观视角进行研究的文献较少。宏观研究的目的应该服务于微观，包括相关企业的发展以及老人群体幸福感的提升。因此，在宏观研究基础上应该更多落脚于微观分析。

第二，对居家养老服务公共支出效率的研究不足。居家养老服务不仅需要从老年人的实际需求出发，更重要的是要对财政支出的利用效率进行评估和研究，国内这方面的研究不多。究其原因，这方面的数据信息的缺失，导致了财政支出效率在其他领域使用广泛，而在养老领域数据库不健全的情况下，相关的研究方法难以发挥作用。

第三，多学科交叉研究不足。国外在研究居家养老问题时注重研究方法，包括问卷调查、实验设计等定量研究方法和深度访谈、参与式观察等研究方法被纳入其中，国内的相关研究大都以定性研究为主，定量分析还较少。涉及养老领域的定量研究，经常出现在与其他宏观变量的相关分析中，单独将养老领域做计量的研究不多。

（二）本书的创新之处

第一，注重养老需求的微观比较研究。现有成果宏观研究居多，个案微观研究刚起步，本书运用安德森模型及后续研究进行问卷调查，获得微观数据，进行城区和城乡的对比研究，这样的研究还比较少。其意义在于避免宏观分析的一刀切，同时避免个案研究缺乏代表性。

第二，注重“双差距”分析。现有成果不区分主观意愿和有效需求，本书认为两者差别很大，一个合理的养老服务体系，应该既照顾到有效需求，还要设法满足主观意愿。从供给角度讲，居家养老服务的准公共产品性决定了供给主体的多样性，即“福利性”与“产业性”的融合，不同供给主体供给效率会影响资源配置情况。这是供求理论在居家养老服务体系研究中的应用。

第三，本书认为居家养老服务体系建立在对老年人幸福感的调研基础之上，是既有物质满足又有精神关爱、既有政府引导又有市场参与的服务于各年龄段的动态衔接体系。因此，本书从微观的需求层面切入，从中观和宏观分析供给侧，在幸福感因素、产业不平衡性、供给模式选择及政府职能方面做了立体式的探讨。

第四，定量研究方法应用于居家养老服务的研究。居家养老服务体系定性研究居多，需求的影响因素错综复杂，需通过计量找到关键的因果关系。目前居家养老服务的供给与财政支出有密切关系，因此财政支出效率及其影响因素可提炼出影响供给侧的关键因素，为提高资源配置效率奠定基础。

第 三 章
居家养老理论基础

一 社会资本理论概述

社会资本最初是应用于教育的社会学概念，当学术界的原有理论无法解释类似自然资本、生产资本和人力资本存量在不同国家转化为不同绩效时，社会资本则作为长期被忽视的资源分配机制的因素之一纳入经济学范畴，于是社会资本与物质资本、人力资本一起构成新的经济增长和社会发展理论模型，并广泛地渗透到增长经济学、发展经济学和制度经济学等学科之中。

作为新兴的研究框架，社会资本概念尚未达成共识。科尔曼把社会资本定义为“促进行动者在组织内部采取某种行为的社会结构”。[①] 帕特南的社会资本是共享的知识、理解、标准、规则及对有关个人群体进行周期性活动的互动模式的期望。[②] 索洛认为社会资本是“诸如信用、合作与协调的意愿、能力以及即使无人监管仍致力于共同努力的习惯——所有这些行为模式和其他行为模式，根据综合生产能力获得一种报偿”。[③]

---

① Coleman, James S., “Social Capital in the Creation of Human Capital.”, *American Journal of Sociology*, No. 94, 1988, p. S95 – S120.

② Putnam, Robert Leonardi, Raffaella Nanetti, *Making Democracy Work: Civic Traditions in Modern Italy*, Princeton, New Jersey: Princeton University Press, 1993, p. 222.

③ ［美］Robert M. Solow：《关于社会资本与经济绩效的评注》，载［英］帕萨·达斯古普特编《社会资本——一个多角度的观点》，张慧东等译，中国人民大学出版社 2005 年版，第 9 页。

撒拉伯尔丁的看法是“社会资本通常涉及一系列准则、关系网和组织，通过这些人们获得有助于作出决定及确切表达政策的权力和资源”。①

尽管概念多样，社会资本通常分为制度资本（或正规制度）和关系资本（或非正规关系网）两种类型却是普遍认同的。对于两者的区别，库克认为“制度资本是资本得以安排规则和步骤继续存在来指导个人行动，并受到人们监督，从而使公认的作用得以实现。而关系资本缺乏组织性，也更分散”。② 不同类型的社会资本之间并存并能互相加强（Ismail Serageldin，1997. Joseph E. Stigliz，1997. Anirudh Krishna，1997），但如何互相影响还需要进一步证实。关于两种类型的动态发展过程，撒拉伯尔丁认为“在顺利的发展过程中，非正式协会及关系网与正规管理机构及不受个人情感影响的市场机制之间逐步替代”。斯蒂格利茨则更明确地指出“如果政府能力不够或缺乏公正，社会关系网为产生并加强‘可靠承诺’及制定、执行并加强各种正规和非正规的契约，承担主要职责就是至关重要的”，即“公共功能”异化为以社区为基础的横向关系网，但是“当一个社会经济发展时，其社会资本必须与之相适应，使得以市场为基础的经济的正规制度部分地替代人际关系网”，而在发达的市场经济中“不是‘制度和规则’来替代或补充市场和政府，而是形成一种‘达成的共识’的社会资本重构”。③

条件类似而绩效不同的经济现象归结为社会资本的作用，那么占有社会资本就相当于构建合理预期以减少交易成本，社会资本具有重要的经济意义，因此社会资本的产生和投资成为理论的核心部分，其中以关系资本的讨论居多。科尔曼非常看重社会关系内部的信息渠道、准则及制裁，存在社会关系网终端或可借助的社会组织情况下，具备有效信息渠道和制裁的威慑力并促成关系资本的产生，否则只能依靠制度资本加

---

① Ismail Serageldin：《定义社会资本：一个综合的观点》，载［英］帕萨·达斯古普特编《社会资本——一个多角度的观点》，张慧东等译，中国人民大学出版社 2005 年版，第 56 页。

② Cook，Karen S.，“Exchange Networks and Generalized Exchange：Linking Structure and Action.” In Bernd Marin，ed.，*Generalized Political Exchange*：*Antagonistic Cooperation and Integrated Policy Circuits*，Boulder，Colo.：Westview，1990，p. 215 – 230.

③ Joseph E. Stigliz：《正规的与非正规的制度》，载［英］帕萨·达斯古普特编《社会资本——一个多角度的观点》，张慧东等译，中国人民大学出版社 2005 年版，第 74—82 页。

以解决。[①] 索洛认为信用能够通过在类似条件下可信赖行为的重复出现而建立。[②] 克里希娜将信用和合作作为社会资本的核心，认为限制信用预期的因素主要有文化背景、认知能力及正规制度，协同行为只能在一定条件下存在。这些条件是：协同行为可增进个人预期获得利润，设计需要支持的协同行为的结构（组织）和准则并使其制度化。通过这种途径，促进合适的行动制度化或惯例化。[③] 赫克特（Hechter，1987）提出建立社会组织的分阶段过程：需要信用和保护性措施的人们同意在组织中团结起来，为了获得私人物品，成员们必须设计出会员资格标准及监督和制裁程序并逐渐制度化。在规则和程序内在化的同时，成员为了符合他人预期，主动调节自身行动。厄普霍夫重点讨论了社会资本建立过程中必要的经济投资。创建制度资本时，规则和程序的实施和强化要求消耗一定量的资源，这些就会产生支付、罚款或兼而有之。社会网络同样代表着已建立起来的能减少交易成本的交流和合作模式，聚集成社会网络的人际关系，需要人们贡献彼此福利来维持。社会网络清楚地要求时间、金钱、信息和地位上的投资，能够产生利益流。[④]

二 网络化治理理论

网络化治理理论属于公共行政学治理理论的一个分支。传统公共行政学也称为科学管理时期、静态公共行政学时期，代表人物有泰罗、亨利·法约尔、马克斯·韦伯、怀特、魏洛比、古立克等。科学管理时期以美国人泰罗 1911 年的《科学管理原理》一文为标志，公共行政学在前一时期研究的基础上，同时受到科学管理理论的启发和

① Coleman, James S.,"Social Capital in the Creation of Human Capital", *American Journal of Sociology*, No. 94, 1988, pp. S95 – S120.

② Robert M. Solow：《关于社会资本与经济绩效的评注》，载［英］帕萨·达斯古普特编《社会资本——一个多角度的观点》，张慧东等译，中国人民大学出版社 2005 年版，第 4 页。

③ Anirudh Krishna：《创造与利用社会资本》，载［英］帕萨·达斯古普特编《社会资本——一个多角度的观点》，张慧东等译，中国人民大学出版社 2005 年版，第 96、112 页。

④ Norman Uphoff：《理解社会资本：学习参与分析及参与经验》，载［英］帕萨·达斯古普特编《社会资本——一个多角度的观点》，张慧东等译，中国人民大学出版社 2005 年版，第 290 页。

影响，开始转向建立学科的基本框架体系的方向上来，其研究的重点，集中在谋求行政组织的合理化、行政过程的制度化、行政行为的效率化、行政方法的标准化。X 理论是道格拉斯·麦格雷戈首先提出的。X 理论把人的行为视为机器，需要外力作用才能产生。X 理论反映的是经理人对员工的不信任，主张对员工严加看管。以 X 理论为指导思想，管理人员把人和物等同，忽视人的自身特征和多种需要，特别是社交、友情、受人尊重和自我实现的需要。X 理论是属于传统公共行政时期的管理理论。马克斯·韦伯的官僚制理论也是传统公共行政学的代表，韦伯认为作为最纯粹类型的官僚制，其行政管理班子的整体是由单个的官员组成的集权制。在这种体制下，官员们具有以下十个特征：除在事务上服从官职的义务外，官员个人是自由的；官位有明确的等级体制；拥有固定的职责权限；在契约的基础上任命官员；须通过相关考试，根据专业业务资格任命；固定的薪俸，薪金依据官阶及职位划分等级；把他们的职务视为唯一的或主要的职业；根据年资、政绩或者两者兼而有之进行职务升迁及奖惩，这些都取决于上司的评判；工作中私人财产与公共物资须分开，个人不得把职位占为己有；官员须接受严格的、统一的职务纪律和监督。显然这些理论期望通过机构建制、以行政的强制力量高效标准化地完成政府目标，强调的是自上而下的权力结构，构建集权—统一、指挥—服从的组织形态，以组织严密的职能系统保证社会组织的功能效率。

随着计算机网络的出现和发展，具有社会意义的网络概念也随之出现，最初这个概念应用于微观企业或者组织内部各利益相关者之间关系的管理和维护，随后政府公共管理设计的主体越来越多，一些非政府组织以及相关企业的出现，使得网络化管理进入到公共管理者的研究视野。网络化治理理论最初是在美国 20 世纪 90 年代兴起的公共治理理论，斯蒂芬·戈德史密斯和德洛特研究所的威廉·埃格斯是该理论的初创者，在他们共同的著作《网络化治理：公共部门的新形态》① 一书中提出，网络治理主要指一种全新的通过公私部门合作，非营利组织、营

---

① ［美］斯蒂芬·戈德史密斯（Stephen Goldsmiith）、威廉·D. 埃格斯（William D. Eggers）：《网络化治理：公共部门的新形态》，孙迎春译，北京大学出版社 2008 年版。

利公司等广泛参与提供公共服务的治理模式。该理论的独特之处在于主张“政治决策应该通过协商而不是金钱或权力的途径进行，同时协商判断的参与度应该尽可能平等和广泛”①。这一理论提出了一种与自上而下的纵向权力治理不同的模式，除了行政命令之外，政府还可以将合作伙伴组织起来形成横向的合作线，就像一张网络一样，每个优选的主体发挥其最大作用，从而优化政府治理效率。毋庸置疑，公共产品和准公共产品需要政府提供以弥补市场失灵，但现实中其职能的履行并非完全由政府承担，主要是因为人财物的缺乏，政府在某些领域不具备专业能力，即使临时组建团队，其社会成本极高，因此在给予一定的政策扶持基础上由政府牵头，利用现有社会组织的专业化和效率优势，快捷高效地提供公共产品，这是将政府的职能进一步分割并交由相关主体进行专业化管理的治理过程。

伊娃·索仑森和雅各布·托风将网络治理理论归结为四种不同类型：依赖性理论（Interdependence Theory）认为，治理网络是一种相互依赖者之间利益调节的内部组织机构；统治性理论（Governmentality Theory）把治理网络看作是越来越灵活的国家重塑自我、管理行动者间自由行动的一种尝试；治理性理论（Governability Theory）认为治理网络是自治行动者之间通过不同谈判活动相互作用的一种水平协调；集成性理论（Integration Theory）认为治理网络是被普通规范和观念定义的聚集在社区中的相关行动者的制度化互动。。②

这一治理模式与传统模式有着很大的不同：第一，政府的角色发生变化。传统治理方式采用行政命令等强制力量进行社会管理，而在网络化治理中政府更多的是通过政策机制，将不同利益结构的政府之外的多元主体纳入其公共政策目标之下。第二，各多元主体之间的关系发生变化。传统模式的政府和组织是上级和下级、命令与服从的关系，网络化治理中政府与其他主体之间更多的是社会契约式的合作关系，因此这种

---

① April Carte and G. Stokes E. D., *Deliberative Democracy*, *Democracy Theory Today*, Policy Press, 2000.

② Eva Sorensen, Jacob Torfing, “Network Governance and Post-Liberal Democracy”, *Administrative Theory & Praxis*, Vol. 27, No. 2, 2005, pp. 197 - 237.

治理来自政府，但其行为又不限于政府，通过利益机制整合起其他组织的力量，也就意味着治理过程中充满着利益冲突和合作。第三，管理模式的扁平化。由传统的管理模式下对人力资本和社会资源的控制，向网络化治理模式下协调资源最优化使用方面转变，因此行政管理序列扁平化，参与的部门也更为广泛。第四，治理手段多元化。网络治理结构突破了以行政管理为主导的管理模式，加入市场机制，如合同外包、特许权经营等市场化运作，将利益相关方组织成专业化网络，使得原来死板僵硬又容易引起抗拒的行政强制模式变成相关主体主动参与、灵活机动的网络化治理。这里的利益相关方包括私人企业、非营利组织以及普通公民等，因此公共产品供给不仅是政府的事情，利益相关方成为供给网络上不可或缺的某个节点，共同成为公共产品的供给者。第五，政府治理理念的转变。原有实行等级制的政府机构，一旦进行转型实行网络化治理，在实践过程中因两种模式之间纵横治理的差异化而面临较大的转型成本。因此，需要政府主动进行政治体制改革，构建公共产品的多元化主体“产业链”供给关系，大胆鼓励各种创新性尝试，否则如果墨守成规，参与主体难以在目标、利益和行动上达成一致，最终网络化治理将走向失败。

对于网络化治理可能存在的目标冲突和治理危机，英格·温克勒（2006）认为，在网络领导能力中明确目标的缺失是一个很重要的方面，在常规或非常规的网络治理机制都会面临冲突。他提出目标冲突的主要类型：公共目标和个体目标的冲突、不同利益相关者个体目标的冲突、目标调整过程中的冲突，并从网络协调者、联结的决策制定、共享的观念和个人间的关系几个方面提供了在一个内部稳定的合作中如何处理这种冲突的建议。[①] 鄞益奋（2007）认为，“网络治理的核心思想在于没有任何国家或者社会一方的行动者能够单方面地决定公共政策过程和治理过程，这些行动者需要形成合作关系，实现资

① Ingo Winkler, “Network Governance Between Individual and Collective Goals: Qualitative Evidence from Six Networks”, *Journal of Leadership and Organization Studies*, Vol. 12, No. 3, 2006, pp. 119 – 134.

源组合的优化，最终达成社会善治”①。龙献忠和蒲文芳（2013）认为，“社会管理是一个网络化系统，这个系统由多元的主体构成，每个主体都是社会管理体系的一个节点，都分别发挥着不同的功能和作用。在以多维度和相互依赖为特征的社会管理网络中，每个主体独自完成某项任务是几乎不可能的，都需要其他主体的支持。因此，在多元化主体互动中达成网络化的合作机制，以实现各方共赢是社会管理网络体系的最终目标”②。因此，他们都强调网络化治理过程中的多元主体之间的信任、合作和协调，认为这是网络化管理的关键。

三 福利多元理论

2015 年 5 月，国务院办公厅转发财政部、国家发改委、人民银行《关于在公共服务领域推广政府和社会资本合作模式的指导意见》（以下简称《意见》）。《意见》对充分激发社会资本活力，打造大众创业、万众创新和增加公共产品、公共服务“双引擎”，在改善民生中培育经济增长新动力作出了重要部署。《意见》指出，在能源、交通运输、水利、环境保护、农业、林业、科技、保障性安居工程、医疗、卫生、养老、教育、文化等公共服务领域，鼓励采用政府和社会资本合作（Public—Private Partnership，PPP）模式，吸引社会资本参与，为广大人民群众提供优质高效的公共服务。这些反映了一个合作供给模式，而这种供给模式的理论基础就是福利多元理论。

在社会福利的理论方面，边沁、庇古、帕累托、罗宾斯、卡尔多和希克斯等经济学家建立和发展福利经济学的研究领域，从而对于市场与政府的关系以及政府的职能范围方面做出有见解的讨论。在实践方面，罗斯福新政是西方福利制度的转折点，国家逐渐成为社会福利的主要供给者，这样的制度对于摆脱经济危机、维护社会稳定起着至关重要的作用。但是，也造成了沉重的财政负担，尤其是 20 世纪 70 年代开始西方社

① 鄞益奋：《网络治理：公共管理的新框架》，《公共管理学报》2007 年第 1 期。

② 龙献忠、蒲文芳：《基于网络治理视角的社会管理创新》，《湖南社会科学》2013 年第 6 期。

会出现了明显的理论分化，福利多元理论于此时产生并发展起来。顾名思义，福利多元对应的是福利一元，即该理论否定了历史上存在的非此即彼的绝对化供给方式，认为福利的筹资和供给既非政府独有的责任，也不能仅由市场独自提供，而是多个主体共同完成，而且来源越多越好。福利多元化的概念源于 1978 年英国的《沃尔芬德的志愿组织的未来报告》，报告充分肯定了志愿者的作用，将志愿者组织也纳入福利供给者的行列，从而引发对于福利制度的思考。

该理论建立在对于“市场失灵”、“政府失灵”、“家庭失灵”、“志愿失灵”的讨论之上。既然福利制度所涉及的主体均有不同程度、类型多样的失灵，那么是否可以通过一定的机制进行联合、取长补短，形成混合式的福利经济制度呢？这种混合式的福利经济制度的建立成为福利多元理论的研究核心。

（一）“市场失灵”

“市场失灵”主要集中在：如完全通过市场机制，作为纯公共产品或准公共产品的养老服务，可能出现供给失效或供给不足的情况。社会上存在这样一类产品，具有功能的不可分割性、消费的非排他性和非竞争性。萨缪尔森的《公共支出的纯理论》和《公共支出理论图解》开创了研究这类物品的先河。市场供给的私人产品，效用具有独立性并可以非常容易地进行分割或组合，而公共产品的特点是这类物品作为整体供给，效用具有共享性从而难以分割或组合。这样的特点决定了这些物品具有非竞争性和非排他性。所谓非竞争性，是指某人对公共物品的消费并不会影响别人同时消费该产品及其从中获得效用，即在给定的生产水平下，为另一个消费者提供这一物品所带来的边际成本为零。所谓非排他性，是指某人在消费一种公共物品时，不能排除其他人消费这一物品（不论他们是否付费），或者排除的成本很高。同时具有两种特点的物品即纯公共产品。纯公共产品和私人物品之间还有中间状态，即同时具有非排他性和竞争性的产品被称为公共资源产品，同时具有非竞争性和排他性的产品被称为俱乐部产品。自此，产品的种类可分为同时具有排他性和竞争性的私人产品、同时具有非排他性和非竞争性的纯公共产品、同时具有非排他性和竞争性的公共资源产品以及同时具有排他性和非竞争性的俱乐部产品这四类。

在市场上服务性的私人产品属于第三产业范畴，养老服务除了一部分可以由市场提供之外，其公共产品和准公共产品的性质非常明显。关于养老服务的性质问题，按照新古典经济学的研究范式，还可以做进一步的分析。经济学研究的对象就是如何安排有限的资源以尽可能地满足人们无限的需求，即资源配置最优化问题。社会资源有限，市场“看不见的手”必然将其优先用于最高价值的用途，而市场的最高价值以价格进行衡量，即在产品供求均衡点处以上的需求，消费者的意愿价格高于均衡价格，市场优先满足这些需求，而均衡点以下的需求，市场将不会满足。就养老服务市场而言也是如此，用于这一领域的资源有限，优先满足最高价值的需求决定了有一部分高端的养老服务是市场化决定的，但有效需求受制于收入和消费习惯。中国高度重视养老金的社会保障功能，自 2005 年以来 15 年连续上涨，2019 年全国企业退休人员月人均基本养老金有望接近 2800 元。[①] 平均而言老人的收入水平低于在岗职工的平均工资水平，因此他们对于养老服务的意愿价格比较低，若低于市场均衡价格，市场将会把这些需求排斥在供给范围之外。然而这些需求关系到老人福祉和社会稳定，市场不愿提供但于民生又非常重要的服务，就需要政府承担相关的供给责任。

（二）“政府失灵”

“市场失灵”导致公共产品有效供给不足，“市场失灵”成为政府干预的理由，政府的作用之一就是弥补“市场失灵”。但是如何弥补，市场做不好或做不了的事政府一定能够完美解决吗？在弥补过程中是否会产生新的问题？政府是否一定能与市场形成互补呢？“二战”后到 20 世纪 70 年代的实践引发政府公共产品供给的深层次讨论。正如布坎南（1972）所说，“市场的缺陷并不是把问题交给政府的充分条件”[②]，“政府的缺陷

---

① 《养老金实现 15 年连涨，人均基本养老金有望接近 2800 元》，2019 年 3 月 21 日，新浪网（https：//finance. sina. com. cn/money/insurance/bxdt/2019 – 03 – 21/doc – ihtxyzsk9357300. shtml.）。

② James M. Robert D. Tollison Buchanan，*The Theory of Public Choice*，Ann Arbor，The University of Michigan Press，1972，p. 19.

至少和市场一样严重”①。

关于“政府失灵”的理论，公共选择学派的研究最具代表性。公共选择学派最早可以追溯到阿罗（Kenneth J. Arrow，1921）1951 年出版的《社会选择与个人价值》一书，后来塔洛克（Gordon Tullock，1922）和布坎南（James Buchanan，1919—2013）于 1965 年成立了公共选择学会。公共选择学派的代表作有：布坎南与塔洛克合著的《同意的计算——立宪民主的逻辑基础》（1962），科斯的《社会成本问题》（1960），唐斯的《民主的经济理论》（1957），奥尔森的《集体行动的逻辑：公共商品与团体理论》（1965）。理论研究的内容主要包括：民主投票悖论、寻租理论、无效的政府拨款分配、X 无效率、官僚主义对资源分配的低效或无效、财政外部性等问题。

公共选择理论的特点是将经济学的方法运用到政治领域，政府失灵的原因主要有以下三点：

一是经济人假设。西方主流经济理论的前提假设之一就是经济人假设，经济主体追求经济利益最大化，在决策过程中采用成本—收益分析。公共选择理论同样认为政治领域与经济交易相同，其决策过程也离不开成本—收益的权衡。公共选择理论的创始人之一布坎南认为：“公共选择是政治上的观点，它从经济学家的工具和方法大量运用于集体或非市场决策而产生。”② 他在提到政治决策时认为，“这些相关成本——外部成本加决策成本——的最小化是社会组织或政治组织的合适目标。我们打算把外部成本与决策成本之和称作社会互相依赖成本，其量值仅仅是从个人角度考虑。理性的人在考虑制度性和宪法性变迁时，应当努力把这些相互依赖成本减少到最低限度的可能数量”③。个体利益最大化是否能够带来总体利益最大化呢？肯尼斯·阿罗用严谨的数学方式证明：投票选举不一定能反映大多数人的意愿，即阿罗不可能定理，表明政府在决策

---

① 詹姆斯·M. 布坎南：《自由、市场和国家》，吴良键、桑伍、曾获译，北京经济学院出版社 1988 年版，第 28 页。

② 詹姆斯·M. 布坎南、戈登·塔洛克：《同意的计算——立宪民主的逻辑基础》，陈光金译，中国社会科学出版社 2000 年版，序言。

③ 詹姆斯·M. 布坎南、戈登·塔洛克：《同意的计算——立宪民主的逻辑基础》，陈光金译，中国社会科学出版社 2000 年版，第 48 页。

过程中可能出现合成谬误。而决策失误的原因是多方面的：决策信息不完全，政治家为谋求政绩发展注重眼前局部利益而忽视全局和整体利益，等等。

二是可能存在的政治利益扭曲。20 世纪 60 年代之前，公共选择理论一直认为政府对于公共产品的供给能够自动满足需求，其原因是尽管政府是公共产品的资助者，但仍由竞争性的企业供给，政府也被等同于竞争性的企业。但安东尼·唐斯、戈登·图洛克、威廉姆·尼斯坎南提出了不同看法，尼斯坎南（1971）认为："可以进入官员效用函数的有如下几个：薪水、职务、津贴、公共声誉、权力、任免权、机构产出、易于更迭和易于管理的机构。"① 尼斯坎南提出"过度开支假说"，他认为，与市场决定产量和价格不同，公共物品的生产实际上仅受到预算的约束，因此在公共物品供给过程中倾向于预算最大化和产量最大化，最终造成配置效率低下的产量过剩和生产成本过高等问题。

三是政府机构的低效率。20 世纪 60 年代美国教授莱宾斯坦提出 X 无效率，最初研究对象是大企业组织因机构庞大、竞争压力小等原因导致的企业内部资源配置效率低而导致的生产成本过高的问题，后来被用于政府效率的研究。与尼斯坎南的理论不同，该理论认为政府在公共产品供给过程中不仅面临着追求规模、产量过大的资源配置问题，还存在生产效率低下的问题。韦默和瓦伊宁认为"正如个人选择有时不能在可预测的途径促进预期社会价值一样，集体选择也同样如此……即使拥有最聪慧、最诚实和最具献身精神的公职人员的政府，也不可能在所有情况下都能促进社会的良性发展"，"政府通常以建立由公共资金资助的机构的方式来应对能察觉到的市场失灵……与私营公司不同的是，它们不需要经过市场的考验就能得以生存。它们的继续存在在多大程度上对社会总福利有所贡献，主要取决于那些确定其预算并兼管其运营的代表们的努力程度和动机。但正是政府机构的这一重要特征，有可能会导致监督

---

① W. A. Niskanen, *Bureaucracy and Representative Government*, Chicago: Aldine-Atherton, 1971.

上的困难与无效”。[①] 他们将无效的原因归结为官僚供给固有的问题，即代理损失所产生的X—无效率、多元化目标下的社会价值衡量问题产生的分配无效率、有限竞争产生的动态无效率、事先控制导致的无效率等。

在市场领域，价格机制如“看不见的手”自动调节供求使之在数量和结构上相匹配，公共产品领域失去了这种信息披露机制，老人属于弱势群体，其意愿表达的渠道是否畅通成为公共产品供给有效性的决定性因素，否则很容易产生财政支付多但享受到的养老服务差距拉大的低效率问题，社会保障也就失去其最重要的保障功能。

除此之外，还有志愿失灵理论。志愿失灵的概念由美国学者萨拉蒙提出，他认为，志愿失灵主要有四个方面的原因：志愿资源不足、志愿组织的特殊性、志愿组织的父权心态以及志愿组织的业余性。他创造性地提出了政府是“志愿失灵”之后的衍生制度，并引入“交易成本”的概念比较了分别由政府和志愿组织来提供公共物品的成本。[②] 赫茨琳杰认为非营利组织的失灵的原因在于缺乏企业所具备的激励和责任机制，即“缺乏个人利益的存在，缺乏提高效率的竞争机制，缺乏显示企业最终业绩的晴雨表——利润”[③]。家庭失灵主要是独生子女政策及人力资源流动导致原有的家庭养老传统无力从经济甚至精神上承担赡养义务。既然市场、政府、非营利组织以及家庭均存在不同程度的失灵，福利多元理论也就具备了其合理性，正如克雷默所认为的，“那些代替了传统的公司二分法的概念有：契约国家，赋权型政府，影子政府，福利多元主义，混合或新的政治经济，第三方政府，间接公共行政。反过来，这些概念也是‘边界模糊’现象的一种结果体系”[④]。

---

① ［美］戴维·L. 韦默，［加］艾丹·R. 瓦伊宁：《公共政策分析理论与实践》，刘伟译，中国人民大学出版社2013年版，第146—174页。

② 莱斯特·M. 萨拉蒙：《公共服务中的伙伴——现代福利国家中政府与非营利组织的关系》，田凯译，中国人民大学出版社2008年版。

③ 里贾纳·E. 赫兹琳杰等：《非营利组织管理》，北京新华信商业风险管理有限责任公司译，中国人民大学出版社2000年版，第6页。

④ Ralph M. Kramer. “Third Sector in the Third Millennium?” *Voluntas: International Journal of Voluntary and Nonprofit Organizations*, Vol. 11, No. 1, p. 4.

第四章
中国传统文化与现代养老观念

一　中国传统“孝文化”

与西方的规则导向型社会不同，我国的传统文化中的道德制约在社会稳定中发挥着重要作用。黑格尔在研究中国社会时认为：中国纯粹建筑在这一种道德的结合上，国家的特性便是客观的家庭孝敬。在最早的殷商时期甲骨文及稍后的经文中，孝——上面是“耂”，代表老人以及长辈、老一代人，下面是“子”，代表子女以及晚辈。从甲骨文似乎可以见到“子”双手举起，并向下动作，作出磕头样子，给老人请安，达到“孝敬”的目的。在我国第一部诗歌总集《诗经》的《周颂·载见》中有“率见昭考，以孝以享”之语，“孝”的原始意义是相率拜祭先王灵，孝敬祭品请神享。表达了古人为了生存而进行的一种尊祖敬宗、乞求平安的祭祀活动。对于孝的标准，《论语》中有所涉及，“父在，观其志；父没，观其行，三年无改于父之道，可谓孝矣”，如何“孝”呢？《论语》中对孝文化有很深的理解：“今之孝者，是谓能养。至于犬马，皆能有养；不敬，何以别乎”，“色难，有事，弟子服其劳；有酒食，先生馔，曾是以为孝乎”，“无违”，“贤贤易色，事父母，能竭其力，事君，能致其身，与朋友交，言而有信”。儒家的《孝经》被历代奉为经典。古人还编撰案例以教导人们如何“孝”，例如西汉刘向的《孝子传》以及元代郭居敬的《二十四孝》。对于养老，古人亦有所向往，《礼记·礼运》设想了这样的大同社会：“人不独亲其亲，不独子其子。使老有所终，壮有所用，幼有所长，鳏寡孤独废疾者，皆有所养。”这体现了儒家对大同之世的理解。《孟子·梁惠王上》中表达了理想社会的养老观念，即我们所熟悉的“老吾老以及人之老，幼吾幼以及人之幼”。然而，孝文化作为产生于封建社会的传统礼教，必然带着维护封建统治的烙印，其中有些不合时宜的愚孝观念也掺杂其中，例如《二十四孝》、《孝经》等著作以及神话传说中所记录的思想和行为，逐渐淹没在历史洪流中。

二　传统养老方式面临的挑战

时至今日，与农耕社会“土地是财富之母，劳动是财富之父”的生产方式不同，工业化更多地依靠资本、技术和劳动，地域对生产的限制被打破。随着工业化的发展，劳动力流动不断加快，传统的家庭养老以及单位养老模式逐渐不适应经济社会的发展，与之相配套的养老保险制度改革在解决劳动力流动过程中的养老问题起到了至关重要的作用，同时也推动了劳动力的跨省、跨境的流动及生产资料的有效利用，传统的“父母在，不远行”、安土重迁、养儿防老等观念逐渐淡化，传统农耕条件下维系父母与孩子之间的互惠模式受到很大的挑战：第一，相比较传统农耕社会，工业化过程伴随着医疗科学的进步和生活条件的改善，人均寿命的延长使得三世、四世同堂成为普遍情况，跨期代际养老需求使得养老压力空前。第二，家庭规模日渐缩小，以往的多子多孙逐渐被一孩或二胎的情况所取代，甚至许多城市丁克一族或独身主义者大有人在，家庭关系逐渐简单化，农耕社会中多子多孙平摊老人赡养费用的方式已经不复存在，取而代之的是依靠单一家庭成员的赡养方式，显然面对跨期跨代的多重养老需求，家庭的养老供给已经力不从心。第三，劳动力流动节奏加快打破原有的家庭传统养老模式。我国改革开放后，随着三次产业之间发展差距拉大，根据《中国统计年鉴（2018）》2017 年三次产业的贡献率，即三次产业增加值增量与 GDP 增量之比分别为 4.9%、36.3%、58.8%，三次产业的就业比重分别为：27%、28.1%、44.9%，与改革开放最初的情况相比，第一产业无论是对于 GDP 的贡献率还是就业吸收能力，均有明显下降。这意味着工业和服务业的兴起调整了三次产业的收入分配结构，再加上地区经济发展不平衡，工业和服务业多分布在东部沿海城市，收入的指挥棒指引劳动力进行大规模迁移：由乡村流动到城市、由中西部流动到东部。农村农耕收入微薄、小城市的经济吸引力减弱，原有的奉养状况与财产继承相挂钩的家庭式互利互惠养老关系已经逐渐失去原有的利益约束力度。第四，维持孝道的政治、文化约束开始变得松散。中国古代实行举孝廉制度，孝影响着官员的升迁，而不孝则后果非常严重，在古代孝的伦理思想一度纳入刑律体系，不孝行为属于重罪受到严惩，古代的“丁忧”制度更是为不能在父母身边尽孝的官员提供尽孝机会或约束，相比古代，现代对于孝的政治约束松散许多。另外，随着劳动力流动成为常态，常年不与父母亲属生活居住在一起，难免感情趋于平淡，原有孝文化的道德约束，即家族血缘之间的监督制约、邻里舆论制约逐渐失去往日的约束能力，经济能力决定地位的导向逐渐取代道德评判成为社会的主导力量，这样的转变直接带来的是孝文化的断层。第五，中国报喜不报忧的习惯也使得分隔两地的亲人难以了解对方的真实情况，信息不对称导致非主观意愿的疏离和缺乏照料。

目前家庭养老问题主要有以下几个层面：第一，赡养难度增大。根据2016年人力资源和社会保障部的数据，我国赡养比在逐渐下降，已经从3.3：1（3.3个年轻人供养1个老人）降到2.9：1，整体来看20—64岁劳动年龄人口的赡养负担加重。第二，厌老、弃老、啃老现象时有发生。传统文化的淡化及孝道的经济、政治、道德约束的弱化导致了与“愚孝”相对立的另一个极端即“不孝”在当今社会层出不穷，“老无所依”的现象产生了许多社会问题，例如情感疏远甚至虐待老人或不赡养老人引发的父母与子女的法律纠纷，独居老人去世后很多天才被发现而子女却疏于联系无从知晓。第三，因地域距离所产生的鞭长莫及式的无力奉养。工业化使收入大幅度提升，然而由于地域原因子女无法近身侍奉，故依靠市场化解决父母养老问题，但在如何养、由谁养的问题上双方产生意见分歧。子女希望雇佣保姆随时伺候父母并了解父母情况，而父母不希望陌生人干扰自己的生活，双方需求不能两全从而形成分歧。

三　“老吾老以及人之老”的时代内涵

习近平总书记在中共中央政治局第十三次集体学习时指出：“抛弃传统、丢掉根本，就等于割断了自己的精神命脉。博大精深的中华优秀传统文化是我们在世界文化激荡中站稳脚跟的根基。”① “百善孝为先”，孝文化中的精华作为中华优秀传统文化，也应该被继承和发扬。古代传统文化中关于敬老爱老的理念有很多，例如《礼记·礼运》中“人不独亲其亲，不独子其子”，这体现了儒家对大同之世的理解，《孟子·梁惠王上》的“老吾老以及人之老，幼吾幼以及人之幼”，为我们构造了一个完美的理想社会。道德层面的倡议和约束在营建良好的社会风气和推进精神文明建设过程中起到重要作用，但是在市场经济的今天，“孝”仅仅依靠道德法律的维系也是不切实际的，显然“老吾老以及人之老”在当代有其时代内涵。当家庭养老面临一系列挑战和难题时，市场经济条件下的专业化分工将家庭养老的职责一定程度地剥离出来，原有的儿女绕膝转化为邻里社区之间社会化养老模式的守望相助，这既可以说是市场化和社会化养老对家庭养老的替代，同样也是劳动力快速流动过程中的时代选择。因此，“老吾老以及人之老”在当代社会已经超出纯道德层面，涵盖了社会保障、企业运营、社区规划、组织管理等经济、政治、文化及社会层面，就其当代内涵可以演化为：养老方面，除了家庭成员对老人的关心照料之外，依据老年群体的需求，通过一系列制度将社区、市场、政府等养老资源进行合理化配置和整合，形成有效的老年产品和服务的供给模式。根据这一内涵，现代化的养老问题成为在研究上需要多学科交叉、在实践中必须跨部门统筹才能完成的一项艰巨而复杂的任务。尽管目前的思想道德水平还不能达到实现两千多年前所提出的大同社会的高度，但正是在社会化养老这样的机制作用下，“老吾老以及人之老”变相地实现了。这里所谓的“变相”，其实说明两者形式上相似，但实质上是有区别的，社会化养老与“老吾老以及人之老”的支撑体系不同，社会化养老、制度化养老是在政府与市场的合力下达到的效果，“老吾老

① http://tv.cctv.com/2014/02/25/VIDE1393326900306504.shtml.

以及人之老”是大同社会的理想状况，是人们的精神文明达到高峰的结果，是人的一种自发行为，两者一个是制度驱动而另一个是精神或心理驱动，高下立现。当然人们的精神文化水平尚未达到高峰之前，社会化、制度化养老算是比较理想的替代性选择，然而也正因为缺乏了心理驱动，这样的替代性选择天然地存在缺陷。

四 制度化养老与代际反哺危机

随着劳动力流动的加快，强调社会化、市场化和制度化养老的同时，中华民族传统的“孝”所特有的代际反哺作用逐渐淡化，如何在制度化养老和家庭养老功能之间取得平衡，或者弘扬两者的互补作用规避替代作用，是值得研究的课题。目前这方面的研究主要有两个方面：一是认为制度化养老使老人获得相应的社会资源，具备了与年轻人交换和谈判的筹码。老人之所以受到冷落，主要是因为失去了往日家中顶梁柱的作用，在市场化的今天老人逐渐从生产者变成了纯消费者，家庭地位也逐渐下滑。制度化养老为老人提供了相应的资金来源，改变了其纯消费者的定位，从经济层面具有获取子孙尊重和照料的筹码。二是认为制度化养老与家庭养老属于此消彼长、互为替代的关系。“养儿防老”主要是家庭内部的代际支持，制度化养老将家庭内部的代际支持转化为社会整体的代际支持，这样的制度转化也就打破了传统的养老观念，即随着制度化养老的纵深发展，不论是养老保险制度的现收现付制还是部分积累制，实质都是老人自己养活自己，现代社会的“自我供养”替代了原来家庭内部的代际反哺，原有的心理驱动已经发生变化，制度驱动条件下的赡养行为与经济挂钩，也就产生了财产分割与赡养行为之间极为密切的关系，这种关系比“养儿防老”时代的此类关系密切得多，因为“养儿防老”时代由家族因素、心理因素、舆论压力等发挥着强有力的监督作用，而这些监督作用在制度化养老阶段都已经发生了变化，因此从这个层面看，制度化养老和家庭养老属于此消彼长的关系。

中国制度化养老正在推进中，现实是怎样的呢？制度化养老和家庭养老之间究竟是什么关系呢？1982 年 9 月计划生育被定为基本国策，计划生育这一基本国策自制定以来，对中国的人口问题和发展问题的积极作用不可忽视，但是也带来了人口老龄化问题。目前最先开始执行计划生育的那代年轻人已步入老年，2014 年 3 月全国多省市实施单独二胎政策，直到 2016 年 1 月放开二胎政策，中间已经相隔 30 余年，也就意味着 30 多年里大量育龄妇女的独生子女家庭将来会面临繁重的养老负担。再加上外省市就业、出国等因素，空巢家庭比重增大，图 4—1 为 2017 年全国主要城市老人空巢率，其中上海空巢率达到 44%，正好处于中位数上，空巢老人固然更需要制度性养老的关照，但子女并不能因为远居他乡就直接将父母推给社会，目前互联网的发达使子女与父母的联系更加便利，经常的问候成为可能，发达的交通使距离也不成问题，但是在制度性养老逐渐完善的今天，仍然出现空巢老人无人照管甚至去世很久才被人发现的情况，这一方面是制度性养老照顾不周，但更多是因为家庭养老的

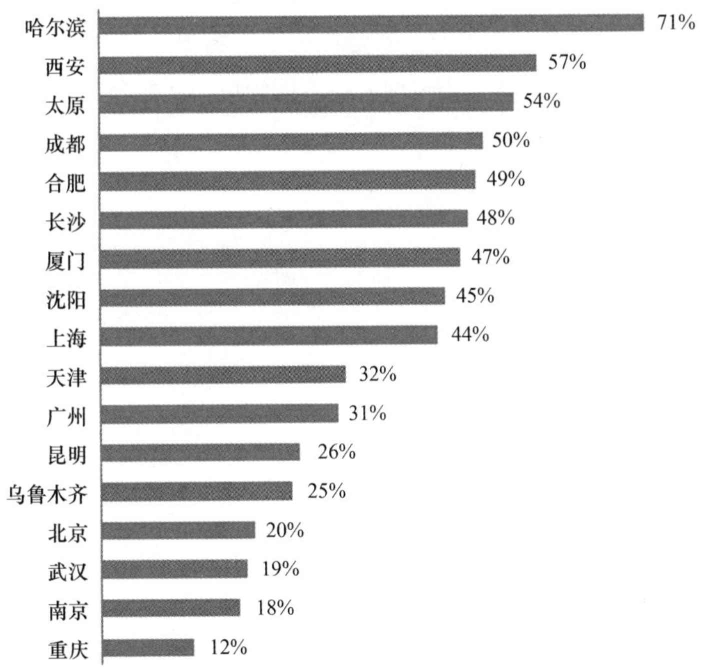

图 4—1　2017 年主要城市老人空巢率（单位:%）

资料来源：前瞻产业研究院。①

① https：//www. qianzhan. com/wenda/detail/190118/ - ad4bda14. html.

缺位，人们陷入一种误区：就是有了制度性养老，家庭养老可以抽身而退。除此之外，市场化理念强化了养老责任和财产分配的关系。现实中常见的财产纠纷，尤其是房地产分配问题与养老责任的承担纠结在一起，过去传统的“孝”被市场经济异化了，“孝”仿佛被标上了价码，替代了原有的文化和精神层面的意义，家庭养老已经不是天经地义而是成为一种市场交易，随着城乡家庭的逐渐隔离，原有亲朋好友等社会层面的舆论监督也逐渐失去作用，因此制度性养老完善的同时家庭养老功能出现逐渐退化的趋势，现实中两者更多的是替代而非互补关系。

缓解养老问题离不开家庭、社会和政府的共同努力，是相互补充而非替代，因此在养老问题上需要密切关注制度性养老和家庭养老的配合以相得益彰，避免挤出效应的出现。其中法律固然是必要的保障，但这种强制手段需花费大量的社会资源，也会出现最后官司打赢了、感情却打没了的局面。理想的状态仍是父慈子孝的和谐家庭，需要在完善制度性养老的同时回归家庭的关爱，需要在传统上提倡、精神上鼓励和经济上帮助子女履行赡养义务，需要两者在不同领域相互配合发挥作用。

第五章
居家养老的理想与现实

一　概念界定及研究范围

中国养老面临的问题有一个变迁过程，这也反映在政府文件与时俱进的修改中。以上海为例，“9073”养老结构最先是由上海提出，这种提法最早出现于官方文件是在2007年1月24日颁布的《上海民政事业发展十一五规划》：“着力构建与人口老龄化进程相适应的养老福利服务模式，逐步形成居家养老为主，机构养老为辅的养老格局。全市户籍老年人中，90%由家庭自我照顾，7%享受社区居家养老（照顾）服务，3%享受机构养老服务。”显然这里的90%对应的是“家庭自我照顾”而非“居家养老”。2014年出台的《上海市人民政府关于加快发展养老服务业推进社会养老服务体系建设的实施意见》中将“完善社区居家养老服务”作为多层次、多样化的养老服务供给体系中重要的一环进行布局，并提出“涌现一批带动力强的龙头企业和大批富有创新活力的中小企业和社会组织，形成一批养老服务的产业集群和知名品牌”的市场化战略。在2016年9月30日颁布的《上海市老龄事业发展十三五规划》中，相关表述调整为“以居家为基础、社区为依托、机构为支撑的‘9073’养老服务格局”，并提出“注重发挥家庭和社区功能，完善社区居家养老服务和社区工作体系，支持家庭自主照顾。营造平等参与、公平竞争的市场环境，激发各类主体的活力，逐步使社会力量成为发展老龄事业和产业的重要支撑”。在老龄产业的发展方面，文件提出“坚持老龄服务事业与产业双轮驱动。促进公益性养老服务和市场化养老服务同步发展。推进老年人社会保障、医疗卫生、养老服务、文化教育等各项社会事业深入发展。按照稳增长、调结构、促转型、惠民生、防风险的要求，加快发展养老服务业。聚焦老龄产业发展短板，全面放开养老服务市场，通过购买服务、股权合作等方式支持各类市场主体增加养老服务和产品供给，满足老年人多层次、多样化的养老服务需求”。在 2017 年 2 月 28 日国务院颁布的《“十三五”国家老龄事业发展和养老体系建设规划》中，已经将居家与社区合并表述，新的提法是“夯实居家社区养老服务基础”。上述文件提到的概念有：居家养老、社区养老、社区居家养老、居家社区养老、机构养老、老龄服务事业、老龄产业等概念，显然“9073”的内涵也有所变化。要区别这些概念，需要对养老体系有个宏观把握。

养老体系，可以从不同的角度进行分类。（1）从养老服务模式和来源上看，分为家庭主导型、政府参与型、混合供给型。家庭主导型养老服务模式是以宗族、血亲为基础的传统的家庭代际供养模式。随着工业化、市场化的发展，家庭丧失或部分丧失承担老人赡养责任的条件之后，养老模式从家庭主导型转为政府参与型，体现出政府对弱势群体的救护责任。政府在养老服务供给过程中因信息不对称、寻租及效率等问题造成供给结构、数量、质量偏离需求，依托市场机制的供给方式逐渐出现，成为政府供给的有益补充，商业性养老服务机构体现出市场的资源配置作用，从而进入到家庭、政府、市场共同提供服务的混合供给型阶段，供给主体可以是家庭成员、政府、企业、非营利组织、志愿者等。（2）从居住地来看，主要有居住在家里、社区日间照料机构、福利性机构及商业性机构等情况。居家养老是传统的养老方式，而且目前也是多数人选择的方式，居家养老与家庭养老有很大区别，居家养老是居住在家里，但养老服务来源是多元化的，可能来自于家庭成员、社区、政府、志愿者，而家庭养老主要是家庭成员提供服务。社区日间照料机构一般类似于幼儿园，白天定时定点在机构受到专人照护，晚上回家享受天伦之乐。福利性机构和商业性机构属于机构养老，老人居住于机构，由机构派专人进行陪护。（3）从服务对象的情况上分类，主要有低收入健康老人、低收入失能半失能老人、中高收入健康老人、中高收入失能半失能老人。针对不同的群体，提供的产品也会有所差别，低收入失能半失能老人是政府重点救助的对象，其所受到的服务来自家庭、非营利性组织以及志愿者，由政府提供的那部分属于纯公共产品。低收入健康老人也会受到来自上述服务主体的照顾。对于中高收入的老人，政府提供的是准公共产品，更多的服务来自于家庭和市场，企业为其提供私人产品是主要的服务来源。三种分类方式并非孤立存在，可以综合为图 5—1①，有助于界定和理解相关概念。

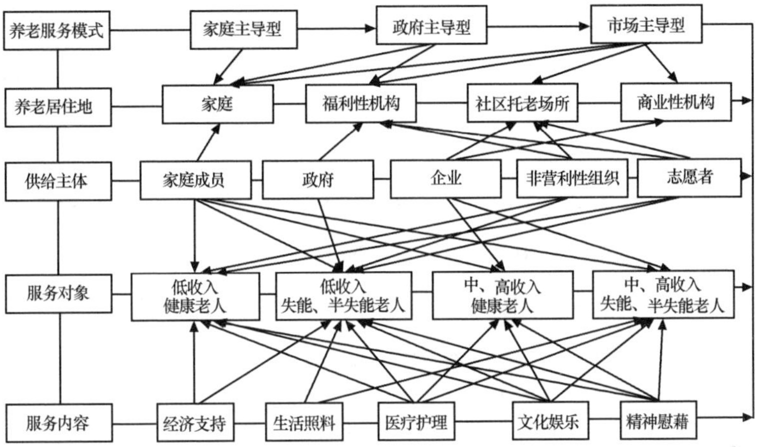

图 5—1 养老体系分类图

居家养老如何界定。目前并没有定论，网上搜索以“居家养老”为篇名的文章共 3172 篇，其中发表在 CSSCI 的文章共 326 篇（查询日期：2019 年 7 月 20 日），可见学术界对“居家养老”有一定的关注度，尤其是 2012 年之后文章数量增多。

综合起来关于“居家养老”主要有三种定义方式：一是从养老服务的供给来源定义。这种定义方式主张将家庭养老和社会养老的功能结合起来。穆光宗、姚远（1999）认为“居家养老是建立在个人、家庭、社区和国家基础之上的，它是以居家养老为形式、以社区养老网络为基础，以国家制度、政策、法律为保证，家庭养老和社会养老相结合的养

① 王立剑等：《需求导向的中国社会养老服务体系建设模式研究》，科学出版社 2018 年版，第 29 页。

老体系”。[①] 敬乂嘉（2009）认为“居家养老指政府和社会力量依托社区，通过建立专业化的服务机构，为在家居住的老年人提供生活照料、家政、康复护理和精神慰藉等服务”。[②] 夏敬等（2017）认为“居家养老，将家庭养老和社会养老有机地结合起来，把社会化的为老服务延伸至家庭，它以家庭为核心、依托社区，提供专业化的服务，具有一定的公共服务属性，其基本的支持系统是社会关系”。[③] 显然这种定义更注重家庭、社会的功能结合。然而哪一方功能为主，学者有不同的看法。熊必俊在全国家庭养老与社会化养老服务研讨会中指出“家庭养老向社会养老的发展不是两者之间的简单取代，而是家庭与社会在承担养老义务中主次角色的换位”。[④] 陈赛权（2000）强调要大力促进社会化养老，实现从家庭养老向社会养老过渡。[⑤] 郑功成（2008）指出“老年服务的提供应当是在家庭内部不能解决的条件下出现的，因为家庭作为社会成员的第一安全港，相互之间的关照与慰藉是社会化机制所不能比拟的，因此，老年服务的发展是在弥补家庭服务功能的退化与不足”。[⑥] 田钰燕、包学雄（2017）认为居家养老存在的问题有“家庭养老功能的式微与机构养老资源的匮乏，并面临着养老责任边界不清，家庭成员形成福利依赖”。[⑦]

二是根据居住地点定义。王金元（2008）认为“居家养老是在家庭养老与社会机构养老的基础上提出的。居家养老的目标在于人不因年龄增加而改变原有生活及居住方式，推进‘健康老龄化’和‘积极老龄

---

① 穆光宗、姚远：《探索中国特色的综合解决老龄化问题的未来之路》，《人口与经济》1999 年第 2 期。

② 敬乂嘉等：《从协作角度看我国居家养老服务体系的发展与管理创新》，《复旦学报》（社会科学版）2009 年第 5 期。

③ 夏敬等：《完善居家养老服务需要“对症下药”》，《人民论坛》2017 年第 31 期。

④ 穆光宗、姚远：《探索中国特色的综合解决老龄化问题的未来之路》，《人口与经济》1999 年第 2 期。

⑤ 陈赛权：《中国养老模式研究综述》，《人口学刊》2000 年第 3 期。

⑥ 郑功成：《中国社会保障改革与发展战略——理念、目标与行动方案》，人民出版社 2008 年版，第 113—122 页。

⑦ 田钰燕、包学雄：《“互联网 +”时代居家养老服务供给：从技术嵌入到协作生产》，《社会保障研究》2017 年第 2 期。

化'"。[①] 杨宗传强调居家养老就是指老年人分散居住在自己的家庭养老，而不是集中居住在养老机构养老。姚远也强调家庭养老是相对于社会养老而言的，而居家养老是相对于机构养老而言的。这种定义方式过于强调居住区域，容易将居家养老看作是机构养老的对立面，其实两者的对立式的理解反而不利于两种养老方式的发展，因为居家养老需要机构养老服务的辅助和支持，机构养老也需要家庭成员的关心和陪护。

三是将服务和地点相结合的边界模糊定义方式。通过查询资料发现，早期的文献多使用居家养老这一名词，社区居家养老的名词出现于2007 年，这一名词用者寥寥。从 2013 年之后，社区居家养老成为常用名词，并一直延续到现在，目前的情况是社区居家养老的使用率远远高于居家养老，除此之外也有居家社区养老的表述。张晓霞（2008）认为"社区居家养老是一种以社区为依托的居家养老方式，将传统的家庭养老方式与养老社会化结合起来。老年人虽然在家中居住，但享受的不是传统意义上自我照顾的居家养老，而是由社区为他们提供专业、优质、价廉、全方位的社会化养老服务"。[②] 其实这样的表述方式也有局限，它将居家养老服务的来源限定在社区，固然现实中居家养老与社区服务密不可分，但过分强调社区功能相当于弱化家庭的养老责任，无论从传统道义还是老人的身心健康角度，家庭的经济支持和慰藉都是不容忽视的，发挥家庭养老的功能是中华民族的传统美德，为老人带来精神慰藉。同时还可以节省公共资源，防止高福利带来的财政负担压力过重的问题。因此在养老社会化和市场化不断推进的今天，更应该强调家庭互助，否则过于强调社区功能容易造成家庭责任的弱化和推诿，不利于多元化养老模式的发展。

关于家庭的作用，尽管与传统的养老相比已经弱化，但需要注意的是无论从概念、理论还是实践上我们应该更强调家庭的重要性。主要原因有以下三点：一是"孝道"是中国的传统美德，不仅对自己家的老人"孝"，同时还要照顾其他老人，这种美德的传承是构建和谐社会的前提。

① 王金元：《城市老人居家养老的社会支持》，《社会科学家》2008 年第 4 期。

② 张晓霞：《社区居家养老问题调查——以江西省南昌市为例》，《江西社会科学》2008 年第 11 期。

二是社会化、市场化养老无法替代家庭养老，其精神、心理健康有赖于亲人的陪伴和关怀。三是从西方养老模式的发展路径来看，他们倡导的独立意识将家庭供养排除在外，社会化和市场化养老比较早地发展起来，但是这种养老模式产生了较大的副作用，即社会保障负担的加重使财政面临赤字危机。在我国，应该继续倡导家庭的养老作用，既是中国特有的优秀传统文化，又能够为社会节约资源和开支，避免片面强调社会化、市场化，走西方社会高福利、高赤字的老路。

综合上述定义，本文需要强调的是，居家养老有广义和狭义之分，狭义的居家养老是一种养老方式，即在居住地不脱离家的环境养老，其对应的概念是机构养老，即机构创办的社会化养老方式。而广义居家养老既指居住地养老的方式，又涵盖养老服务的来源，即主要在家中居住，享受着来自家庭、社区、政府、机构的多元化养老服务。因此，为了避免概念和理解的混淆，本书采用广义居家养老这样的概念。在 2011 年 12 月 6 日国务院办公厅印发的《社会养老服务体系建设规划（2011—2015 年）》这一行业指导性文件中，对居家养老服务有如下表述：居家养老服务涵盖生活照料、家政服务、康复护理、医疗保健、精神慰藉等，以上门服务为主要形式。那么还有一种情况，老人主要居住于家中，但年事已高需要照料，家庭成员又不能时刻在老人身边，于是就出现了日间照料这种模式，也就出现了《规划》中对于社区养老服务的表述：社区养老服务是居家养老服务的重要支撑，具有社区日间照料和居家养老支持两类功能，主要面向家庭日间暂时无人或者无力照护的社区老年人提供服务。这里对社区养老服务的功能界定里包含了“居家养老支持”，而对“居家养老支持”并未给出明确清晰的解释，由此“居家养老”“社区养老”“社区居家养老”等概念混淆在一起，没有统一的概念界定也就不足为奇了。其实，如果将居家养老看作是一个广义概念，可以澄清概念使用的混乱局面。因此本书更倾向于下列划分方式：居家养老、自我服务，居家养老、子女服务，居家养老、社区服务，居家养老、机构服务。日间照料介于居家和社区的中间状态，将其划归为第三种，因为现实中享受日间照料的老人更多的是想寻求专业人士的帮助以及集体生活的乐趣，家庭生活也是他们不可或缺的部分。失能、半失能的居家老人得到机构更为专业的服务，归为第四类。

正是认识到居家养老及其服务来源的重要性，2017 年出台的《健康中国 2030 年规划纲要》更推进老年医疗卫生服务体系建设，推动医疗卫生服务延伸至社区、家庭。健全医疗卫生机构与养老机构合作机制，支持养老机构开展医疗服务。推进中医药与养老融合发展，推动医养结合，为老年人提供治疗期住院、康复期护理、稳定期生活照料、安宁疗护一体化的健康和养老服务，促进慢性病全程防治管理服务同居家、社区、机构养老紧密结合。推动开展老年心理健康与关怀服务，加强对老年痴呆症等的有效干预。推动居家老人长期照护服务发展，全面建立经济困难的高龄、失能老人补贴制度，建立多层次长期护理保障制度。

二 居家养老相关调查的比较研究

社会化养老的目的是运用专业化分工，为老人提供产品和服务，使之安享乐享晚年，显然这需要充分考虑老人的需求和偏好。尽管家庭养老已经面临种种问题难以维持，但老人仍然根深蒂固地保持着居家养老的习惯，居家养老仍旧是多数老人的选择。当然居家养老与传统的家庭养老既有联系又有区别，两种方式下的养老都是以家为载体，前者的家是“大家”，更多的是老人不脱离原有的居住环境，通过社会化养老服务体系就地养老，除了家庭成员的关爱之外，由社会化的专业机构或社区的志愿者等非家庭成员提供照料服务，即居家养老逐渐与社区公共服务和市场服务相结合，衍生出依托社区的社区居家养老方式。进而又产生了社区居家养老与机构养老的中间模式：社区养老模式。在诸多养老模式中，社区居家养老一度入选两会民生热词榜，这不仅说明人民群众对社区养老问题的重视程度，也说明在社区居家养老方面仍存在许多亟待解决的问题。

2005 年上海率先提出了构建“9073”养老服务格局的发展思路，即 90% 由家庭自我照顾，7% 接受社区居家养老服务，3% 入住机构养老。随着人口深度老龄化，社会养老服务快速发展，2014 年上海进一步提出了建设涵盖“养老服务供给体系、保障体系、政策支撑体系、需求评估体系、行业监管体系”的“五位一体”养老服务发展目标。

就实际调查而言，2016 年 12 月 3 日，第 11 届中国健康传播大会发布了中国适老社会服务研究结果。此项研究是 2016 年 3 月至 10 月，清华大学与盖洛普进行了一项“中国适老社会服务研究”（CESS）的全国性调研，该项研究覆盖了北京、上海、广州、深圳等 16 个一、二、三线城市，访问对象为 60 岁及以上的老年人，共完成 2202 个样本。研究发现：第一，在养老的主观意愿方面：计划居家养老的受访老人占 63%，计划在养老院养老的占 13%，计划依靠社区养老的只有 2%。第二，从受访者的回答来看，接近 40% 的社区并不提供任何形式的老年服务或设施。在周边有可及的日托站或托老所的受访者中（占 18% 的受访者），只有 4% 使用过该服务，“老年饭桌或送饭”的使用率紧随其后；第三，超过 2/3 的受访者在过去的 12 个月去过医院或诊所看病，在这 2/3 的受访者中，77% 的老年人仍然采用亲自排队的方式挂号就医；第四，只有 1/4 的受访者了解公立养老院，民营养老院的了解比例更少；第五，将近 3/4 的受访者不了解养老地产。农村受访者的不了解比例甚至达到 85%；第六，超过 3/4 的网络使用者表示，他们近期使用过微信。大部分受访者都是用互联网聊天和看新闻，网上缴费和网上票务订购、网购等生活服务使用率仍很低。①

2016 年 10 月，上海市老龄科学研究中心、上海交通大学舆情研究实验室对上海市 9 个区 60 岁及以上的老年人开展“上海市老年人养老意愿调查”，调查结果显示，上海老年人养老方式以“自己照顾自己”（75.6%）和“在家由家人照顾”（39.9%）为主，12.6% 的受访者选择了“在家接受上门服务”的养老方式，9.9% 的受访者选择了“去附近的社区日托中心”，8.6% 的受访者选择了“异地养老”，而“住在养老院”（4.3%）、“高端养老公寓或住宅”（2.9%）及其他（4.0%）养老服务方式的选择率均不足 5.0%。

以上两个调查的时间几乎是同时的，就 16 个城市的调查结果来看，多数老人选择居家养老，但老人对于社区养老的方式接受度很低。上海市的调查选择家庭养老的比例较多，社区居家养老的比例可观，社区养

① 清华大学—盖洛普联合发布：《中国适老社会服务研究（CESS）——七大主要发现》，http：//www.360doc.cn/article/39179077_661207071.html。

老的比例远超出16个城市调查结果，上海市的“9073”的养老结构基本符合实际，但也低估了社区养老和养老院养老比例，选择异地养老和高端公寓的也有一定比例，从这样的比较可以看出，上海的养老方式和观念正在发生变化，社会化养老的需求主体开始逐渐培养起来，据最新数据，上海有34.65%的家庭中至少有一个60岁以上的老人，其中空巢比例为34.83%，其中老年独居家庭户比例为13.42%、老年夫妇家庭户为21.42%。80岁以上高龄老人群体的空巢比例也达到了31.76%，几乎是每3个高龄老年人中就有1个独立生活。[①] 可见，上海的空巢比例比较严重，需要配套更多的社会化服务以化解空巢危机。

随着社会化养老的逐步开展，以社会化养老产品或服务为主业或者在原有业务基础上进一步扩展到养老业务的企业层出不穷。养老行业不仅仅是传统意义上的衣食住行、健康医疗，“互联网+养老”开创了智能时代的养老模式，许多相关企业已在新三板挂牌，因此当前的养老服务行业是传统养老与资本市场以及高科技的结合，使老人与子女、老人与社区、老人与相关机构打破地域的限制实现互联互通，子女无论距离多远，都可以即时得到老人的信息，以网络构建虚拟的家庭环境，老人的需求能够第一时间传达到社区和相关机构并得到及时回应，营造线上和线下一体化的服务平台。这些传统服务与高科技相结合的智能养老方式为营造社会化养老服务体系创造了条件，还能成为总需求的一部分，为银发经济创造新的活力。因此，养老产业是福利化和市场化的结合，是传统服务与高科技的结合，成为未来社会化养老的发展方向。

理论上，老龄化程度高、空巢率高对社会化养老服务的需求就会高，社区、企业的服务就会因为规模效应逐渐丰富和发展起来，老龄事业和养老产业将在不同的领域相互配合发挥作用，共同弥补政府失灵和市场失灵的问题。现实中，老人对社区服务及养老产品和服务的使用状况如何？老人社会化养老需求和供给的匹配程度如何？目前看来可能存在四种情况：需求高、匹配度高，需求高、匹配度低，需求低、匹配度高，需求低、匹配度低。究竟是什么情况，需要我们做进一步探讨。

---

① 上海市妇联：《发挥家庭养老功能　让空巢老人感受家庭温暖》，2019年1月27日，央广网（http://www.cnr.cn/shanghai/tt/20190127/t20190127_524495494.shtml）。

第六章
问卷设计及定性定量分析

居家养老服务既需要家庭的无私奉献和公共财政的兜底支持，又离不开市场的专业化分工，属于典型的准公共产品，因此根据服务提供方的不同有老龄事业和产业之分。作为需求方，老年群体的诉求及其满足的情况是怎样的，这是一个微观的领域，对于微观领域的分析最好的做法是融入群体做近距离的调查研究，了解养老服务的供给情况及供求的匹配情况。因此，本章以微观调查的统计数据为基础，分别从定性及定量两个方面了解老年群体收入、需求倾向，并进一步以计量模型分析影响幸福感的因素，而这些因素可能是家庭因素、社会因素或者市场因素，正好对应家庭、政府和市场这几个供给主体，将为总结老人的需求及分析存在供求错位的领域提供较为客观的基础。

安德森模型最早由 Ronald Andersen 创建于 1968 年，以探究不同家庭医疗服务利用行为存在差别的原因为目的，模型结构为“倾向特征”通过“使能资源（Enabling Resources）”和“需求（Need）”影响“医疗服务利用”。[①] 其后，学者们不断对该模型进行完善与修正，在 20 世纪 70 年代，该模型的分析单位由家庭转向个人，增加了“医疗结果（Health Outcomes）”维度；20 世纪 80 年代，学者将该模型结构简化为“医疗行为主要影响因素”通过“医疗行为”间接影响“医疗结果”，增加了“外界环境（External Environment）”变量；20 世纪 90 年代修正后的安德

---

① 李月娥、卢珊：《安德森模型的理论构建及分析路径演变评析》，《中国卫生事业管理》2017 年第 5 期。

森模型包括“环境（Environment）”“人口特征”“医疗行为”“医疗结果”四个维度，基本确立了个人层面与外界环境层面影响因素之间并列的结构关系，该模型进入了成熟阶段；21 世纪，安德森模型继续得到完善，2000 年“环境”维度改称为“情景特征（Contextual Characteristics）”维度，“人口特征”维度改称为“个人特征（Individual Characteristics）”维度；2013 年安德森模型的最后一次完善加入了“遗传基因”“生活质量”两个变量，其他组成部分均未改变。①

本书的理论模型根据 2000 年版的安德森模型，结合养老决策行为的特点进行了合理改造。采用该模型主要有两点原因，一是医疗服务利用和居家养老服务利用具有非常相似的特点，它们都是以“消费能力”为中心的个人选择行为，尤其在当前中国有限公共财政支持的社会经济背景下，居家养老服务的选择和评价主要取决于个人对于自身经济状况的考量和需求的偏好。二是安德森模型已经广泛应用于国内外养老决策行为研究，大多数研究借鉴了该模型的变量设置。②

该模型中，养老决策行为是情景特征、个人特征和养老效果综合影响的结果。本问卷设计也充分考虑了养老政策、环境等情景特征，社会结构、家庭养老资源和养老意愿等个人特征，以及对政策及生活质量的满意程度等养老效果评价。

一 问卷调查结果描述性分析

根据 2016 年上海市各区户籍人口老龄化率排名，2017 年 6 月课题组在外环以内的城区，选择老龄化程度最为严重的黄埔区、普陀区和静安区，在外环以外的郊区，选择老龄化最为严重的奉贤区和浦东新区，③ 随

① 李月娥、卢珊：《医疗卫生领域安德森模型的发展、应用及启示》，《中国卫生政策研究》2017 年第 11 期。

② Won I., Kim K. H., et al. “A Study On Decision Factors Affecting Utilization of Elderly Welfare Center: Focus On Gimpo City”, *Journal of The Korea Gerontological Society*, No. 2, 2018, pp. 351 – 364.

③ 《2016 年末上海市分区老年人口基本情况》，上海市养老服务平台（http://www.shweilao.cn/cms/cmsDetail? uuid = f0bbb7d4 – 597f – 41e5 – 8ab7 – 15380e18de44）。

机发放问卷 500 份，回收有效问卷 263 份。[①] 调查内容主要包括六大板块：第一，个人基本情况如年龄、性别、学历、财产及来源、健康、居住区域等社会人口特征；第二，子女、老伴及家庭成员亲情及经济关系等家庭情况；第三，智能穿戴设备、软件使用以及网购体验等互联网相关因素；第四，养老方式选择意愿；第五，对养老服务供给、政府公共服务和政策的了解状态、满意度及期望；第六，对于陪伴、心理疏导及兴趣爱好等方面的情感需要。这些地区的调查是上海市居家养老的缩影，通过逐一比较分析，我们可以观察到目前上海市居家养老的状态以及互联网时代养老产业的发展环境。

（一）被调查者个人的基本情况

第 1 题　请问您家年龄在 60 周岁及以上成员有几人？［单选题］

表 6—1　　　60 岁以上家庭成员数量

选项	小计	比例
A. 0 人	9	2.3%
B. 1 人	90	23.02%
C. 2 人	213	54.48%
D. 3 人及以上	25	6.39%
答案缺失（此项仅限统计人员填写）	54	13.81%
本题有效填写人次	391	

根据《中华人民共和国老年人权益保障法》的定义，在我国老年人是指 60 岁以上的公民。第 1 题（见表 6—1）说明一半以上的被调查者家中有 2 个老人，其次是 1 个老人，有 3 个及以上的老人的家庭约占 6.39%。这说明被调查者家中的老龄化程度还是比较高的。

第 2 题　您的性别是：［单选题］

---

① 因老人填表困难，问卷合格率仅为 52.6%。

表 6—2　　被调查人性别

选项	小计	比例
男	112	28.64%
女	259	66.24%
答案缺失（此项仅限统计人员填写）	20	5.12%
本题有效填写人次	391	

因入户调查非常困难，因此课题组进入居委会以及日照中心进行调研。这符合居家养老的主题要求，居委会和日照中心有活动娱乐设施，也是人际交往的核心区域，是居家养老的老人常去的地方。从第 2 题的统计结果（见表 6—2）可以看出，经常进出居委会和日照中心的女性老人居多，这也说明女性老人在居委会和日照中心的社会交际更频繁，换言之，居委会和日照中心对女性老人有吸引力，而对男性老人吸引力不足。这一点需要结合问卷做进一步原因分析。

第 3 题　您居住在上海的哪个区？[单选题]

表 6—3　　被调查人居住区域

选项	小计	比例
黄浦区	63	16.11%
静安区	101	25.83%
普陀区	95	24.3%
浦东新区	50	12.79%
奉贤区	63	16.11%
答案缺失（此项仅限统计人员填写）	12	3.07%
本题有效填写人次	391	

如前所述，根据 2016 年上海市各区户籍人口老龄化率排名，在外环以内的城区，选择老龄化程度最为严重的黄埔区、普陀区和静安区，在外环以外的郊区，选择老龄化最为严重的奉贤区和浦东新区，并且能够在内、中、外环均具有样本分布。如表 6—3 所示，考虑到静安区原闸北区部分（样本比例约占静安区一半）属于中环，因此内环样本约占 28.9%，中环样本约占 37.3%，外环样本约占 28.9%，基本属于区域均

衡状态。

第 4 题　您的婚姻状况是：［单选题］

表 6—4　　被调查者的配偶情况

选项	小计	比例
A. 未婚	4	1.02%
B. 已婚	300	76.73%
C. 离异	6	1.53%
D. 丧偶	59	15.09%
E. 同居	4	1.02%
答案缺失（此项仅限统计人员填写）	18	4.6%
本题有效填写人次	391	

根据第 4 题（见表 6—4），通过婚姻状况判断老人的配偶陪伴状态，已婚和同居属于有老伴的状态，离异、丧偶属于无老伴的状态，从样本数据看，有老伴者占 77.75%，无老伴者占 17.64%。

第 5 题　您的受教育程度是（含在读）：［单选题］

表 6—5　　被调查者的受教育程度

选项	小计	比例
A. 不识字	27	6.91%
B. 小学	63	16.11%
C. 初中	91	23.27%
D. 高中/中专	120	30.69%
E. 大专	45	11.51%
F. 本科及以上	23	5.88%
G. 老年大学	2	0.51%
答案缺失（此项仅限统计人员填写）	20	5.12%
本题有效填写人次	391	

第 5 题的结果显示（见表 6—5），受教育程度方面，学历为高中及中专的比重最大，占比达到 30.69%。学历为初中的比例占到 23.27%，学历为小学的比例占 16.11%，学历为大专的比例为 11.51%。不识字和本

科及以上这两个极端，所占比重都不多。上老年大学的非常少。这样的学历水平符合当时的教育实际，2017 年 60 岁以上的老人出生在 1957 年之前，当时全国的整体教育水平不高，在学龄阶段又遇上“文化大革命”，因此初、高中文化算是比较高的文化程度了。值得关注的是上过老年大学的老人非常少。

第 6 题　您之前工作的单位性质是：[单选题]

表 6—6　被调查者退休前的单位性质

选项	小计	比例
A. 机关事业单位	58	14.83%
B. 国有企业	153	39.13%
C. 集体企业	66	16.88%
D. 外资和国内私有企业	5	1.28%
E. 其他单位	81	20.72%
答案缺失（此项仅限统计人员填写）	28	7.16%
本题有效填写人次	391	

老人退休前的企业性质与养老选择有一定关系，第 6 题的调查结果显示（见表 6—6）：被调查者退休前工作单位有 39.13% 是国有企业，其次是集体企业，机关事业单位的比重也比较大，外资和国内私有企业所占比例仅为 1.28%。根据目前的法定退休时间，党政机关、群众团体、企业、事业单位的干部男年满 60 周岁、女年满 55 周岁，职工是男年满 60 周岁、女年满 50 周岁，因此被调查者在改革开放前后参加工作，尽管市场化过程中进行了养老保险制度改革，机关事业单位和部分国有集体企业职工与原来的单位仍有千丝万缕的联系，退休人员对政府及相关组织保持着天然的信赖和依赖，养老方式的选择无论是居家养老还是机构养老，更倾向有政府背书的组织或企业。我国建立起公有制为基础多种所有制经济共同发展的基本经济制度之后，私有制企业的发展和养老保险制度改革的推进，使得养老理念发生变化，可以预见，养老模式的选择对于政府的依赖逐渐淡化，对于市场的诉求逐渐提升，这里可能存在的问题有三个：一是当养老理念尚未改变，但养老设施的性质和结构发生变化，可能会出现一方面有政府背书的养老资源紧张，另一方面市场

化的养老服务供过于求企业陷入发展困境的“叫好不叫座”的局面。二是当养老理念发生变化，而养老设施的性质和结构仍然固化，有可能出现的是有效需求得不到满足，老人生活质量提升缓慢的情况。三是政府资源与市场资源并存的情况下，需要有效划分人群，防止搭便车行为的出现，以免发生公共产品供给越多，养老“兜底”部分被“共享”部分挤占。这些情况都是在养老领域的“人民日益增长的美好生活需要和不平衡不充分的发展之间的矛盾”。

第 7 题　您居住的房屋类型是：[单选题]

表 6—7　　被调查者房屋类型

选项	小计	比例
A. 商品房	161	41.18%
B. 老公/工房	93	23.79%
C. 棚户、未改造的老住房	7	1.79%
D. 廉租房	2	0.51%
E. 单位公寓/宿舍	1	0.26%
F. 拆迁安置房	87	22.25%
G. 自建房	4	1.02%
H. 其他	20	5.12%
答案缺失（此项仅限统计人员填写）	16	4.09%
本题有效填写人次	391	

第 8 题　这套房子的产权属于谁：[单选题]

表 6—8　　被调查者的房屋产权

选项	小计	比例
A. 本人/配偶	287	73.4%
B. 儿女	78	19.95%
C. 政府或其他人	13	3.32%
答案缺失（此项仅限统计人员填写）	13	3.32%
本题有效填写人次	391	

住房一直是关系民生的大问题，对于老人来说，住房不仅是老年生

活的基本条件，还意味着以房养老的可能，也意味着经济的独立和尊严的保障。从第 7 题的统计结果看（见表 6—7），41. 18% 的被调查者住的是商品房，23. 79% 的被调查者住的老公/工房，22. 25% 住的是拆迁安置房。结合第 8 题的调查结果（见表 6—8），73. 4% 的住房属于本人或（和）配偶，说明被调查者中多数拥有自己的房产，经济独立性比较强，这些被调查者具备以房养老的基本条件，但是因为以房养老在我国才刚起步，不法分子利用制度不完善进行诈骗，不仅损害了老人的利益，还破坏了以房养老市场的正常运作，老人对以房养老怀有戒心甚至认为这个制度就是个骗局。事实上，西方很多国家都在实施以房养老，这一融资方式的优势在于：分散政府的养老保障压力、提升老人晚年生活品质、开拓银行和保险等金融机构的业务领域，如果运行得当将一举多得，借用养老金融使多方受益。但目前由于缺乏良好的金融产品及前期出现的一系列诈骗活动引发的信任危机，使得以房养老无人问津。

（二）被调查者的家庭情况

第 9 题　您现有（不含过世或其他特殊情况）几个儿子几个女儿？［单选题］

表 6—9　　被调查者的子女情况

选项	小计	比例
1 男	117	29. 92%
1 女	97	24. 81%
2 男	24	6. 14%
2 女	24	6. 14%
1 男 1 女	65	16. 62%
1 男 2 女	9	2. 3%
2 男 1 女	16	4. 09%
2 男 2 女	3	0. 77%
无子无女	0	0%
其他（请注明几男几女）	23	5. 88%
答案缺失（此项仅限统计人员填写）	12	3. 07%
（空）	1	0. 26%
本题有效填写人次	391	

从第9题被调查者的子女情况看（见表6—9），有一儿或一女的占多数，分别占29.92%和24.81%，即独生子女的家庭占54.73%，属于“421”的家庭结构，说明多数家庭养老压力比较大。有两个孩子的家庭约为28.9%，三个孩子的家庭只占到6.39%，仅有少数有四个孩子，没有无子无女的情况。如上所述，居家养老强调服务来源多元化，但第一层保障来自家庭，家庭养老不应该被社区养老或机构养老所替代，养老不应该完全社会化和市场化，因此提倡孝道是最基础的道德伦理层面。

第10题　请问您的子女是：［单选题］

表6—10　　被调查者子女生活区域

选项	小计	比例
A. 在其他城市生活	41	10.49%
B. 在本城市生活	340	86.96%
答案缺失（此项仅限统计人员填写）	10	2.56%
本题有效填写人次	391	

随着劳动力市场的建立以及束缚劳动力流动的因素被打破，出现了越来越多的空巢老人，从第10题被调查者子女区位情况看（见表6—10），在上海生活的占86.96%，绝大多数有照料老人的条件，有10.49%的孩子在外地生活，空巢老人仍占一定比例，这样的家庭里孩子不具备照料老人的条件，尤其是单身空巢老人，需要重点关注。

第11题　与您同吃同住的家庭成员有哪些？［多选题］

表6—11　　与被调查者共同生活的家庭成员

选项	小计	比例
A. 父母	19	4.86%
B. 配偶	251	64.19%
C. 子女	140	35.81%
D. 儿媳或女婿	31	7.93%
E. （外）孙子孙女	34	8.7%
F. 其他亲戚	4	1.02%

续表

选项	小计	比例
G. 自己一个人居住	45	11.51%
答案缺失（此项仅限统计人员填写）	16	4.09%
本题有效填写人次	391	

家庭成员的状况反映了老人能够获得直接照料的来源，从第11题调查结果看（见表6—11）：与配偶同吃同住的占到64.19%，以老伴互助照料为主，与子女同住的占35.81%，值得注意的是独居老人占比11.51%，是一个不可小觑的比例，有三种可能性：被调查者无子无女无老伴；被调查者独立居住，儿女在附近便于照料；被调查者独立居住，儿女在外地，照料有些困难。这里涉及老年空巢家庭的概念。老年空巢家庭主要是指那些身边无子女共同居住，老人独自生活的家庭。这是需要社会关爱的重点群体，其中包括夫妇两人的空巢家庭以及单身独居的空巢家庭，而后者是重中之重。结合第9题，被调查者没有无子无女的情况，即至少有一个孩子，因此第一种可能性不存在。再结合第10题（见表6—10），子女在其他城市生活的占到10.49%，可以得出大致的结论，主要是因为儿女不在身边而缺乏及时照料的独居空巢老人大约有10.49%，如果再加上儿女在本市，但因不孝顺等因素疏于往来的照料者，缺乏及时照料的独居空巢老人区间一定在10.49%以上。其他类型比例比较少，少有老人与儿媳或女婿、孙子孙女同吃同住，与其他亲戚同吃同住者寥寥无几。

（三）被调查者的家庭关系

第12题 请问您的亲人每月给您生活费吗？[单选题]

表6—12 亲人对被调查者的经济资助

选项	小计	比例
A. 给一些	138	35.29%
B. 几乎不给	81	20.72%

续表

选项	小计	比例
C. 完全不给	134	34.27%
答案缺失（此项仅限统计人员填写）	38	9.72%
本题有效填写人次	391	

家庭关系主要表现在经济上的资助、对身体健康的关爱以及情感上的交流。第 12 题结果显示（见表 6—12），有 35.29% 的被调查者每月能够获得经济资助，但多数还是依靠自己的收入生活，从后面第 19 题的结果来看，多数人的月收入在 2500—4999 元，87.72% 的老人收入来源于退休金，相反子女对老人的经济依赖比例也不大，仅有 8.7% 的子女依靠老人负担经济开支，因此老人和子女之间表现出明显的经济独立性，也说明养老保险制度对于老人经济生活的重要性。据统计调查，2018 年上海市居民人均可支配收入达 64183 元，① 即每月 5348.58 元，可见老人月收入略低于居民人均可支配收入。

第 13 题　当您需要看病时，亲人能陪您去吗？［单选题］

表 6—13　　亲人陪同被调查者的情况（看病）

选项	小计	比例
A. 能	265	67.77%
B. 不能	26	6.65%
C. 还不需要	90	23.02%
答案缺失（此项仅限统计人员填写）	10	2.56%
本题有效填写人次	391	

第 14 题　当您不方便自己去购买日常用品时，亲人能帮助您购物吗？［单选题］

---

① 2018 年上海居民人均可支配收入 64183 元，http://money.163.com/19/0122/14/E-64MP063002580S6.html。

表 6—14　　亲人陪同被调查者的情况（购物）

选项	小计	比例
A. 能	331	84.65%
B. 不能	47	12.02%
答案缺失（此项仅限统计人员填写）	13	3.32%
本题有效填写人次	391	

老人在生活中遇到最多的日常是看病和购物，第 13 题结果显示（见表 6—13），在看病方面有 23.02% 的被调查者不需要亲人陪同看病，需要亲人陪同的占 76.08%，其中需要陪同的老人中 91.07% ［265/（265 + 26）］的老人能够获得亲人的陪同，比例相对比较高，仍有 8.93% 的老人在看病时只能依靠自己。在购物方面，如表 6—14 所示，需要亲人时 84.65% 的被调查者能够及时获得亲人的帮助，但仍有 12.02% 的老人在购物方面缺少帮助。从这两方面可以看出，亲人在日常生活中起着重要的作用，倡导“孝文化”、兄弟姐妹之间的亲情关系乃至守望相助邻里关系，仍然是当今社会居家养老必备的文化氛围，这并非社区居家养老、社区养老或机构养老运用市场化操作所能取而代之的传统美德。

第 15 题　您认为您的子女孝顺吗？［单选题］

表 6—15　　被调查者对子女的评价

选项	小计	比例
A. 很孝顺	192	49.1%
B. 比较孝顺	137	35.04%
C. 一般孝顺	50	12.79%
D. 比较不孝顺	1	0.26%
E. 很不孝顺	4	1.02%
答案缺失（此项仅限统计人员填写）	7	1.79%
本题有效填写人次	391	

传统社会养儿防老，子女尤其是男孩越多，越能体现人丁兴旺、老有所依。当今社会老人受照顾的程度并不必然与子女数量成正比，且不

说不孝之人古已有之，现代社会老人的子女多但病榻之前无人照料的情况也常有。养老保险制度使得老人在经济上获得一定的独立性，社区和市场化的养老模式改变了传统的父母对孩子在养老方面的绝对依赖关系。在这种情况下，更有必要提倡我们传统的孝道，因为在养老方面存在很多误解，比如社区、市场提供服务，孩子就不需也不必照料父母了，一切交给专业化服务部门即可，社区居家养老的名称就很容易造成这种误解。本题即是从父母角度调查子女的孝顺状况，以考察养老方式的变化对父母与子女的关系产生什么影响。从父母的角度评价子女的孝顺程度，一般是比较宽容的。第15题结果显示（见表6—15），被调查人认为子女很孝顺的占49.1%，接近一半的比例，认为比较孝顺的占35.04%，说明父母对子女的孝心表现还是比较满意的，一般孝顺者占12.79%，比较不孝顺和很不孝顺者占少数。如前所述，居家养老的服务来源多元化，而家庭的照料应该是基础，从子女的表现可以看出居家养老的基础还是在的。对于不孝顺老人的子女，需要各种教育和舆论监督，和谐的家庭环境才是居家养老的基础，社区、机构、志愿者只是一些辅助因素，帮助子女为老人提供更好的照料。

第16题　您觉得子女的经济状况属于哪一类？[单选题]

表6—16　　被调查者子女的经济状况

选项	小计	比例
A. 很宽裕	24	6.14%
B. 比较宽裕	159	40.66%
C. 大致够用	168	42.97%
D. 有些困难	21	5.37%
E. 很困难	4	1.02%
F. 无法选择	8	2.05%
答案缺失（此项仅限统计人员填写）	7	1.79%
本题有效填写人次	391	

第17题　请问您的子女在经济上是否需要您负担？[单选题]

表 6—17　　被调查者对子女的经济资助

选项	小计	比例
A. 需要	34	8.7%
B. 不需要	336	85.93%
答案缺失（此项仅限统计人员填写）	21	5.37%
本题有效填写人次	391	

第 18 题　您的子女需要您经济负担的原因是什么？[单选题]

表 6—18　　被调查者子女被资助的原因

选项	小计	比例
A. 子女下岗	4	7.27%
B. 身体残障	2	3.64%
C. 学生	4	7.27%
D. 其他	17	30.91%
答案缺失（此项仅限统计人员填写）	28	50.91%
本题有效填写人次	55	

养老方面也遵循马斯洛的需求层次理论，马斯洛理论把需求分成生理需求（Physiological needs）、安全需求（Safety needs）、爱和归属感（Love and belonging）、尊重（Esteem）和自我实现（Self-actualization）五类，依次由较低层次到较高层次排列。在自我实现需求之后，还有自我超越需求。老人的需求首先是基本的生活需求，这就涉及基本生活资料的满足。生活资料来源于收入，收入一定的情况下，儿女经济情况越差，老人可能要资助儿女使得财务变糟糕，因此可以看出儿女的财务情况与老人的生活状况负相关。从第 16 题的调查结果看（见表 6—16），多数老人的子女经济状况还算可以，其中 6.14% 是儿女经济状况好的那部分老人比重，40.66% 的老人认为子女经济状况还可以，42.97% 的老人认为儿女的收入大致够用，仅有少数老人认为儿女的经济状况差，再结合第 17 题结果，只有 8.7% 的老人认为子女在经济上需要救济，多数老人认为儿女在经济上不需要自己负担，这些说明老人的经济情况

受儿女拖累的可能性比较小，所谓的“啃老族”群体并不大，这也为购买养老服务提供了条件。但是真正的有效需求除了收入之外，还要看其边际消费倾向的大小。从第 18 题的回答中我们可以看到，需要为儿女经济负担的原因主要有子女下岗、儿女还是学生、身体残障等，也不乏“啃老”的可能。

（四）被调查者的收入情况

第 19 题 请问您个人每月的总收入是多少？［单选题］

表 6—19 被调查者收入状况

选项	小计	比例
A. 1 万元以上	7	1.79%
B. 5000—9999 元	60	15.35%
C. 2500—4999 元	182	46.55%
D. 2000—2499 元	38	9.72%
E. 1600—1999 元	51	13.04%
F. 1200—1599 元	23	5.88%
G. 800—1199 元	1	0.26%
H. 400—799 元	0	0%
I. 99 元以下	0	0%
J. 无收入	0	0%
答案缺失（此项仅限统计人员填写）	29	7.42%
本题有效填写人次	391	

第 20 题 您收入的来源有哪些？［多选题］

表 6—20 被调查者收入来源

选项	小计	比例
A. 退休金	343	87.72%
B. 务工收入或自己创收	16	4.09%
C. 子女赡养	15	3.84%

续表

选项	小计	比例
D. 政府/集体救助	7	1.79%
E. 企业养老金补贴	16	4.09%
F. 其他	5	1.28%
答案缺失（此项仅限统计人员填写）	31	7.93%
本题有效填写人次	391	

2017 年 4 月 1 日起上海市的月最低工资标准为 2300 元，2019 年 4 月 1 日起上海市的月最低工资标准为 2480 元，第 19 题结果如表 6—19 所示，被调查的老人收入低于最低工资标准者约占 28.64%，46.55% 的老人月收入在 2500—4999 元，2018 年上海市居民人均可支配收入达 64183 元，[①] 即每月 5348.58 元，不低于居民人均可支配收入的老人比重约占 17.14%，这说明老人的月收入并不高，但结合前面对于住房的调查结果以及上海的房价，老人的财产也算可观，但财产结构以不动产为主。老人的收入来源方面，退休金是最重要的来源，尽管第 20 题是多选题（结果见表 6—20），但选择退休金之外的来源的比重很小，因此养老保险成为老人安身立命、安享晚年的重要保障，也就意味着养老保险制度改革与老人的福祉息息相关，必须慎之又慎。

第 21 题　您（和老伴）给自己存了一笔养老用的钱吗？[单选题]

表 6—21　　被调查者是否存了养老钱

选项	小计	比例
A. 存了	231	59.08%
B. 没存	126	32.23%
答案缺失（此项仅限统计人员填写）	34	8.7%
本题有效填写人次	391	

① 《2018 年上海居民人均可支配收入 64183 元》，网易（http://money.163.com/19/0122/14/E64MPO63002580S6.html）。

第22题 您觉得靠这笔钱今后够养老吗？[单选题]

表6—22 被调查者是否觉得养老钱够用

选项	小计	比例
A. 够	78	29.43%
B. 不够	43	16.23%
C. 不好确定	105	39.62%
答案缺失（此项仅限统计人员填写）	39	14.72%
本题有效填写人次	265	

第21题（见表6—21）调查的是老人的理财观念，有的老人倾向于及时行乐式的享受，有的老人注重储蓄增值以应对未来的不时之需。从调查结果可以看出，59.08%的老人存了养老金，有32.23%的老人没有存养老金，存与不存反映了消费理念的不同：有的老人选择依照生命周期进行资产配置，有的选择即时消费。结合收入水平调查结果可以推断，也可能存在想存养老金，但因为收入少用于即期消费后所剩无几的情况。第22题的统计结果表明（见表6—22），在存了养老金的老人中，39.62%的老人认为这笔钱是否能够养老不好确定，29.43%的老人认为养老金够用，16.23%的老人认为不够用，说明老人对未来有一定的担忧，养老的不确定性较高，可能会影响老人的消费行为及心理和生活状态。马斯洛的需求层次理论将生理需求放在第一位，满足之后才会进入精神领域的需求，当收入无法满足或勉强满足生理需求时，精神也就处于贫乏状态，党的十九大报告中提到的“美好生活”，应该与马斯洛需求层次中的更高层次相通，老人追求美好生活的前提是生理需求得以满足，即除了具备最基本的生活条件有盈余，这就要求即期和未来都能够保证获得一定的收入水平，并且能够不受通货膨胀的侵蚀，以提高收入的稳定增长性，这样至少能够减少因未来收入的不确定性引发的担忧。

第23题 请问您现在购买股票、基金或债券吗？[单选题]

表 6—23　被调查者的投资情况

选项	小计	比例
A. 已购买	47	12.02%
B. 以前曾经买过，现在没有	91	23.27%
C. 从未买过	206	52.69%
答案缺失（此项仅限统计人员填写）	47	12.02%
本题有效填写人次	391	

从第 23 题的结果看出（见表 6—23），在理财方面，老人更倾向于保守，股票、基金、债券并不是他们热衷的投资工具，有 52.69% 的老人从未涉足，35.29% 的老人曾经接触过或正在接触这些投资领域。造成这一现象的原因有两点，一是老人养老金收入不高，用于日常开支之后剩余可以进行投资的资金量少，二是老人对于投资产品熟悉程度不够，不敢尝试有风险的理财方式，或者曾经投资不力的经历使之望而却步。从老人的财产结构来看，不动产所占比重较大，流动性良好的资产占比较小，其保障功能大于其投资功能，故在投资方面老人更多选择流动性好风险低又有一定增值性的理财产品。

（五）现代化设备的使用情况

第 24 题　您使用以下哪些智能穿戴设备？［多选题］

表 6—24　被调查者使用智能穿戴设备情况

选项	小计	比例
A. 智能手机/老人机	146	71.92%
B. 智能手表	9	4.43%
C. 智能腰带	4	1.97%
D. 智能床垫	5	2.46%
E. 跌倒报警器	1	0.49%
F. 老人防丢器	1	0.49%
G. 其他	6	2.96%
答案缺失（此项仅限统计人员填写）	42	20.69%
本题有效填写人次	203	

目前“互联网+养老”的概念日益盛行，互联网改变了我们的生活和生产方式，必将会改变养老方式，也会催生以互联网为基础的相关产品和服务供给，产生更多的高科技产业及就业。互联网的嵌入性如何?对养老产生什么样的影响?第 24 题（见表 6—24）从智能穿戴设备的使用类型和使用情况考察老人对智能穿戴设备的接纳程度。结果显示，使用智能手机的比重最高，占 71.92%，其次是智能手表、智能床垫、智能腰带、跌倒报警器、老人防丢失器，后面这些产品占比远远小于智能手机的使用，可以判断，智能手机在老人生活中起到非常重要的作用。鉴于智能手机的高使用率，将来养老设备功能集成于智能手机就成为一个非常有必要开发的领域。不需要老人再次购买硬件设备，而将健康实时监测、看病、防丢失、防跌倒等功能集成于智能手机，将会大大促进养老产业的发展。

第 25 题　请问您所使用的智能穿戴设备总价值多少?[单选题]

表 6—25　　被调查者的智能穿戴设备价值

选项	小计	比例
A. 100—300 元	25	12.32%
B. 300—500 元	20	9.85%
C. 500—1000 元	38	18.72%
D. 1000—2000 元	33	16.26%
E. 2000 元以上	42	20.69%
答案缺失（此项仅限统计人员填写）	45	22.17%
本题有效填写人次	203	

第 26 题　请问您的智能穿戴设备是谁购买的?[多选题]

表 6—26　　被调查者的智能设备来源

选项	小计	比例
A. 子女	94	46.31%
B. 孙子/孙女	6	2.96%
C. 兄弟姐妹	2	0.99%

续表

选项	小计	比例
D. 本人	69	33.99%
E. 他人捐赠	5	2.46%
答案缺失（此项仅限统计人员填写）	36	17.73%
本题有效填写人次	203	

第25题（见表6—25）从设备的总价值看，首先是2000元以上的占比最大，其次是500—1000元，最后是1000—2000元，可见在智能穿戴设备尤其是智能手机的购买上，老人愿意支付并具备相应的消费能力。智能穿戴设备不一定是老人自己购买的，从第26题的调查结果来看（见表6—26），子女为老人购买的比重最高，占到46.31%，老人自己买的占33.99%，这说明子女将为父母购买智能穿戴设备看作是孝心表现，只要父母需要子女就会尽力满足。其他来源如来自孙辈、兄弟姐妹以及他人捐赠的比例都比较小。

第27题　您使用以下哪些软件？[多选题]

表6—27　被调查者使用软件情况

选项	小计	比例
A. 微信	192	49.1%
B. QQ	17	4.35%
C. 电子邮件	7	1.79%
D. 其他	6	1.53%
E. 从不使用	153	39.13%
答案缺失（此项仅限统计人员填写）	43	11%
本题有效填写人次	391	

如果说上面几题是调查互联网硬件设备的拥有和使用状况，第27题（见表6—27）则调查使用率最高的软件，结果显示微信是老人最常使用的软件，其他软件使用所占比例都比较少，说明微信使用已经在老人层面普及。从不使用软件的老人占比也不少，约为39.13%，说明有一部分老人受互联网软硬件的影响并不大，仍然保持着传统的生活习惯。结合

智能手机的拥有情况，可以得出老人在使用智能手机过程中，微信的使用率非常高。使用微信的老人比使用智能手机的人数多，其中不排除有一部分可能使用电脑看微信。

第 28 题　谁教您使用软件？［多选题］

表 6—28　　被调查者软件知识来源

选项	小计	比例
A. 亲人	136	69.04%
B. 朋友	39	19.8%
C. 社会机构	6	3.05%
D. 自学	46	23.35%
E. 其他	3	1.52%
答案缺失（此项仅限统计人员填写）	9	4.57%
本题有效填写人次	197	

第 29 题　您有网购体验吗？［单选题］

表 6—29　　被调查者的网购体验情况

选项	小计	比例
A. 有	81	20.72%
B. 没有	266	68.03%
答案缺失（此项仅限统计人员填写）	44	11.25%
本题有效填写人次	391	

第 30 题　您喜欢在下列哪些平台购买东西呢？［多选题］

表 6—30　　被调查者购物平台使用偏好

选项	小计	比例
A. 淘宝	37	29.6%
B. 京东	29	23.2%
C. 电视购物节目	29	23.2%
D. 其他	7	5.6%

续表

选项	小计	比例
答案缺失（此项仅限统计人员填写）	53	42.4%
本题有效填写人次	125	

第 31 题　如果有人教您使用软件，您愿意学习吗？［单选题］

表 6—31　　被调查者学习软件的意愿

选项	小计	比例
A. 是	248	63.43%
B. 否	93	23.79%
答案缺失（此项仅限统计人员填写）	50	12.79%
本题有效填写人次	391	

第 32 题　您愿意对学习软件付出合理的费用吗？［单选题］

表 6—32　　被调查者学习软件是否愿意支付费用

选项	小计	比例
A. 愿意	76	19.44%
B. 应该免费	175	44.76%
C. 不愿意	94	24.04%
答案缺失（此项仅限统计人员填写）	46	11.76%
本题有效填写人次	391	

关于软件的学习，第 28 题的结果显示（见表 6—28）：有 69.04% 的被调查者是由亲人教会使用的，其次是自学，占到 23.35%，还有 19.8% 是朋友教给老人使用，社会机构等其他渠道占比很少。可见目前在软件学习方面，亲人朋友的作用比较大。然而第 27 题（见表 6—27）表明学习软件仅限于微信等聊天工具，第 29 题（见表 6—29）再次印证了真正使用软件进行网购的老人还是少数，只有 20.72%，多数老人没有网购体验。这说明亲人朋友在软件使用的推广方面很有限，一方面从需求层面看，

微信免费的信息通讯功能使得老人更愿意摆脱传统通讯方式，因此学习的愿望很大，微信使用可以节省通信费用，年轻人也有动力去教给老人学习。对于购物来说，老人更习惯于传统购物方式，网络购物对线下实体店购物的替代性并不高，老人的学习愿望并不大。另一方面老人的学习能力相对较弱，年轻人耐心有限，总是先教给老人最紧迫需要，又比较容易上手的软件，微信以其操作简捷容易学习，而成为老人先行接触和学习的软件。而网络购物平台操作相对烦琐，老人学习有些困难，操作时有可能出现失误而造成资金损失，为了减少教授的烦琐及可能出现的失误，儿女也不希望老人使用网络购物，更多是代劳或者带老人去实体店购买。

据第 30 题的调查（见表 6—30），老人经常使用的虚拟购物平台主要有淘宝、京东以及电视购物节目，三者比重相差不大。而选择购买平台的老人比具有网购体验的老人多，主要原因是购买平台出现了电视购物节目，除此之外使用京东、淘宝和其他平台的老人数量稍逊于具有网购体验的老人数量，但差别不大，两者基本吻合。这里不排除曾经有过网购体验的老人中很小一部分人因各种原因不喜欢这种体验而放弃网购，或者让子女代劳。在这里，电视购物节目这种最早出现的虚拟平台，在老年人中还是有相当多的拥趸。

第 31—32 题的结果（见表 6—31 和表 6—32）说明多数老人有积极的学习心态，只要有人教，63.43% 的老人愿意学习，44.76% 的老人主张免费，19.44% 的老人愿意支付合理费用，24.04% 的老人非常抵触收费，可以认为主张免费的老人占 68.8%，因此对于老年群体，老人还是非常欢迎相关软件的免费培训。

第 33 题　您网上注册过老年社区吗？[单选题]

表 6—33　　被调查者注册老年社区的情况

选项	小计	比例
A. 有	20	5.12%
B. 没有	301	76.98%
答案缺失（此项仅限统计人员填写）	70	17.9%
本题有效填写人次	391	

第 34 题 您注册的老年社区是哪个？［多选题］

表 6—34 被调查者注册的老年社区名称

选项	小计	比例
A. 老小孩	3	3.33%
B. 快乐老人网	10	11.11%
C. 其他	11	12.22%
答案缺失（此项仅限统计人员填写）	66	73.33%
本题有效填写人次	90	

第 35 题 您对老年社区的使用率高吗？［单选题］

表 6—35 被调查者老年社区的使用率情况

选项	小计	比例
A. 经常用	15	16.67%
B. 很少用	17	18.89%
C. 不用	7	7.78%
答案缺失（此项仅限统计人员填写）	51	56.67%
本题有效填写人次	90	

第 36 题 您对网上老年社区的评价怎么样？［单选题］

表 6—36 被调查者对老年社区的评价

选项	小计	比例
A. 非常满意	6	6.67%
B. 较满意	24	26.67%
C. 不满意，理由是	0	0%
答案缺失（此项仅限统计人员填写）	60	66.67%
本题有效填写人次	90	

网络是一个信息和社交平台，老人可以在网络上获得相关信息服务

及朋友的帮助，因此老年社区也是老人利用互联网甚至其实体组织排忧解难、增添乐趣的一种方式。从第33题的调查数据来看（见表6—33），注册老年社区的老人比重并不高，只有5.12%，多数老人没有注册。第34题（见表6—34）选取了比较知名的老年社区，结果显示在注册老年社区的老人中快乐老人网比重较高。第35题显示（见表6—35），注册之后经常使用的老人只有16.67%，使用率不高。对于老年社区，老人的评价还算可以，多数比较满意，尽管如此，鉴于注册人数少且使用率不高的现实，可以看出，老年社区在老人生活中所起到的作用并不大。

造成这样的情况，大约可以归结为两点原因：一是老年社区的服务具有相应的区域性，还未形成全市连锁，服务区域有限性决定了网络老年社区会员无法形成规范化和规模化。二是市场化运作造成平台盈利能力不足而寻求其他模式或业务。老年社区的目的是服务于老人，鉴于老人的购买力有限及过程相对比较繁琐，目前专门服务于老人的平台并不多。同时智能手机的使用使老人对网络老年社区的依赖性并不大。但这并不等于居家养老的老人没有服务需求，比如生活辅助、就医服务、法律咨询、卫生保健等，老人的购买力决定了通过单纯的市场化运作，老年社区的盈利能力堪忧，因此有些平台利用政府购买的政策进行投标获得注资，有些平台则专注于某个领域的开发，例如旅游、养老地产等能带来利益的项目，业务范围变窄吸引的老人人数也就相应减少了。从这方面看，一站式解决老人诉求的平台仍然需要政府牵头，整合社会和市场资源，建立地方性服务平台，将公益性和营利性相结合，这种模式对老人来说吸引力更大，人气流量大自然会有商家入驻。目前在老年产业的运作中，许多大企业看好养老产业的发展潜力，依靠主营业务的盈利能力，补贴养老产业的亏空，以此等待银发经济的转机，这也是一种模式，但这种需要以坚实的主营业务盈利能力为基础。

（六）健康及生活照料情况

第37题　您觉得您现在的身体健康状况是：[单选题]

表 6—37　　被调查者的身体状况

选项	小计	比例
A. 很好	22	5.63%
B. 较好	103	26.34%
C. 一般	219	56.01%
D. 差	21	5.37%
E. 很差	8	2.05%
答案缺失（此项仅限统计人员填写）	18	4.6%
本题有效填写人次	391	

第 38 题　以下活动有哪些您不能自己完成？[多选题]

表 6—38　　被调查者的自理能力

选项	小计	比例
A. 吃饭	11	2.81%
B. 穿衣	9	2.3%
C. 上厕所	11	2.81%
D. 上下床	11	2.81%
E. 洗澡	13	3.32%
F. 在室内运动	17	4.35%
G. 扫地	16	4.09%
H. 日常购物	23	5.88%
I. 做饭	20	5.12%
J. 洗衣	26	6.65%
K. 提起 20 斤重物	131	33.5%
L. 管理个人财务	58	14.83%
M. 步行 1 公里路	81	20.72%
N. 跑步 1 公里	55	14.07%
O. 上下楼梯	46	11.76%
P. 使用手机或电话	31	7.93%
Q. 乘坐公交车	28	7.16%
答案缺失（此项仅限统计人员填写）	67	17.14%
本题有效填写人次	391	

具体到老人的身体健康层面，第 37 题结果显示（见表 6—37），自认为身体一般的占 56. 01%，身体较好的有 26. 34%，只有 5. 63% 的老人认为身体很好，5. 37% 的老人身体差，可见多数老人的身体状况一般。身体状况可能导致一些活动不能独立完成，如第 38 题（见表 6—38）所示，以比重大小排列，分别是提重物问题、步行有困难、管理财务、上下楼梯、使用手机或电话、乘坐公交车、洗衣、日常购物、室内运动、扫地、洗澡、上下床、上厕所、吃饭、穿衣，这说明老人的力量、耐力、智力都有不同程度的退化，老人的日常生活需要别人照料，尤其是室外活动不便利，除此之外也有迫切的理财需求。

第 39 题　请问您现在的生活主要是谁来照料？［多选题］

表 6—39　　被调查者的照料者情况

选项	小计	比例
A. 子女或孙子女照料	60	15. 35%
B. 亲戚照料	7	1. 79%
C. 配偶照料	94	24. 04%
D. 政府、社区、集体照料	9	2. 3%
E. 请保姆或钟点工照料	15	3. 84%
F. 自己	234	59. 85%
G. 其他	10	2. 56%
答案缺失（此项仅限统计人员填写）	46	11. 76%
本题有效填写人次	391	

第 39 题的结果显示（见表 6—39），生活照料的来源按照重要性排列，分别是老人自我照料、配偶照料、子女或孙子女照料、请保姆或钟点工照料、政府社区或集体照料、亲戚照料，这样的照料顺序说明目前的居家养老层面仍以家庭照料为主，弘扬孝文化的传统基础比较坚实。与第 38 题相结合，老人面临诸多身体条件所带来的行动局限，需要更广泛社会性的帮助，然而他们还是倾向于自我照料及家庭成员的照料，依托社会化照料的比例较少，原因可能有两个：一是消费理念的限制，老

人的边际消费倾向相对较低。二是怕上当受骗，别有用心的人盯准老人的感情缺失，向其情感推销，老人上当者甚多，尤其是保健品行业，市场标准缺乏导致的信息不对称使得老人对某个行业缺乏信任波及整个老年产业，目前老年产业是典型的柠檬市场。

然而随着社会的进步和发展，老人的学历水平逐渐提升，需求层次将有所提升，因此居家养老的产业布局不应仅停留在原有低层次照料，更多的是在原有基础上借助于公共产品、准公共产品的社会化服务及规范标准的市场化服务，打造更为便捷高效的居家养老服务模式。显然家庭、政府、市场三者之间需要一定的分工，这样的分工让传统的家庭照料如虎添翼而不是用另外的政府或市场主体取代家庭成员的重要作用。

第 40 题　您现在患有慢性疾病吗？［单选题］

表 6—40　　被调查者是否有慢性病

选项	小计	比例
A. 有	262	67.01%
B. 无	88	22.51%
答案缺失（此项仅限统计人员填写）	41	10.49%
本题有效填写人次	391	

第 41 题　您是否被医生诊断出以下疾病：［多选题］

表 6—41　　被调查者的患病情况

选项	小计	比例
A. 肠胃道疾病（消化道溃疡、胃肠炎、胃食管反流等）	59	19.47%
B. 高血压	138	45.54%
C. 糖尿病	49	16.17%
D. 高血脂/高胆固醇	80	26.4%

续表

选项	小计	比例
E. 肺部疾病（支气管炎、肺炎、哮喘等）	32	10.56%
F. 心脏病	49	16.17%
G. 老年痴呆症（脑部退化症）	5	1.65%
H. 中风	7	2.31%
I. 眼疾（青光眼、白内障等）	56	18.48%
J. 关节炎	68	22.44%
K. 肝炎/胆结石或其他肝胆疾病	20	6.6%
L. 恶性肿瘤	10	3.3%
M. 以上都没有	6	1.98%
答案缺失（此项仅限统计人员填写）	31	10.23%
本题有效填写人次	303	

第40—41题（见表6—40和表6—41）考察的是疾病方面，以所选比重排列，患疾最多的是高血压，接下来依次为高血脂、关节炎、肠胃道疾病、眼疾、心脏病、糖尿病、肺部疾病、肝胆类疾病、恶性肿瘤、中风、老年痴呆症，可见三高问题仍是老人最为普遍的健康威胁，这种长久伴随又引发并发症的慢性疾病，严重影响老人的身体状况和生活质量。频繁就医可能是老人的日常，结合老人不能独立完成的活动可知，传统的就医模式对老人来说相当吃力，而新的互联网就医模式尚未在老年群体普及，因此可以推断就医成为老人难以逾越的障碍。

第42题　请问您平均每月医疗费支出是多少？[单选题]

表6—42　　被调查者的医疗费支出情况

选项	小计	比例
A. 0—500元	190	48.59%
B. 500—1000元	81	20.72%
C. 1000—1500元	46	11.76%
D. 1500—2000元	19	4.86%
E. 2000—3000元	4	1.02%

续表

选项	小计	比例
F. 3000 元以上	4	1.02%
答案缺失（此项仅限统计人员填写）	47	12.02%
本题有效填写人次	391	

第 43 题　请问您用什么方式支付这些医疗费？［多选题］

表 6—43　　被调查者医疗费来源

选项	小计	比例
A. 基本医疗保险（公费、合作医疗）支付	302	77.24%
B. 商业医疗保险支付	5	1.28%
C. 子女或亲属支付	12	3.07%
D. 自己支付	147	37.6%
E. 其他来源支付	5	1.28%
答案缺失（此项仅限统计人员填写）	43	11%
本题有效填写人次	391	

关于月平均医疗费支出，第 42 题结果显示（见表 6—42），48.59% 的老人支出在 0—500 元，20.72% 老人的支出在 500—1000 元，高于 1500 元的老人约占 6.9%，尽管看上去医疗费并不高，但鉴于老人的收入相对较低，看上去不高的医疗费也是一个不小的负担。从第 43 题的调查结果看（见表 6—43），医疗费支付主要来自于基本医疗保险，自己支付也占一部分，主要是不纳入医保范围的药物或者医保余额不足等情况需自己支付。来自子女或亲属以及商业医疗保险的支付很少。可见我国的医疗保障体系为老人的医疗费支出提供了很大的支持，大大减轻其经济负担，使之减少因病致贫的概率。

第 44 题　您能承担这些医疗费吗？［单选题］

表6—44　　被调查者医疗费承担情况

选项	小计	比例
A. 能	77	19.69%
B. 基本能	203	51.92%
C. 有一定的困难	55	14.07%
D. 不能	15	3.84%
答案缺失（此项仅限统计人员填写）	41	10.49%
本题有效填写人次	391	

第44题（见表6—44）考查医疗费的承担方面，因有基本医疗保险的支持，老人的医疗费支付还是能够保障的，51.92%的老人认为基本能够负担医疗费，19.69%的老人能够负担医疗费，无支付压力的老人占71.61%，感觉有一定支付困难的老人约为14.07%，不能承担的老人有3.84%，意味着有一部分老人处于入不敷出的状态，需要更多的支持和帮助。对于这部分老人，应该更多了解无法承担的原因，可能的原因有疾病花费多、鳏寡孤独无亲友支持、收入及医保低等，先动用老人自身的资源，比如以房养老等方式，然后国家再给予困难补贴等方式进行财政划拨，并动用医疗条件为老人看病排忧解难。

第45题　对于下列的问题您担心吗？[矩阵单选题]

表6—45　　被调查者的焦虑

题目\选项	毫不担心	不担心	一般担心	比较担心	非常担心	答案缺失
A. 没有生活来源	57（14.58%）	119（30.43%）	56（14.32%）	41（10.49%）	28（7.16%）	90（23.02%）
B. 生病时没有钱治病	39（9.97%）	69（17.65%）	64（16.37%）	73（18.67%）	48（12.28%）	98（25.06%）
C. 需要时没有人照料	29（7.42%）	86（21.99%）	46（11.76%）	79（20.2%）	47（12.02%）	104（26.6%）
D. 社会治安	30（7.67%）	112（28.64%）	90（23.02%）	36（9.21%）	12（3.07%）	111（28.39%）

续表

题目\ 选项	毫不担心	不担心	一般担心	比较担心	非常担心	答案缺失
E. 子女不孝	66（16.88%）	112（28.64%）	46（11.76%）	21（5.37%）	23（5.88%）	123（31.46%）
F. 退/离休金不够养老	33（8.44%）	75（19.18%）	62（15.86%）	72（18.41%）	46（11.76%）	103（26.34%）
G. 子女失业	43（11%）	78（19.95%）	48（12.28%）	57（14.58%）	43（11%）	122（31.2%）
H. 交通安全	27（6.91%）	89（22.76%）	77（19.69%）	59（15.09%）	36（9.21%）	103（26.34%）

老年担忧问题也是调查重点，从第45题的结果可以看出（见表6—45），所列举的项目中，不担心的比重都比较高，说明上海老人的担忧表现得并不像想象中的那样强烈，只有“生病时没有钱治病”表现得比较焦虑，其次是“需要时没有人照料”以及“退休金不够养老”。总的来说，老年担忧主要有三个方面。一是经济层面，按照非常担心的项目比重排序，主要包括以下情况：生病时没钱治病、退/离休金不够养老、子女失业、没有生活来源。二是家庭因素，按照非常担心的项目比重排序，主要包括以下情况：需要时没人照料、子女不孝。三是社会方面，例如交通安全和治安问题。老人最担心的问题正是需要居家养老服务给予重点关注的一些方面，也是影响老人幸福感的重要因素。依照这些因素，既可以对居家养老服务的开展做出基本评价，又可以对此加以完善，以满足老人不同层次的需要，真正将社区或组织机构服务有针对性地嵌入家庭照料，实现供求数量及结构的一致。

（七）养老方式的选择及政策知晓度

第46题　本社区内或附近有没有养老院、福利院、老年公寓等养老机构？［单选题］

表 6—46　　被调查者对养老机构的关注情况

选项	小计	比例
A. 有	189	48.34%
B. 没有	65	16.62%
C. 不知道	108	27.62%
答案缺失（此项仅限统计人员填写）	29	7.42%
本题有效填写人次	391	

第 47 题　您了解养老院、福利院、老年公寓等养老机构吗？［单选题］

表 6—47　　被调查者对养老机构的了解程度

选项	小计	比例
A. 了解	127	32.48%
B. 不了解	229	58.57%
答案缺失（此项仅限统计人员填写）	35	8.95%
本题有效填写人次	391	

第 48 题　您对养老院、福利院、老年公寓等养老机构的总体印象如何？［单选题］

表 6—48　　被调查者对养老机构的印象

选项	小计	比例
A. 印象较好	27	16.67%
B. 一般	95	58.64%
C. 印象较差	6	3.7%
D. 无印象	0	0%
答案缺失（此项仅限统计人员填写）	34	20.99%
本题有效填写人次	162	

第 49 题　您愿意选择哪种养老方式？［单选题］

表 6—49　　被调查者养老方式偏好

选项	小计	比例
A. 居家养老	221	56.52%
B. 居家养老加社区日托	99	25.32%
C. 机构养老	52	13.3%
答案缺失（此项仅限统计人员填写）	19	4.86%
本题有效填写人次	391	

对于养老机构，被调查者不管回答有还是没有，说明对此问题有所关注，多数社区是有养老院或老年公寓的。还有一部分老人不知道有没有，说明他们对这个问题没有关注过，或者还没到非去不可的时候，或者根本没有这方面的打算和考虑，或者养老机构的宣传力度不够。第 46—47 题结果显示（见表 6—46 和表 6—47），尽管多数人知道社区有养老院或老年公寓，但对这些机构了解的并不多，选择了解的仅占 32.48%。老人对养老机构的评价如何呢？第 48 题显示了他们的看法（见表 6—48），或先入为主或来自于直接或间接的信息渠道，他们对养老机构印象一般的占 58.64%，印象较好的仅占 16.67%。第 49 题显示（见表 6—49），几种养老方式中，被调查者最愿意选择的是居家养老，占 56.52% 的老人选择了这种养老方式，愿意选择居家养老加社区日托养老的老人占 25.32%，如果采用广义的居家养老概念，实际上有 81.84% 的老人选择居家养老，仅有 13.3% 的老人选择机构养老。这也就不难理解，为什么了解养老机构的老人比重并不多，当大家都倾向于居家养老时，就没有动力去了解养老机构的情况，于是社区有没有养老机构以及这些机构的情况都不会主动去了解。尽管这是个小样本，但与整体的调查结果数据基本吻合，因此广义性质的居家养老模式是主流，这一判断是站得住脚的。

第 50 题　您了解当地政府出台的养老服务相关政策吗？［单选题］

表6—50 被调查者对养老政策的了解程度

选项	小计	比例
A. 非常了解	19	4.86%
B. 了解一些	159	40.66%
C. 不了解	187	47.83%
答案缺失（此项仅限统计人员填写）	26	6.65%
本题有效填写人次	391	

第51题 您通过哪些途径了解到的养老服务相关政策？[多选题]

表6—51 被调查者了解政策的途径

选项	小计	比例
A. 互联网	25	12.25%
B. 电视	84	41.18%
C. 社区宣传	126	61.76%
D. 子女	30	14.71%
E. 其他老人	49	24.02%
答案缺失（此项仅限统计人员填写）	33	16.18%
本题有效填写人次	204	

第52题 您觉得政府出台的养老服务相关政策如何？[单选题]

表6—52 被调查者对养老服务政策的评价

选项	小计	比例
A. 非常好	62	30.39%
B. 一般	115	56.37%
C. 不好	6	2.94%
答案缺失（此项仅限统计人员填写）	21	10.29%
本题有效填写人次	204	

上海于2002年着手建立以居家养老为主体的养老结构，出台的政策

非常多，其中不乏相关的补贴、养老服务供给等政策，第 50 题的调查显示（见表 6—50），对这些政策非常了解和了解一些的占到 45.52%，与不了解政策的老人比重基本持平。这说明老人对政策的了解程度还有待于提高，对政策陌生也就无法享受政策的便利，久而久之会被误认为老人并不需要这些优惠政策而缩减公共服务的供给，信息的不畅通对当代老人福利影响比较大，甚至影响到政策的延续性，导致好的政策因信息闭塞不能普惠于老年群体。为了解决信息闭塞的问题，上海市已经建立了“上海市养老服务平台”。这是个集“养老政策”“机构查询”“养老顾问”“办事指南”于一体的综合性为老服务网站，其具备良好的查询功能，如“政策法规”“规划报告”“老龄数据”“服务项目”“银龄宝典”“实用信息”“行业管理”等信息查询渠道，字体也照顾到老人的情况，嵌套层级不多，网站使用起来简单方便，足不出户就可以了解上海市的官方权威养老政策、各区的服务机构，还有线上、空中、智能养老顾问，信息全面易查，部分解决了信息不对称问题。为什么说是部分解决呢？信息供给比较全面，还要考虑受众面的普及程度，因此才有了下一个调查题目，如果老年群体不上网，那就接触不到这个平台。

那么老人政策的获知渠道有哪些呢？第 51 题的调查结果显示（见表 6—51），61.76% 的老人从社区宣传中获得信息，其他渠道按重要性排列依次是电视、其他老人、子女、互联网，因此老人的信息来源主要是人与人之间的口口相传以及电视平台。从前面的调查可知，老人对于互联网的应用并不普及，在老年群体中互联网的信息传播作用并没有很好地发挥出来。因此，传统的信息渠道仍然需要进一步加强其上传下达的作用。社区层面，例如在老人经常出现的区域发放传单、工作人员的口头宣传、设立电子宣传栏等。电视媒体层面，在老人喜欢看的频道及合适的时间段进行宣传，而互联网的传播可能起到间接作用，子女获知信息之后再转告父母。对于政策效果，第 52 题显示（见表 6—52），有 30.39% 的老人认为非常好，56.37% 的老人认为一般，仅有 2.94% 的老人认为不好，因此多数老人对于养老服务相关的政策还比较认同，同时也意味着政策的普惠程度还具有较大的提升空间。

第 53 题　据您所知，本社区有下列服务吗？您用过哪些服务，大致每月几次？您认为现在自己需要这些服务吗？[矩阵多选题]

表 6—53　　被调查者知晓和使用养老服务的情况

题目\选项	有该项服务	不清楚是否有	用过	需要	答案缺失（此项仅限统计人员填写）
A. 上门做家务	106（27.11%）	65（16.62%）	8（2.05%）	86（21.99%）	161（41.18%）
B. 上门护理	63（16.11%）	87（22.25%）	5（1.28%）	79（20.2%）	182（46.55%）
C. 上门看病	60（15.35%）	93（23.79%）	4（1.02%）	84（21.48%）	176（45.01%）
D. 陪同看病	52（13.3%）	97（24.81%）	2（0.51%）	74（18.93%）	186（47.57%）
E. 聊天解闷	58（14.83%）	94（24.04%）	3（0.77%）	68（17.39%）	191（48.85%）
F. 老年人服务热线	80（20.46%）	72（18.41%）	3（0.77%）	72（18.41%）	189（48.34%）
G. 老年人饭桌送饭	116（29.67%）	48（12.28%）	3（0.77%）	73（18.67%）	179（45.78%）
H. 帮助日常购物	43（11%）	93（23.79%）	3（0.77%）	65（16.62%）	204（52.17%）
I. 康复治疗	61（15.6%）	77（19.69%）	2（0.51%）	72（18.41%）	200（51.15%）
J. 法律援助	94（24.04%）	52（13.3%）	4（1.02%）	73（18.67%）	189（48.34%）
K. 讲座（健康、时政）	121（30.95%）	38（9.72%）	9（2.3%）	76（19.44%）	179（45.78%）
L. 其他	19（4.86%）	17（4.35%）	1（0.26%）	21（5.37%）	334（85.42%）

第 54 题　以下哪些服务您用了不想再用，请选择后备注原因。［多选题］

表6—54　　被调查者不再使用服务的比例和原因

选项	小计	比例
A. 上门做家务	11	2.81%
B. 上门护理	12	3.07%
C. 上门看病	11	2.81%
D. 陪同看病	12	3.07%
E. 聊天解闷	11	2.81%
F. 老年人服务热线	9	2.3%
G. 老年人饭桌送饭	4	1.02%
H. 帮助日常购物	8	2.05%
I. 康复治疗	9	2.3%
J. 法律援助	16	4.09%
K. 讲座（健康、时政）	20	5.12%
答案缺失（此项仅限统计人员填写）	334	85.42%
本题有效填写人次	391	

第53题（见表6—53）主要是调查老人的意愿需求和实际需求的差距以及实际需求与供给的差距（以下简称“双差距”）。根据老人的身体和认知情况，列举了11个项目，基本涵盖了老年群体的日常需求。从意愿需求方面看，需要这些项目的比重还是比较高的，按比例排序依次为上门做家务、上门看病、上门护理、讲座、陪同看病、老年人饭桌送饭、法律援助、康复治疗、老年人服务热线、聊天解闷、帮助日常购物。以知晓程度从高到低排序为讲座、老年人饭桌送饭、上门做家务、法律援助、老年人服务热线、上门护理、康复治疗、上门看病、聊天解闷、陪同看病、帮助日常购物。所以，需要在意愿需求比较高的项目上提高规模化供给以及宣传力度。

按照前面的分类，服务供给方面，分为居家养老、自我服务，居家养老、子女服务，居家养老、社区服务，居家养老、机构服务四种情况。就居家养老、社区服务来讲，通过查阅“上海市养老服务平台”，问卷中所涉及的服务基本属于社区综合为老服务中心的职责和功能，包括长者照护之家、日间照料中心、助餐点、护理站或卫生站等在内的“枢纽式”为老服务综合体，老年人足不出社区，基本上能够享受日托、全托、助餐、助浴、康复、护理等各种养老服务，实现了一站式综合服务、一体化资源统筹、一网覆盖信息化管理、一门式办事窗口的“四个一功能”，查看了相关为老服务中心，提供的服务与上述基本一致。2018 年底，全市已建成 180 家，实现街镇全覆盖，让老人就近在熟悉的社区环境中颐养天年，增强了老年人对社区的认同感、归属感和幸福感。这种模式是社区集中设备人员，老人到社区享受有偿或无偿服务。

就家庭养老支持来说，它是四种供给模式的综合，主要有以下三方面：第一，帮助家庭成员进行专业化照护。初步进行了“老吾老计划——家庭照护能力提升项目”试点，以照护服务为核心内容，开展“家庭照护实务训练”，为社区轻度失能老人及其家属提供家庭照护辅导；以健康养护为核心内容，开展“自我预防照护指导”，以社区潜在的被照护对象为主体开展照护实训。第二，将社区及养老机构资源整合于居家服务的“家庭照护床位试点”。家庭照护床位是指依托有资质的养老服务机构，将专业照护服务延伸至老年人家中，使老年人家中的床位成为具备“类机构”照护功能的床位。家庭照护床位的服务对象为居住在家中、有较为稳定的家庭照料者，且老年照护统一需求评估为三级及以上的老年人。第三，对家庭睦邻友好互助行为进行鼓励和资助。如“老伙伴计划”即低龄老年志愿者为高龄老年人提供家庭互助服务项目，通过社会组织引入专业社工提供专业化辅导和服务，社会组织发挥核心志愿者的作用，并进行信息化管理。上海市从 2004 年开始，在开展纯老家庭结对关爱行动、实施“老伙伴计划”等项目的过程中，逐步出现一些居民或非正式团体在小区楼组、村民小组层面利用自有住宅、闲置房屋开展睦邻点活动。到 2016 年底，全市各类睦邻点已达 3000 多个。主要有非正式照料，针对睦邻点成员养老需求，以自助互助等方式开展生活照料、文化娱乐、精神关爱等服务。提供助餐、助浴、洗涤、代办等一项或多项互助活动，解决成员的一些基本生活需求。供需对接方面，对接社区专业服务机构、志愿者团队、家庭等资源，成为养老服务咨询代办、志愿和公益服务配送、服务需求传递的站点，为老服务政策和公共服务的宣传窗口。

上述养老服务基本上每个社区都有提供，一方面，从第 53—54 题可以看出（见表 6—53 和表 6—54），许多老年人根本不清楚社区是否提供这些服务，用过这些服务的老人也寥寥无几。还有一些服务，老人曾经用过但不打算再用，也间接说明社区居家养老服务的利用率不高。另一方面，需要这些服务的老人比重整体接近两成，可见养老服务的使用状况和需求状况呈现不对称状态，意愿需求远远大于实际有效需求。经调查，主要原因在于：一是实际价格高于心理价位。其中悬殊比较大的项目有上门护理、康复治疗、法律援助，与心理价位有一定差异的项目有上门做家务、聊天解闷、老年人饭桌送饭、帮助日常购物。老人希望有的服务完全免费，例如讲座、法律援助、老年人服务热线，大家对于免费讲座寄予厚望。二是对服务质量或专业水平不满意不放心，例如饭菜质量、医疗水平等，有的老人还会担心上当受骗，于是造成了尽管有需求但仍坚持亲力亲为，在服务消费层面非常谨慎，这些消费理念符合老人的消费特性。在居家养老服务供给层面，助餐、上门护理、康复治疗、上门做家务、讲座、法律援助等服务都已经开展起来，但一些代办及精神抚慰等事宜还需要志愿者的帮助，目前“老伙伴计划”和“家庭睦邻友好互助行为”还在试点，这部分需求尚难以满足。现在需要做的是让意愿需求与实际有效需求对接起来的同时服务质量在多方努力和政府监督下有所保证。

第 55 题　如果社区内为您提供以下的日间照料服务，根据您现在的状况，您觉得您最需要哪些服务呢？［多选题］

表 6—55　　被调查者不再使用服务的比例和原因

选项	小计	比例
A. 白天子女不在家，社区有专门给老年人休息的场所，同时给予必要的照顾	180	46.04%
B. 设立社区老年人电话服务热线，有需要可随时得到社区上门或预约服务	184	47.06%
C. 其他	24	6.14%
答案缺失（此项仅限统计人员填写）	124	31.71%
本题有效填写人次	391	

社区日间照料可以提供两种类型的服务，一种是为老人集中提供场

所，给予必要的照料，类似于现在社区里的日间照料中心，另一种是老人在家，能够通过电话随时得到社区上门或预约服务。对于两种情况，第55题显示（见表6—55），老人的选择不分伯仲，因此居家养老过程中社区的作用也是非常重要的，白天子女都去上班，家中老人的照料需要唾手可得，社区具有距离优势，突发情况下社区救助是最为及时的，理应成为家庭照料的补充。为了突出社区的作用，北京、上海、重庆、石家庄等城市试点"嵌入式"养老模式，通过整合社会和市场资源强化社区的助老、养老功能，这一题的统计结果显示"嵌入式"的理念和做法非常贴合老年人的需求。

（八）精神文化需求及满足

第56题　您现在感觉日子过得：[多选题]

表6—56　　被调查者的充实程度

选项	小计	比例
A. 大部分时候都心情愉快	168	42.97%
B. 很充实，感觉每天都有很多事情干	91	23.27%
C. 日子过得比较一般，还算过得去	147	37.6%
D. 比较孤独、寂寞、没人陪	11	2.81%
E. 无聊，无事可做（能做）	10	2.56%
F. 时常感到绝望	1	0.26%
答案缺失（此项仅限统计人员填写）	48	12.28%
本题有效填写人次	391	

在对于目前生活状态的评价上，分析第56题的结果（见表6—56），按照比重由高到低依次为：大部分时候心情愉快；日子过得一般，还算过得去；很充实，感觉每天都有很多事干。说明被调查者的生活状态还可以，孤独、无聊、无事可做、时常感到绝望的状态并不是常态，整体来看是一种积极向上者居多，感觉一般者比重也不少，极端消极者少数。结合老年人对社区的依赖程度，积极向上的心态为居家养老进行制度布局创造了一定的群众基础，这说明人们愿意尝试和接受新生事物，而居

家养老、社区服务也将老年人带入社会与他人交往，将改善老人的精神状态并极大提高其生活质量。

第 57 题 如果有人经常陪您散步聊天，这对您来说：[单选题]

表 6—57 被调查者陪聊需求

选项	小计	比例
A. 非常需要	50	12.79%
B. 比较需要	130	33.25%
C. 不太需要	86	21.99%
D. 完全不需要	53	13.55%
E. 难说	26	6.65%
答案缺失（此项仅限统计人员填写）	46	11.76%
本题有效填写人次	391	

第 58 题 如果社区开设心理疏导室，由心理学等方面专业人士主持，老年人有烦恼或心事可以对他们讲，以寻求心理帮助、放松心情，您觉得未来您走进心理疏导室的可能性有多大？[单选题]

表 6—58 被调查者的心理疏导需求

选项	小计	比例
A. 非常可能	38	9.72%
B. 比较可能	125	31.97%
C. 难说	107	27.37%
D. 不太可能	42	10.74%
E. 不可能	26	6.65%
答案缺失（此项仅限统计人员填写）	53	13.55%
本题有效填写人次	391	

在精神层面，第 57 题结果表明（见表 6—57），希望能够有人陪伴散步聊天者占 46.04%，认为不需要者占 35.54%，不确定者占 6.65%，这说明多数老人还是希望有人陪伴以获得精神慰藉。在心理疏导方面，第

58 题结果表明（见表 6—58），老人都比较注重精神健康，心理疏导的需求也是大有人在，约占 41.69% 的老人可能会进行心理疏导，不确定的占 27.37%，不会去进行心理疏导者占 17.39%，可见老人中存在一定的心理健康问题，需要社会给予关注和帮助。而结合前面的分析，这方面更多来自专业人士或者社区志愿者的志愿服务，而这方面的精神关爱或心理咨询服务相对比较欠缺。

第 59 题　如果社区内开展以下文体活动，您对哪些活动比较有兴趣呢？[多选题]

表 6—59　　被调查者感兴趣的文体活动

选项	小计	比例
A. 棋牌	75	19.18%
B. 球类	26	6.65%
C. 舞蹈和保健操	115	29.41%
D. 太极拳	77	19.69%
E. 茶艺	69	17.65%
F. 旅游	127	32.48%
G. 影视	54	13.81%
H. 摄影	26	6.65%
I. 书画	17	4.35%
J. 歌曲戏曲	100	25.58%
K. 手工艺	46	11.76%
L. 其他	30	7.67%
M. 以上都不感兴趣	24	6.14%
答案缺失（此项仅限统计人员填写）	45	11.51%
本题有效填写人次	391	

老人的兴趣爱好比较广泛，综合调查的结果可以为社区开展活动提供参考。根据第 59 题结果（见表 6—59），对于目前老人的兴趣爱好，依照选择的人次由高到低排列依次是旅游、舞蹈和保健操、歌曲戏曲、太极拳、棋牌、茶艺、影视、手工艺、摄影、球类、书画，还有一部分老人选择了所有项目不感兴趣。可见旅游不仅是年轻人的专利，老人的兴

致也很高，尽管老人的身体状况和客观经济条件对旅游项目有所限制，也会出现危害老人利益的事件，但旅游仍是老人排在首位的喜好。然而老年旅游市场的高风险与微利并存的现状可能使得老年旅游产品供给不足，或者旅行社主打年轻人旅游项目，顺便提供老人产品，致使产品区别度不高，在线路和项目设计方面以年轻人为主，除此之外歌舞保健类文体活动也受到老人的喜爱。旅游毕竟不是常态，多数时间老人还是在居住地活动，这要求社区文娱活动应该更加丰富，让老人有丰富多彩的生活和强烈的归属感。

第 60 题　如果社区内开办业余爱好兴趣班，您可能参加哪些班级呢？［多选题］

表 6—60　　被调查者希望参加的兴趣班

选项	小计	比例
A. 电脑手机兴趣班	84	21.48%
B. 书法绘画兴趣班	56	14.32%
C. 影视兴趣班	48	12.28%
D. 舞蹈兴趣班	65	16.62%
E. 戏曲、歌咏兴趣班	112	28.64%
F. 手工兴趣班	77	19.69%
G. 外语兴趣班	22	5.63%
H. 其他	16	4.09%
I. 以上都不感觉兴趣	44	11.25%
答案缺失（此项仅限统计人员填写）	63	16.11%
本题有效填写人次	391	

对比第 59—60 题（见表 6—59 和表 6—60），在培养爱好兴趣的选择方面，与上述兴趣爱好现状稍有区别。老人希望将来能够在更多的领域进行尝试，按照选择人次从高到低排列，分别是戏曲歌咏兴趣班、电脑手机兴趣班、手工兴趣班、舞蹈兴趣班、书画绘画兴趣班、影视兴趣班、外语兴趣班，对所有选项都不感兴趣的也不乏其人。在这里，老年人将来想培养的兴趣爱好中选择电脑手机兴趣班的比重比较大，说明随着电

脑、智能手机等高科技产品的普及，老人认为这些工具的学习成为生活的迫切需要，表现出老人在技能方面与时俱进的积极态度，因此家庭与社区应该应此要求做好老人与社会的对接服务，让老人也成为时代的弄潮儿，满足其追求美好生活的愿望和向往。

二 小结

综上，我们可以大体勾勒被调查者的情况，第一，个人及家庭情况。一般出现在调查范围的居委会和日间照料中心的女性老人居多，他们多数从国企或机关事业单位退休，拥有自己的住房，儿女有在本市有在外地，多数老人有亲人照料，但至少有10%的老人空巢独居。第二，收入状况。老人和儿女的经济彼此独立，其收入主要来源于养老金，总体水平相对较低，一方面说明养老金的重要性，另一方面说明老人的购买力非常有限。多数老人为自己存了养老费用，但为未来养老仍心存焦虑的比重很大，在理财方面老年人倾向于保守型投资。第三，高科技产品使用状况。老人使用智能设备，但比较有限，最多的就是智能手机，由自己或子女购买，微信是他们最常用的APP，但网购APP并不常用，淘宝、京东和电视购物是他们喜欢的购物平台，对于软件的免费学习，他们多数持有积极态度，老人对网上老年社区的关注度和使用率并不高。第四，关于身体状况。情况并不乐观，慢性病老人比重大，生病时仍然依靠自己、配偶和子女，每月医药费水平并不高，主要来自医保，但仍存在一部分老人因病致贫的情况，老人最担心的是生病时没钱治疗和需要时没人照顾。第五，在养老模式选择上，多数老人选择居家养老，对于养老机构并不熟悉，而且先入为主地对养老机构印象比较差。被调查的老年人对政策知晓度不高，对政策的评价一般以上，而政策的信息获取渠道主要是社区宣传和电视，网络渠道排在后面。第六，在意愿需求和实际有效需求方面，差距比较大，即意愿需求大但真正用这些服务的比重不高，主要是信息宣传渠道与老人的信息获取渠道错位造成的知晓度不高，知晓相关信息的老人通常对价格和质量有所顾虑。供给方面，除了上述宣传渠道、价格和质量因素之外，有些还处于试点阶段，比如代办及精神服务等方面仍无法形成规模，限制了服务的供给和服务种类的扩展，而这些是老人日常所需要的服务。在整个供求的衔接方面社区起到非常关键的中介作用，并获得老人的倚重和认可。第七，在精神文化方面，老人生活态度积极向上者居多，同时比较注重心理健康，希望有丰富多彩的文化生活，喜欢旅游、歌舞等活动，愿意参加戏曲歌舞、电脑手机类等的兴趣班，但是目前看来活动的丰富程度、精神关爱和心理健康服务相对欠缺。

第七章
老人幸福感的定性与定量分析

党的十九大报告指出：中国特色社会主义进入新时代，社会主要矛盾转化为人民日益增长的美好生活需要和不平衡不充分的发展之间的矛盾。在互联网和电子产品日益成为生活必需品，自动化和人工智能等高科技扑面而来的时候，中青年群体的需求因其追求时尚、追随潮流的消费理念往往成为商家的必争之地，而老年群体因其学习能力、消费习惯的制约而使得商家不敢或不愿涉足，因此老年群体的产品供给具有公共产品和准公共产品的性质，针对供求状况做问卷调查并在此基础上分析供求矛盾成为学界研究的重点问题。然而，新时代提出了更广泛的命题：受大环境的影响新时代老年群体是否同样也展现出与传统时代不同的需求特征？调研的目的是更好地满足老人的需求从而提升其幸福感，面对多种需求，公共产品的供给侧重点在哪里？换言之，这些需求对老年人幸福感的影响程度相同吗？鉴于居家养老是老人的首选[①]，本书以上海市居家养老群体作为研究对象，旨在用 2017 年上海的调研数据还原新时代老年群体的需求状况，并在此基础上，进一步思考老年群体的需求对幸福感的异质性影响，对供给体系的完善提供相应的政策建议。

---

① 沈轶伦：《七成受访者首选居家养老》，2014 年 9 月 3 日，凤凰网（http：//news. ifeng. com/a/20140903/41837429_0. shtml）；上海大学上海都市社区调查课题组：《上海市民调查：居家养老是多数北方老人的而首选》，2018 年 2 月 11 日，澎湃新闻（https：//www. thepaper. cn/newsDetail_forward_1991850）。

一　国内外的相关研究

从现有研究看，有以下三方面需要进一步思考：第一，幸福感研究和居家养老供求研究都不少，但将老年人幸福感与居家养老相结合的研究还需进一步深入。老年人的诸多需求对幸福感有异质影响，哪些是影响幸福感的关键因素？另外，互联网时代老年人对于新生事物的接受程度如何，是否也构成影响幸福感的要素，这些均成为完善居家养老制度的题中之义。第二，从微观视角（老人、企业）进行的研究需进一步扩展。就老人而言，提升幸福感关键因素所对应的需求和供给是否一致？就企业而言，现有文献普遍结论是老龄产业市场潜力巨大，然而现实中行业发展并不景气，研究和实践为何不一致？相关企业及“互联网+”在提升老年人幸福感过程中起什么作用？需要调研做出判断。第三，居家养老的准公共产品性质决定了其产品供给应该“福利化”与“产业化”相结合，然而不同的结合模式所对应的社会福利特征有所差异，需要进行对比研究，以便为公共财政支出及老龄产品市场发展提供理论依据。

本书采用2017年在上海市实地调研，发放问卷获得老人需求的最新数据，将需求作为影响幸福感的因素纳入二分类logistic模型进行实证检验，得到影响幸福感的关键需求要素，互联网时代的新生影响因素也纳入调查范围。结合问卷数据及访谈资料着重分析这些关键要素的供求状况等微观层面的信息，为“福利化”和“产业化”结合的产品供给模式提供政策建议。

二　互联网时代影响老年群体幸福感因素的描述性分析

关于幸福感的研究比较多，但是聚焦到以居家作为养老方式的老年人幸福感的研究还有待扩展。影响幸福感的共性因素如年龄、性别、婚姻、收入、健康等需纳入其中，本书更注重公共产品供给方面的因素，有关老人居家养老的公共产品供给主要是指上海市政府主导下发展的养老服务事业，以满足老年人基础的生存需求为主，具有较强的公共产品属性和准公共产品属性，主要包括基本养老、医养结合、老年精神文化生活等服务。以往的研究注重于某个具体项目对幸福感的影响，这样固然能够体现出项目的重要性，但据本书的调查结果，有些项目长期设立但老人并不知道，因此如果按照这样的研究方式就会得出项目不重要的结论，因此本书避免这样的误区，不从具体项目出发，而是更多地从影响项目的宣传、交易、使用的中观层面进行计量以找到更深层的原因。基于上述考虑，再根据上海市居家养老的实际情况以及公共产品供给情况，以下三个方面特征应作为做计量模型的重点。

第一，与互联网时代的对接程度。截至 2017 年底中国网民达 7.72 亿，手机网民 7.53 亿，已经占到总网民数的 97.5%，按年龄统计显示 10—39 岁群体占整体网民的 73%，显然是移动互联网的使用主力，60 岁以上网民人数比 2016 年微涨至 5% 强。① 与全国数据相比，上海市网民年龄分布年轻化趋势更明显，40 岁以下的网民占到 79.9%，退休人员占比仅为 2.3%。② 这与我国 60 岁及以上老年人口占比 17.3%③、上海市户籍老年人口占比 33%④相差很大。移动互联网的普遍使用对于年轻人意味着生活和工作效率的极大提高，对于学习能力有限的老年人却意味着数字鸿沟，在没有人辅助的情况下会遇到生活的诸多不便，当屡屡碰壁又得不到帮助或指导的时候，挫败感将降低幸福感，因此与其他群体相比，与互联网时代的对接程度应该成为影响老年群体幸福感的重要因素，同时也会影响“互联网 + 养老”相关产品服务需求进而影响其市场规模。

第二，对养老政策的了解程度。新中国成立以来，无论是养老保险制度还是养老问题的解决更多依靠政府，至今虽然市场化程度有所提高，但老人仍然习惯于传统的养老方式，有困难有问题更倾向于寻求政府的帮助，因此政府的政策对老年人的影响不可忽视。同时，从上海的具体情况看，2001 年上海市率先提出构建居家养老服务体系之后，不断完善

① 《中国互联网发展报告 2018》，2018 年 7 月 12 日，https：//www.cnbeta.com/articles/tech/746083.htm。

② 《2018 年上海市互联网发展报告》，2018 年 11 月 24 日，网易（http：//dy.163.com/v2/article/detail/E1CQQ0510511A1Q1.html）。

③ 《2018 年我国 60 岁以上老年人高达 2.41 亿人》，2018 年 7 月 25 日，网易（http：//dy.163.com/v2/article/detail/DNJ9TOEN0518X1PK.html）。

④ 《上海户籍老年人口比例超 33%》，2018 年 3 月 29 日，大众网（http：//www.dzwww.com/xinwen/guoneixinwen/201803/t20180329_17204161.htm）。

相应制度，政策出台的频率很高。老年人对政策越了解，越可以利用政策便利提升自己的生活质量，得到实际的利益，因此可以推断对养老政策的了解程度与幸福感成正比。如果结论成立，老年群体了解政策的渠道就很重要了，调查结果将为政府的政策制定和宣传提供参考依据。同时老年群体的幸福感与政府公共产品供给的相关性程度为“福利化”和“产业化”相结合提供理论依据和数据支持。

第三，老年群体的各种担忧可能是影响幸福感的重要因素。老人退休之后一般会有不同程度的孤独感、失落感、自卑感、抑郁感，上述心理特征决定了老年人的心理需求包括以下方面：安全感、归属感、邻里感、家庭感、私密感、舒适感。与年轻人不同，老人的担忧更多集中于医疗卫生、照护服务、社会关系等方面，涉及个人、家庭和社会多个层面，而居家养老的老人对居住区域的环境服务质量及家庭邻里关系有更高要求。这些因素对幸福感是否有影响？影响程度有多大？在现有制度下老人仍有担忧，说明这些问题尚待解决或者没有很好地解决。对幸福感影响程度大的担忧因素能否诉诸社会化、市场化模式，这些对于担忧的分析也许意味着潜在的市场机遇。

基于上述考虑，在设计问卷时除了个人特征的选项之外，必须考虑到上海市居家养老的一系列实际情况，添加与互联网对接程度的问题、对上海市政策了解情况、满意度问题以及老年担忧问题，以更全面地体现新时代老年群体幸福感的影响因素。

三　数据、方法和模型

根据2016年上海市各区户籍人口老龄化率排名，2017年6月课题组在外环以内的城区，选择老龄化程度最为严重的黄埔区、普陀区和静安区，在外环以外的郊区，选择老龄化最为严重的奉贤区和浦东新区，随机发放问卷500份，回收有效问卷263份。[①] 调查内容主要包括年龄、性别、收入、学历、健康等社会人口特征，子女与老伴等家庭情况，通过互联网使用及政府政策的了解程度所反映的与时俱进情况，老年担忧问题。

① 因老人填表困难，问卷合格率仅为52.6%。

（一）变量及描述性分析

1. 被解释变量

老人的幸福感是被解释变量，其赋值及频数见表7—1。本文采用著名的纽芬兰纪念大学幸福度量表（MUNSH），其理论基础是把幸福理解为两种对立而同样重要的、彼此独立的情感之间的平衡，即正性情感和负性情感之间的平衡，总的幸福度是两者之间平衡的结果。在设计问卷时，充分考虑到两种情感的叠加作用，通过问题设计分别对现状的满意度和生活充实程度加以衡量，根据综合得分，被解释变量幸福感（happiness）分五个级别，“愉快充实”“比较愉快充实”“日子过得一般”“不

表7—1　　变量的描述性分析

变量			设定值	频数（%）	变量			设定值	频数（%）
被解释变量	Happiess		0＝不幸福	42.59	控制变量X	Education		0＝小学及以下	20.53
			1＝幸福	52.41				1＝初中	22.81
解释变量internet、policy	Internet	SWD	0＝不使用	53.23				2＝高中及以上	56.65
			1＝使用	46.77		Income		0＝2000元以下	17.49
		WTL	0＝不愿意学习	27				1＝2000—2499元	8.37
			1＝愿意学习	73				2＝2500元及以上	74.14
	Policy		0＝不了解	51.33		Marriage		0＝不在婚	17.11
			1＝了解	48.67				1＝在婚	82.89
控制变量X	Gender		0＝男	32.32		CIE	Health	0＝不健康	7.22
			1＝女	67.68				1＝一般	56.65
	Age		0＝60岁以下	7.98				2＝健康较好	36.12
			1＝60—69	44.11			Pension	0＝没预存养老金	33.46
			2＝70—79	31.56				1＝预存了养老金	66.54
			3＝80岁及以上	16.35			Piety	0＝子女不孝顺	12.55
	Area		0＝郊区	25.1				1＝子女孝顺	87.45
			1＝城区	74.9					

幸福”“非常糟糕”。我们将前两者归为“幸福”一类，后三者归为“不幸福”一类，[①] 显然 OLS 估计并不适用于研究目标，因此采用二分类 logistic 模型进行分析。

2. 解释变量

影响幸福感的因素很多，现有研究多集中于个体情况、物质和情感满足层面，随着经济和科技的发展，互联网对生活产生深远影响，选择居家养老的老人置身于互联网环境，各方面的传统习惯是否能够很快转变并与时代对接，决定了老人的心态和生活的便利程度，显然互联网带给老人的感受不可忽视。因此，在这方面设置核心解释变量“互联网因素”（Internet），以反映互联网这一客观环境对老人幸福感究竟产生怎样的影响。主要变量维度有“是否使用智能穿戴设备”[②]（Smart wearable devices，简称 SWD）、“是否愿意学习互联网及相关软件”（Willingness to learn，简称 WTL），智能穿戴设备的使用需要网络和软件，因此使用智能穿戴设备可以代表与互联网时代的对接。在政策层面设置核心变量“政策了解程度”，体现在问卷中即“您了解当地政府出台的养老服务相关政策吗”（Policy）。关于解释变量的赋值和频数见表 7—1。

3. 控制变量

幸福感与个人及家庭特征关系密切，因此研究幸福感时需要充分考虑相关因素。控制变量主要包括年龄、性别、居住区域（城乡）、受教育程度、收入、婚姻状况等，除此之外，老年忧虑方面（Concern in the elderly，简称 CIE）设置老年人最关心的几个方面：“是否预存养老金”（Pension）、“子女的孝顺情况”（Piety）以及“身体状况”（Health）[③]。控制变量赋值及频数见表 7—1。

---

① 公开评价自己的幸福感时，往往有面子成分，故将“一般”归为不幸福一类。

② 智能穿戴设备作为互联网甚至物联网获取信息流的入口，通过大数据、云计算、物联网等技术应用，可以实时采集大量用户健康数据信息和行为习惯，是远程医疗和远程看护的优选终端。如智能手机、智能腰带、智能手表、智能床垫、跌倒报警器、老人防丢器及其他。参见《人口老龄化催生养老服务行业》，2016 年 5 月 5 日，安防展览网（http：//www. afzhan. com/news/detail/45381. html）。

③ 通过问卷排序，一方面反映其社会经济地位，例如健康状况，社会地位高的人一般比地位低的更注重养生保健；另一方面反映老年忧虑，如果对幸福感有显著性影响，说明这些也是老人的担忧所在。

（二）模型及假设

除了现有研究所包含的因素之外，本书更多考虑以下客观条件的变化：随着互联网时代人们对以互联网为载体的软硬件设备的依赖程度日益加深，我们推测老年群体的幸福感也会受到相应影响，上海与养老相关的政策出台得非常密集，对政策的理解和应用也可能会影响幸福感。除此之外，老年忧虑的加深影响情绪进而影响幸福感。然而这些因素是否影响幸福感及其影响程度，需要构建 logistic 模型加以回归分析，模型构建如下：

$$\mathrm{Happ_i} = \alpha_0 + \alpha_1 \mathrm{Internet_i} + \beta \mathrm{X_i} + \varepsilon_i \tag{1}$$

$$\mathrm{Happ_i} = \alpha_0 + \alpha_2 \mathrm{Policy_i} + \beta \mathrm{X_i} + \varepsilon_i \tag{2}$$

$$\mathrm{Happ_i} = \alpha_0 + \alpha_1 \mathrm{Internet_i} + \alpha_2 \mathrm{Policy_{ii}} + \beta \mathrm{X_i} + \varepsilon_i \tag{3}$$

式中 $\mathrm{Happ_i}$ 表示 $\ln \frac{P\ (Happinessi = \text{幸福})}{1 - P\ (Happinessi = \text{幸福})}$，$\mathrm{Internet_i}$ 表示互联网时代软硬件的使用情况，它是多维度指标，$\mathrm{Policy_i}$ 表示对养老政策的了解程度。Xi 为控制变量，α_0、α_1、α_2 是本书所要估计的系数或系数向量，ε_i 是随即干扰项。根据文献的回顾及样本的描述性统计分析结果，本书提出以下待检验的研究假设：

（1）关于互联网因素的假设：使用互联网相关智能穿戴设备的老人比不使用的老人更幸福，智能穿戴设备代表与互联网时代的对接情况；愿意学习使用互联网及相关软件的老人比不愿意学习的老人更幸福。

（2）对政策熟悉程度的假设：对养老政策熟悉的老人比不熟悉的老人更幸福。

（3）对老年忧虑的假设：老年忧虑的增加会弱化幸福感。

四　实证结果分析

（一）“互联网因素”与幸福感的 logistic 回归结果分析

根据公式（1）使用 Stata13.1，得到表 7—2 的嵌套模型，展示了互联网因素对幸福感的影响结果，先将核心解释变量作为唯一的变量放入模型1中，模型2在模型1的基础上加入个体层面的控制变量，模型3在模型2基础上加入社会经济地位和老年忧虑层面的控制变量，三个模型进行比较和解释。影响幸福感的因素很多，核心自变量解释了3.6%，随着更多因素的纳入，可解释的比例增加到10.1%。

模型1中核心解释变量“是否使用智能穿戴设备”，尽管使用者比不使用者更幸福，但没有发现其显著性，在模型2和3中，加入控制变量之后该因素对幸福感仍没有显著影响。模型1中核心解释变量“是否愿意学习互联网及相关软件”，在1%的显著性水平上显著，由系数0.904可知，愿意学习者比不愿意学习者更幸福，愿意学习者是不愿意学习者幸福感的$e^{0.904}$倍，即2.469倍。在模型2和3中，加入控制变量之后“愿意学习使用互联网及相关软件”仍在1%显著性水平上显著，说明该因素对于幸福感有显著的正向影响。

关于个体层面控制变量，模型2中的控制变量只有“婚姻”对幸福感的影响在10%的显著性水平上显著，说明在婚状态比不在婚状态更幸福，在婚老人幸福感是不在婚老人的$e^{0.682}$倍，即1.978倍，其余控制变量，如性别、年龄、学历和居住区域对幸福感的影响均不显著。加入经济地位和老年忧虑层面的控制变量之后，“婚姻”对幸福感的影响变得不显著，可能的原因是经济地位和老年忧虑的变量将其重要性稀释掉了，所得的结果也能证实这一点，“是否存养老金”的系数为0.56，并且在10%的显著性水平上显著，这说明存养老金的老人比不存养老金的更感觉到幸福，其幸福感是不存养老金老人的$e^{0.56}=1.751$倍。“子女是否孝顺”的系数为0.695，并且在10%的显著性水平上显著，这说明子女孝顺的老人比子女不孝顺的老人幸福感强，其幸福感是子女不孝老人的$e^{0.695}=2$倍。关于健康状况，该变量对于幸福感的影响在10%的显著性水平上显著，认为“健康”的老人比认为“不健康”的更感觉到幸福，并且其幸福感是“不健康”老人的$e^{1.02}=2.773$倍。结合老年忧虑的排序，这些因素确实对幸福感有着比较显著的影响，其影响方向合乎逻辑和现实经验。

表7—2　　　　"互联网因素"与幸福感的 logistic 回归结果

	模型1	模型2	模型3
使用智能穿戴设备（SWD）	0. 356	0. 398	0. 178
（否 =0）	（0. 257）	（0. 265）	（0. 281）
愿意学习使用互联网及软件（WTL）	0. 904 ***	0. 972 ***	0. 968 ***
（不愿意 =0）	（0. 285）	（0. 326）	（0. 338）
性别（Gender）		0. 268	0. 218
（女 =0）		（0. 290）	（0. 313）
婚姻（Marrige）		0. 682 *	0. 555
（不在婚 =0）		（0. 366）	（0. 391）
初中（Education）		−0. 313	−0. 401
（小学及以下 =0）		（0. 473）	（0. 514）
高中		0. 0395	−0. 126
（小学及以下 =0）		（0. 467）	（0. 509）
低龄组（Age）（60—69 岁）		−0. 418	−0. 608
（60 岁以下 =0）		（0. 520）	（0. 560）
中龄组（70—79 岁）		−0. 155	−0. 333
（60 岁以下 =0）		（0. 541）	（0. 584）
高龄组（80 岁及以上）		0. 214	−0. 0659
（60 岁以下 =0）		（0. 618）	（0. 664）
居住地（Area）		−0. 125	−0. 104
（郊区 =0）		（0. 392）	（0. 548）
2000—2499 元（Income）			−0. 461
（2000 元以下 =0）			（0. 707）
2500 元及以上			0. 131
（2000 元以下 =0）			（0. 661）
存养老金（Pension）			0. 560 *
（没存 =0）			（0. 302）
子女孝顺（Priety）			0. 695 *
（不孝顺 =0）			（0. 410）
健康一般（Health）			0. 479
（不健康 =0）			（0. 584）
健康较好			1. 020 *

续表

	模型 1	模型 2	模型 3
			(0.606)
常数项	-0.519 *	-1.257	-2.344 **
	(0.266)	(0.943)	(1.099)
N	263	263	263
pseudo R^2	0.036	0.056	0.101

（二）"养老政策了解程度"与幸福感的 logistic 回归结果分析

根据公式（2）得到表 7—3 的嵌套模型，表现的是核心解释变量"养老政策了解程度"对幸福感的影响情况。模型 4 将其作为唯一解释变量，模型 5 加入个体层面的控制变量，模型 6 在模型 5 基础上加入社会经济地位和老年忧虑层面的控制变量。从 R^2 的变化趋势看，从 0.019 提高至 0.087，解释力度在增强。

由模型 4 计量结果的系数 0.661 可知，"政策了解"者比不了解者更幸福，且在 1% 的显著性水平上显著，其幸福感是不了解者的 $e^{0.661}$ = 1.937 倍，分别加入个体层面和社会经济地位等控制变量之后，模型 5 和模型 6 的系数仍然为正，在 5% 的显著性水平下显著，说明在三种情况下"政策了解程度"对幸福感都具有正向影响。

与表 7—1 相似，模型 5 个体层面的控制变量对幸福感影响不显著，模型 6 加入社会经济地位和老年忧虑层面的控制变量之后，个体层面的控制变量仍不显著，但是表现社会经济地位同样又是老年忧虑因素的三个变量"是否存养老金""子女是否孝顺""健康状况"均在 10% 的显著性水平上显著，系数的符号均为正，说明存养老金的老人比不存养老金的更幸福、子女孝顺的老人比子女不孝的老人更感觉到幸福、自认为健康较好的老人比不健康的更幸福，所得系数与表 7—1 的差别不大，这样的结果合乎逻辑和现实经验，结合表 7—1 结果及问卷对于老年忧虑的排序可知，上述对幸福感有影响的因素也恰恰是老人最怕失去的东西。

表 7—3　　“养老政策了解程度”与幸福感的 logistic 回归结果

	模型 4	模型 5	模型 6
政策了解（Policy）	0.661 ***	0.657 **	0.552 **
（不了解 =0）	（0.254）	（0.266）	（0.278）
性别（Gender）		0.279	0.238
（女 =0）		（0.285）	（0.307）
婚姻（Marriage）		0.580	0.457
（不在婚 =0）		（0.365）	（0.391）
初中（Education）		0.057	−0.166
（小学及以下 =0）		（0.454）	（0.500）
高中及以上		0.557	0.282
（小学及以下 =0）		（0.440）	（0.492）
低龄组（Age）（60—69 岁）		−0.489	−0.631
（60 岁以下 =0）		（0.522）	（0.554）
中龄组（70—79 岁）		−0.229	−0.354
（60 岁以下 =0）		（0.541）	（0.577）
高龄组（80 岁及以上）		−0.278	−0.477
（60 岁以下 =0）		（0.612）	（0.648）
居住地（Area）		−0.162	−0.265
（郊区 =0）		（0.386）	（0.539）
2000—2499 元（Income）			−0.180
（2000 元以下 =0）			（0.695）
2500 元以上			0.361
（2000 元以下 =0）			（0.645）
存养老金（Pension）			0.562 *
（没存 =0）			（0.299）
子女孝顺（Priety）			0.691 *
（不孝顺 =0）			（0.410）
健康一般（Health）			0.478
（不健康 =0）			（0.575）
健康较好			1.016 *
（不健康 =0）			（0.600）
常数项	−0.015	−0.826	−2.044 *

续表

	模型 4	模型 5	模型 6
	(0.172)	(0.911)	(1.079)
N	263	263	263
pseudo R^2	0.019	0.041	0.087

(三)"互联网因素""政策了解程度"及幸福感的 logistic 回归结果分析

根据公式（3）建立全模型即模型 7，将所有解释变量纳入模型中，使用 Stata13.1 得到表 7—4 的 logistic 回归结果，R^2 为 0.109，说明所有纳入模型的因素解释了幸福感的 10.9%。

从核心解释变量的回归系数可以看出，"互联网因素"中的"是否适用智能穿戴设备"，系数为 0.083，尽管可以得出使用智能穿戴设备的老人比不使用者更幸福，但与前面的模型得出的结果一样，并没有发现其显著性。出现这样的结果可能有以下三点原因：一是由于老人活动范围比较小，更倾向于传统的生活方式和就医方式，老人"触网"的机会不多，甚至刻意避免"触网"，互联网和智能穿戴设备的普遍使用对其生活便利的影响并不显著。二是由于老人需要使用互联网购物或就医时，往往求助于儿女，儿女代办的情况常见，因此老人对于互联网和智能穿戴设备的便利性并没有亲身的感受，互联网和智能穿戴设备是否存在对他们来说感觉不明显。三是有可能设备使用起来并不方便，受限于操作环境或网速，还不如传统打电话更方便、直接，这有可能是智能穿戴设备"叫好不叫座"的重要原因之一。

从核心解释变量的回归系数可以看出，"互联网因素"中"是否愿意学习使用智能穿戴设备及软件"对幸福感的影响在 1% 的显著性水平上显著为正，这与前面的分析相一致，系数略有增加。出现这样的结果可能有两个原因：一是愿意学习的老人紧追时代潮流的观念和意识比较强，愿意接纳新事物，心理状况更积极、健康和包容，始终处于学习状态有助于增强老年生活的丰富程度，减少老年迟暮抑郁情绪的发生从而提升其幸福感。二是愿意学习代表精神层面的提升及解决问题能力的提高，属于马斯洛需求中较高层次的需求，这说明至少中低层次的需求基本获得满足，老人处于比较理想的生活状态，拥有较强的幸福感。

从核心解释变量的回归系数可以看出，“政策了解程度”对幸福感的影响在10%的显著性水平上显著为正，这与前面的分析相一致，系数减少为0.488，即全模型下“政策了解”者比不了解者幸福感更强，是后者幸福感的 $e^{0.488}=1.629$ 倍。可能有如下原因：对政策了解意味着关注新闻和时事，学习、分析和认知的能力强，知识面广，遇事更包容不钻牛角尖，情绪相对稳定，幸福感会提升；同时，对政策了解越多，越能利用政策为己获取利益，或者帮助邻里或朋友，成为受大家欢迎的热心人，自身从中受益，邻里、朋友关系融洽，对于提升幸福感帮助很大。

控制变量中仍然是既能体现社会经济地位又能体现老年忧虑的因素显著，与前面不同的是，全模型中尽管“健康较好”的老人仍然比“不健康”者更感到幸福，但已经变得不显著了。“是否存养老金”和“子女是否孝顺”仍然在10%的显著性水平上显著，系数为正更印证了前面的结论：存养老金的老人比没有存的更感到幸福，子女孝顺的老人比不孝顺的老人更幸福。

表7—4　“互联网因素”“政策了解程度”及幸福感的logistic回归结果

	模型7	
	系数	标准误
政策了解（Policy）（不了解=0）	0.488 *	(0.289)
智能穿戴设备情况（SWD）（否=0）	0.083	(0.287)
愿意学习使用互联网及软件（WTL）（不愿意=0）	0.932 ***	(0.340)
性别（Gender）（女=0）	0.242	(0.314)
婚姻（Marriage）（不在婚=0）	0.459	(0.397)
初中（Education）（小学及以下=0）	-0.337	(0.515)
高中及以上（小学及以下=0）	-0.068	(0.511)
低龄组（Age）（60岁以下=0）	-0.650	(0.561)
中龄组（60岁以下=0）	-0.324	(0.585)
高龄组（60岁以下=0）	-0.191	(0.668)
居住地（Area）（郊区=0）	-0.130	(0.552)
2000—2499元（Income）（2000元以下=0）	-0.376	(0.707)

续表

	模型7	
	系数	标准误
2500元以上（2000元以下=0）	0.223	(0.663)
存养老金（Pension）（没存=0）	0.567 *	(0.304)
子女孝顺（Priety）（不孝顺=0）	0.693 *	(0.412)
健康一般（Health）（不健康=0）	0.350	(0.592)
健康较好（不健康=0）	0.870	(0.617)
常数项	-2.411 **	(1.101)
N	263	
pseudo R^2	0.109	

五　提升老人幸福感的公共产品供给模式

（一）老人幸福感与公共产品供给

由上述分析可见，智能穿戴设备的使用对幸福感没有显著影响，其实这正是从老年人需求角度来分析智能穿戴设备的受欢迎程度，既然对幸福感无显著影响，也就意味着智能穿戴设备目前基本处于一种需求饱和状态，从问卷结果来看，老人对于智能手机（老人机）的需求占到71.92%，其余的智能穿戴设备如智能手表、智能腰带、智能床垫、跌倒报警器、老人防丢器及其他所占比重非常小，这也是为什么相应智能穿戴设备销售量和利润率不高的原因。结合“愿意学习使用互联网及软件”的老人比不愿意学者幸福感高的结论，可以看出在智能穿戴设备的产品设计方便、合理、有效的前提下，如果创造一种学习氛围，老人们还是愿意学习的，因为这提升了其幸福感，这是很重要的一步，因为他们只有真正掌握了相关操作技巧，感受到智能穿戴设备对生活和就医带来的便利，就会关注相关产品并加以利用，因此如何为他们提供互联网及软硬件操作等通用的技能学习机会就成为产业发展的关键。

政策了解层面，无论是简模型还是全模型，均在1%的显著性水平上显著，这说明政策的制定及宣传对幸福感的提升相当重要。在问卷中有一个多选题专门调查信息渠道："您通过哪些途径了解到的养老相关政策"（见表7—5）。结合问卷调查结果，上海老人获取信息的渠道依次为：社区宣传、电视、其他老人、子女、互联网，因此年轻人获取信息的主要渠道——互联网，在老人那里排末位，这也从另外一个侧面反映了互联网因素对老人幸福感的影响并不大。

表7—5　　上海老人获取信息的渠道

选项	小计	比例
A. 互联网	25	12.25%
B. 电视	84	41.18%
C. 社区宣传	126	61.76%
D. 子女	30	14.71%
E. 其他老人	49	24.02%

老年忧虑层面对幸福感的影响说明：选择居家养老的老人最担心的是没钱养老及没人养老。没钱养老即没存养老金，或者缺乏存养老金的意识，或者养老金本来就不多用于即期消费后所剩无几，或者家庭开销大不得不用于即期消费。没人养老即儿女不孝使得老人对未来充满忧虑，从而影响幸福感。对于想存却没钱存的老人，退休金微薄而捉襟见肘者，需要政府进行养老保险改革或额外补贴加以解决，对于养老金还算宽裕但一旦补贴家用就无法积累者，其儿女有可能就是啃老族或对父母养老金的依赖性很大，这种情况有可能与儿女不孝并存，需要社区、邻里、朋友向其儿女宣传"孝道"，谴责、监督和抑制啃老或虐待老人行径，给予老人更多的关怀和帮助。

（二）公共产品供给的不同模式

公共产品分为纯公共产品和准公共产品，以上分析中的政策层面及老年忧虑层面涉及纯公共产品的供给，而"互联网因素"所涉及的准公共产品供给相对来说比较复杂。40后、50后这些与共和国一同成长起来的老年人对政府的依赖度高于其他年龄段，有事情找单位和街道社区，而不是找市场，成为他们解决问题的习惯。这里以相对比较复杂的准公共产品为例，就“互联网因素”所涉及的准公共产品及相应智能穿戴设备供给，探讨其供给模式的帕累托较优选择。

表7—6　　新三板挂牌的14家养老企业2015—2017年报数据

证券简称	营业总收入 2017年报（百万元）	营业总收入 2016年报（百万元）	营业总收入 2015年报（百万元）	净利润 2017年报（百万元）	净利润 2016年报（百万元）	净利润 2015年报（百万元）
山屿海	–	41.41	31.49	–	8.66	4.52
京福安	14.75	17.93	2.89	3.08	5.74	-0.52
思锐股份	22.92	26.10	25.44	0.63	4.46	4.78
艾倍科	–	25.01	30.45	–	3.40	9.99
朗高养老	69.18	51.03	18.54	-1.17	3.18	1.72
爱依养老	40.79	31.10	23.50	3.23	0.97	0.39
老来寿	49.12	62.62	56.08	-27.89	-0.07	6.53
雅达养老	8.53	12.04	6.09	-15.83	-0.47	-0.96
南和移动	–	81.43	51.79	–	-0.74	0.06
佳音在线	–	1.01	0.79	–	-1.78	-1.40
软汇科技	7.34	3.37	2.11	0.26	-4.41	-1.72
迈动医疗	70.63	47.05	37.82	0.64	-5.92	4.46
洛奇检验	–	40.47	58.98	–	-8.06	11.28
三开科技	–	5.13	10.71	–	-12.79	-5.79

数据来源：Wind资讯。

许多老人受传统观念影响，他们更希望居家养老，但儿女又担心不在父母身边无法及时了解他们的情况，更担心突发状况发生时也难以及时提供救护。因此，选择能较好解决上述问题的智能居家养老就非常重要了。智能穿戴设备可以成为老人生活的帮手和儿女的助手，本身具有正的外部性，对于具有正的外部性的产品，根据理论和现实中的政策运用，一般采用补贴方式增加供给者的边际收益，提高供给量以满足社会的需求，上海市的政策亦是如此[①]，显然供给侧结构性改革在养老领域也是在不断推进中。然而，与向其他群体供给产品不同，其他产品确实面临着供给结构达不到需求层次的情况，而目前来说老龄化智能穿戴设备供给高于需求层次。以新三板挂牌的14家养老企业年报数据为例，表7—6数据显示养老服务企业营收规模普遍不大，2016年仅有3家企业营收规模在5000万元以上，仅有6家企业盈利，2017年京福安、思锐股份、老来寿、雅达养老等企业经营状况日益恶化。当互联网及建立其上的智能穿戴设备并不能影响老人的幸福感时，即需求端与供给端脱节时，也就意味着政策的优惠可能会带来老龄化智能穿戴设备供给的过剩，需要我们探讨新一种供给模式，以使供求结构相一致。

假设有一个代表性消费者既消费私人产品，又消费准公共产品，每一成员都是同质的，则代表性消费者得到的最大效用也就意味着所有成员都得到最大效用。智能穿戴设备是非常典型的准公共产品，其供给一般是由厂商市场供给，但其使用需要有一定的互联网及软硬件操作基础，如果基本操作由厂商提供，一是增加其成本，二是作为通用的技巧会助长其他厂商搭便车的行为，即老人学会基本操作之后可能买其他厂商的产品，而其他厂商并没有为老人的学习过程付费，这使得排他性成本很高而厂商都不愿意提供互联网及其软硬件的学习机会，于是准公共产品的供给分为两部分：智能穿戴设备由厂商提供，而老人的学习培训机会需要政府提供。这里比较特殊的是，鉴于有些老人对基本操作比较熟悉，即使没有政府的培训，智能穿戴设备也是有一定需求的，但政府为老人进行通用技能的培训可以激发出更多的智能穿戴设备潜在需求。因此，随着互联网广泛使用以及将来5G技术的普及，与此相关的养老服务和产品将提升养老质量和为老服务效率，使老人不仅足不出户实现各种服务的对接，同时还减轻养老压力、减少老人出行麻烦，从而在节约社会资源的前提下提供更优质有效的服务。鉴于互联网和软硬件学习属于公共产品，政府可以政府购买或项目资助的方式为专业学习机构提供支持，并积极倡导企业和个人以公益项目和志愿者的方式为老人提供学习帮助。厂商在设计产品时应充分考虑老人的生理特点和使用习惯，设计直观人

---

① 对科技助老和开发智能终端设备给予税收优惠及补贴。

性化、简便易学的产品，有些智能穿戴设备更重要的是后台服务，涉及从硬件到软件服务等整个产业链的完善。从这个层面看，养老服务产业是智能化和高科技的应用，政府所要做的是进行通用化的学习培训及产品质量监管，在培育相应消费群体的同时维护老人的利益。

六 小结

本书以上海市老年人幸福感为研究对象，对采用居家养老这种养老方式的老人进行随机问卷调查，运用二分类 logistic 回归模型，针对上海市居家养老的特点，分别分析老龄化智能穿戴设备使用、是否愿意学习使用互联网及软件、对政策的了解程度以及老年忧虑对老人幸福感的影响，得到回归结果如下。

第一，是否使用老龄化智能穿戴设备对老人幸福感无显著影响，说明智能穿戴设备在老人生活中所扮演的角色并不像我们想象中那样重要，或者老人对智能穿戴设备的依赖感并不强，这也是为什么老龄化智能穿戴设备始终处于“叫好不叫座”尴尬境地的重要原因：如果说供给方一直在以创新引领潮流，但相比之下需求方仍然处于传统的消费模式，所以老龄化智能穿戴设备方面，更应该关注需求侧的提升。

第二，愿意学习使用互联网及软件的老人更能感到幸福，因此给老人提供更多的学习机会，尤其是互联网相关的通用技巧培训，将在提升老人幸福感的同时对于其提升需求档次有较好的帮助。现实中对于拥有正外部性特征的智能穿戴设备供给，政府多采用税收优惠等扶植措施，但这样的措施会造成智能穿戴设备供给过剩，如果同时辅之以通用技巧培训，将使需求曲线右移并变得陡峭，消费者效用获得提升，设备及服务提供商通过销售量的扩大获得更多收益，属于帕累托改进状态。另外，随着互联网及物联网使用在中青年群体的普及，未来智能穿戴设备将大势所趋，对此商家需要持久性的研发和投入，资金雄厚的大企业涉足智能穿戴设备开发更具有优势，或者大力发展养老金融以使得轻资产企业获得持续的资金和补贴，为未来的市场化养老做好准备。

第三，对政策越了解幸福感越强。上海市政策出台非常频繁，越了解政策的老人越能够运用政策为自己谋福利，这样的结果说明上海市养老政策效果显著。结合政策了解渠道的调查，社区宣传和电视是老人获取信息的主要渠道，互联网的传播作用并不大，这同时也印证了第一个结论：因互联网使用并不频繁，以互联网为基础的智能穿戴设备也就对老人的生活影响不大。可以预见，互联网等通用技能的培训能够提供更多了解政策的信息渠道，对于幸福感的提升有间接作用。

第四，老年忧虑排序之后，选择前三位纳入控制变量，结果表明存养老金、子女孝顺以及身体健康对幸福感有正向影响，相应的老人担心钱不够养老、子女不孝以及身体不健康将会使得幸福感大打折扣，针对老年忧虑，政府政策也应有针对性地为老人排忧解难。

根据上述结论，提出建议：第一，与针对年轻人消费品的供给侧结构性改革不同，老龄市场更多的问题在于需求结构跟不上“互联网 + 养老”为特征的供给结构变化，因此应更加关注需求侧的培养。第二，在相关政策为老龄化智能穿戴设备及服务提供商进行税收优惠或补贴的同时，更重要的是由社区志愿者对老人开展免费的互联网通用技能培训，并负有甄别智能穿戴设备优劣的义务，在此基础上辅助社区老人进行需求升级。第三，养老政策的宣传需要接近老人。目前老人的信息主要来源于社区宣传和电视，因此可以动用社区志愿者进行宣传，并于合适的时间在老人喜欢的频道进行播出，提升老人对于政策的了解程度，从而提高老人的幸福感。老人对于互联网接纳程度增加之后，互联网有可能成为宣传政策的重要渠道，APP、微信公众号等软件将使宣传更加快捷和便利。第四，通过制度保障和舆论宣传，缓解老年忧虑。发挥各层次养老保险及最低收入的社会保障作用，基本养老保险、补充养老保险以及规范的商业性养老保险，为老人构筑的重要经济保障使其衣食无忧。传统“孝”文化的宣传及对不孝子女施加舆论压力或法律惩戒，以保障老人的合法权益。构筑“社区 + 医院”紧急救助系统，相关救护人员通过“互联网 + 养老”第一时间获取老人身体信息，及时采取救治措施，减少老人对于急救及就医的担心。

第八章

养老服务产业发展的不平衡性状况研究

上海市不仅是我国最早一批进入人口老龄化社会的城市，还具备相对较好的发展养老服务产业的外部条件。在上海市政府的主导下，上海市建立起以居家为基础、社区为依托、机构为支撑、医养相结合的养老服务格局，以政府购买为主要手段提供养老服务。虽然近年来上海市养老服务机构数量大幅度增加，从 2005 年至 2017 年，养老机构从 474 家上升至 703 家，日间服务机构从 83 家上升至 560 家，[①] 但是这些机构提供的服务以基本养老、医养结合、老年精神文化生活服务为主，并不能完全覆盖老年人的需求。李克强总理指出当前养老服务供给严重不足，要进一步对接群众需求，发挥社会力量，加大政府扶持力度。[②]

因此，本章以上海市养老服务产业发展的不平衡性为研究对象，基于上海市养老服务产业发展现状，通过投入产出分析法对养老服务产业与相关产业的关联性及波及效应进行分析，试图找到养老服务产业发展不平衡的原因和解决办法。

一　老龄产业的研究状况

由图 8—1 可见，有关老龄产业的文章 2000 年开始有波增势，2010

① 数据来源：《2018 上海统计年鉴》。

② 《李克强总理会见采访全国两会的中外记者并回答提问》，2019 年 3 月 16 日，中国政府网（http：//www. gov. cn/premier/2019 －03/16/content_5374193. htm）。

年之后又发展很快。因此有必要对2000—2004年以及2014—2020年的文章做一个梳理。

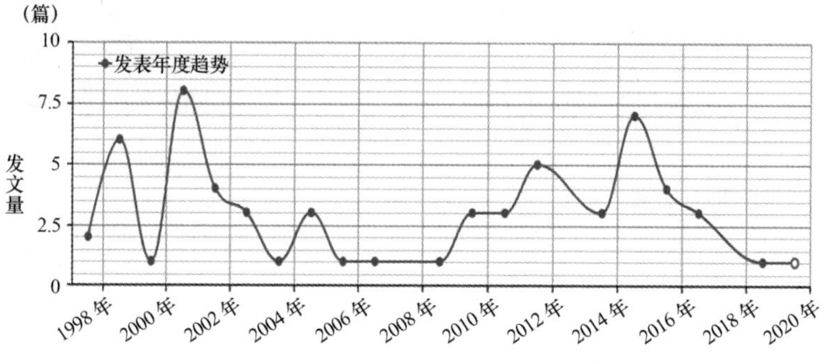

图8—1 1998—2020年CNKI老龄产业研究文献C刊文章数量分布

（一）老龄产业的必要性：从外在条件转向内生要素

中国老龄化形势严峻已成为不争的事实，由此引发的家庭结构、养老方式和消费模式的转变以及社会矛盾凸显，成为老龄产业必要性的客观基础。早在1994年，张纯元已就人口老龄化与老年市场之间关系展开论述：中国人口的急剧老化，会给未来消费带来重大的变化，尤其老年人口需求构成的变化是人口老龄化逐步加快的必然结果。[①] 以老龄化角度说明发展老龄产业必要性的学者很多，但陆杰华（2002）认为，这样的思路“还仅限于人口老龄化的加快与老年人口规模增加这两个产业发展的外在条件上，而对于呼唤老龄产业发展的内在因素探讨的相对比较少”。[②] 此后，学界对于必要性的研究逐渐扩展至中国人口老龄化特点、产业结构升级以及宏观调控层面。人口老龄化特点方面，李健美（2001）认为，中国人口老龄化具有来势猛、增势快以及“未富先老”的特点，老龄产业与西方的银发经济有很大不同，老龄产业研究任重道远。[③] 产业

① 张纯元：《中国人口老化与未来市场》，《市场与人口分析》1994年第1期。

② 陆杰华：《我国老龄产业研究评述及展望》，《北京大学学报》（哲学社会科学版）2002年第1期。

③ 李健美：《引入市场机制 实现老龄产业的超常规发展——试论我国老龄产业的发展战略》，《价格理论与实践》2001年第9期。

结构升级方面，鲁志国等（2003）认为“人口老龄化对知识经济时代产业结构调整产生重大影响”，进一步指出发展老龄产业，不断提高老龄产品的知识和技术含量对产业结构升级的重要性。① 宏观调控方面，发展老龄产业是扩大内需非常重要的一个内容。② 显然，“必要性”的阐述扩展至内生宏观要素，但缺乏微观层面供求激励因素，因而影响其说服力。

（二）老龄产业的内涵：缺乏老龄企业的合理边界

迄今为止，对老龄产业的定义大致可分为三种基本类型。

第一种类型：强调老龄产业的经营性和服务性。张智敏等（2001）认为，“老龄产业隶属于第三产业，以专门为老年人提供劳务服务为主，独立存在的经营性、服务性的特殊产业”，“从产业归属看老龄产业属于第三产业，从行业性质看老龄产业属于服务业”。③

第二种类型：强调老龄产业满足老年群体消费需求的性质。有的学者指出，“老龄产业是由老年消费市场需求增长带动而形成的、从四大产业（第四产业为信息产业）派生出来的综合性的特殊产业”④。上海老年经济学研究所的定义也属于这一类，“老龄产业是指主要为老年人提供产品和劳务，满足老年人各种物质、精神需求的各种行业的总和，这个概念和经济学上所归纳的三大产业不在同一层面上，它涉及三大产业的多个部门”⑤。日本学者鞠川阳子提出“银发产业的三维产业链理论”，她将银发产业分成了三个维度：本位产业、相关产业和衍生产业。本位产业包括建造老年房地产、养老机构，提供老年服饰、老年医疗等服务；相关产业包括养老设施和机构供应链上的专业家具供应、老年设施及专业易耗品的供应；衍生产业包括为老年人提供老年储蓄投资理财的产品、

---

① 鲁志国、黄赤峰：《人口老龄化与产业结构调整》，《中国经济问题》2003 年第 3 期。

② 《老年产业：夕阳下的朝阳》，2006 年 1 月 21 日，《财富中国》（http：//cn. finance. yahoo. com/06. 1. 21）。

③ 张智敏、唐昌海：《发展老龄产业的经济学分析》，载程勇主编《21 世纪的朝阳产业——老龄产业》，华龄出版社 2001 年版。

④ 《人口研究》编辑部：《发展老龄产业：应对人口老龄化的一项重要战略》，《人口研究》2001 年第 2 期。

⑤ 上海老年经济学研究所：《制约老龄产业发展的因素和对策研究》，2004 年。

老年保险产品及老年融资等金融产品。[①]

第三种类型：强调老龄产业满足老年群体消费需求以及老年人力资源开发和利用的性质。张文范认为“老龄产业是由老年市场需求增长带动而形成的产业，它包括所有满足老年人特殊需求的生产、经营、服务的经济活动和设施，以及为发挥老年人才作用兴办的各种经济实体等等”。顾鉴塘也有类似的论述。郭正模、魏宇菲（2014）认为，老龄产业涉及一、二、三产业，领域广泛，是一个综合性产业集群。[②] 陈叔红（2007）认为养老服务产业是为老年人提供产品和服务的行业，并结合产业关联理论对养老服务产业进行了划分。[③] 陆杰华和王伟进（2013）等认为，养老服务产业并非传统意义上的独立产业，而是以老年人为服务对象的产业，是由市场需求带动形成的诸多相关产业的集群。[④] 杨立雄（2017）认为，老龄产业涵盖了第一、第二和第三产业，包括养老服务（居家养老服务和机构养老服务）、老年用品（以老年人为主要消费对象的各种机械、器具、用品和食品等的制造和销售）、老年健康（为老年人提供疾病预防、疾病治疗、老年康复和护理等方面的服务）、养老金融（以老年人为主要消费对象的金融投资和理财产品）、养老地产（以老年人为主要消费对象的房地产开发和社区建设，包括退休社区、太阳城、老人公寓等）、老年旅游等内容。[⑤]

老龄产业的内涵包括产业归属和行业性质。从产业归属看，第一类定位于服务业，范围最狭窄。第三类范围最广泛，与老年群体有关的商品、服务以及劳动力市场均纳入其中。从行业性质看，老龄产业的构成主体是参与市场竞争的营利性企业，还是社会福利性质的单位，或者只要为老年群体提供生产或服务的社会组织不论其营利性、福利性都属于老龄产业范畴？第一类观点明确其市场经营的性质，其

---

① 《专访：日本养老产业专家鞠川阳子》，2009 年 11 月 25 日，证券之星。

② 郭正模、魏宇菲：《老龄产业的弱质特征与政府对老龄产业的扶持政策探讨》，《天府论坛》2014 年第 3 期。

③ 陈叔红：《养老服务与产业发展》，湖南人民出版社 2007 年版，第 1 页。

④ 陆杰华、王伟进、薛伟玲：《中国老龄产业发展的现状、前景与政策支持体系》，《城市观察》2013 年第 4 期。

⑤ 杨立雄：《北京市老龄产业发展研究》，《中国软科学》2017 年第 3 期。

他两类观点并没有相关阐释，从而进一步引发老龄产业行业性质的争论。

理论上老龄产业的内涵已涉及具体市场而在中观层面愈加清晰，但微观层面仍处于模糊状态，缺乏从事老龄产业的企业（以下简称老龄企业）的甄别标准。很多文章都提到政府支持老龄企业而出台的优惠政策难以贯彻实施，问题就在这里。例如私营民政福利企业按照安置“四残”（盲、聋、哑、肢体残疾）人员占生产人员总数比例享受税收优惠，标准明确并具可操作性。但老龄企业缺乏与其他企业相区别的量化指标或合理边界。他们提供的产品多数具有通用性，如果老龄企业采用以产品或服务对象为标准的界定形式，则会出现其他消费群体搭老人便车和老龄企业“以为老服务为名，行优惠政策之实”的现象。因此，在老龄企业边界尚未明确之时，为企业提供优惠政策可能因实施对象不明确而流于形式。以至于张丹萍等（2016）认为“老龄产业”概念的意义在于体现人口老龄化对产业和社会经济发展带来的宏观影响，本身具有边界模糊性，不必进行具体和唯一确定的定义。①

（三）老龄产业的性质：是盈利还是福利，抑或兼而有之？

行业性质研究对老龄产业定位和未来发展方向的决定作用不言自明，因而学界相当重视并一度成为该领域的热点话题。

主要有三种观点，坚持老龄产业市场营利性的学者认为，“老龄产业既然是一个产业，就必须体现以市场机制为主导，社会福利相辅相成的原则。复旦大学老年经济研究所（2007）明确区分老龄产业和老龄事业性质上的不同，从而强调老龄产业的市场营利性质：老龄事业和老龄产业都以老年群体为对象，为老年群体提供与生活保障相关的各种制度、设施、物品、服务等。当这些内容由政府承担时，称之为老龄事业，当这些内容通过市场提供时，称之为老龄产业。老龄事业是公共管理的政府行为活动，老龄产业是经济单位的市场交易活动，并进一步指出“发展老龄产业应当是指，政府从‘准公共物品’和‘私人物品’两个领域

---

① 张丹萍等：《中国区域老龄产业市场潜力测算与分析》，《老龄科学研究》2016年第4期。

退出，让位于市场”。[①] 陈颐（2010）指出养老服务产业是以营利性为目的提供养老服务。[②]

有的学者主张公共性和福利性优先，张智敏（2006）指出“老龄产业的开发和运作应把‘为老服务’的社会效益放在首位”。台恩普也有类似的看法：“老龄产业”实质上是为老年人服务的，利润不是它的唯一追求。[③]

第三种观点避开营利性和福利性的争论，认为老龄产业具有微利性特征。汪雁（2004）把微利性定义为“从事老龄产业的企业在老龄市场的单项产品或单项服务中获得的平均利润率与从事其他产业相比相对较小”。针对微利性，她做了两点说明：一是“微利性与从事老龄产业的企业的利润并不矛盾”，二是“老龄产业面对的是有效需求水平低下和具有保守消费心理的老年群体，决定了老年产品低价位，因此微利性由市场供求双方决定，并没有福利成分的存在”[④]，这种观点实际为第一种观点的延伸。郭正模（2014）等认为，老龄产业是依据市场原理进行产品和服务供给的经济活动，不同行业的盈利程度不同，但营利性是其本质特征。同时，老龄产业具有弱质产业的一般特征，在发展初期需要政府的政策扶持。[⑤]

值得一提的是，复旦大学老年经济研究所首先将老龄事业和老龄产业加以区分，避免进入“产业化就是完全市场化”的误区。类似的看法还有杨立雄（2017），他认为老龄产业与老龄事业存在区别。老龄事业通常是指由政府、社会和家庭为老年人提供的物质帮助、照料服务和精神慰藉等，具体包括老年社会保障、老年医疗卫生保健、为老社会服务、老年人文化精神生活、老年社会参与、老年人权益保障等内容。两者的区别主要表现在以下三个方面：首先，老龄产业属于市场行为，具有营

① 复旦大学老年经济研究所：《发展中国老龄产业的理性思考》，载《上海市退休职工管理研究会优秀论文选集》，2007 年。

② 陈颐：《关于养老服务产业化的几个问题》，《现代经济探讨》2010 年第 11 期。

③ 《中国老年报》2006 年 1 月 24 日。

④ 汪雁：《对老龄产业内涵及性质的再思考》，《人口与发展》2004 年第 3 期。

⑤ 郭正模、魏宇菲：《老龄产业的弱质特征与政府对老龄产业的扶持政策探讨》，《天府论坛》2014 年第 3 期。

利性特征；老龄事业属于政府行为，具有福利性质；其次，老龄产业以具有一定购买能力的中高端老年人为主要服务对象；老龄事业的关注重点则以购买能力不足的中低端老年人为主要服务对象；最后，老龄事业是一种公共物品，老龄产业提供的服务和产品是私人产品。[①] 胡立君和杨振轩等（2018）分析了养老活动的外部性和养老产品的准公共产品属性，认为在不同的养老周期政府和市场的职能不同，政府应在养老服务的收益性和公益性中寻找平衡。[②] 马岚（2019）对养老服务的福利性、公益性和产业化进行了阐述，认为需要处理好政府的适度干预和产业的适度盈利之间的平衡关系。[③] 总体看来，主张营利性的学者站在老龄企业角度考虑问题，而主张福利性优先的学者更倾向于维护老年群体的利益，在他们看来营利性和福利性是一对不可共存的矛盾：福利性会以企业的利润减少为代价，而营利性损害老年群体的利益。不可否认，企业运作过程中盈利和福利兼顾，必然是此消彼长的关系。然而老龄产业的性质究竟是盈利还是福利，抑或兼而有之，需要实践给予客观回答。

首先，老龄产业具有市场性或营利性，但老年群体的收入水平和消费倾向将决定其微利性和获利周期长的特征。发展老龄产业的目的是引导民间资本进入，满足老年群体多样化、异质性的产品或服务需求以缓和老龄化危机，而民间资本的转移必然以利润为导向。其次，如果企业在追求盈利的同时还要向老年群体提供福利，两者必然是此消彼长的关系，这正是争论的根源所在。当福利由政府提供时，老龄产业的营利性与福利性可以兼得，这种情况多出现于产品与老人不可分割的服务性部门。“居家养老＋社区服务”运作模式就是例证。最后，按照收入水平把有居家养老服务需求的老人分成免费服务对象、补贴服务对象及收费服务对象，免费和补贴部分由政府买单，收费部分比家政服务低廉。显然，社区服务具有微利性的特征，同时政府依据老人的收入状况给予全额或部分补贴，体现了福利性特征。

---

① 杨立雄：《北京市老龄产业发展研究》，《中国软科学》2017 年第 3 期。

② 胡立君、杨振轩、周昭洋：《养老产业的经济学属性研究》，《江淮论坛》2018 年第 1 期。

③ 马岚：《福利性、公益性和产业化相结合的养老服务模式研究》，《现代经济探讨》2019 年第 2 期。

（四）老年群体的有效需求研究：次群体消费调研有待深化

有效需求即有支付能力的需求，包括两个方面：老年群体的收入状况以及消费倾向。收入状况方面涉及收入来源、收入水平，并以恩格尔系数衡量老年人的生活质量。较早讨论老年群体有效需求的学者是王爱珠，她认为消费结构方面，“饮食、精神文化和医疗卫生护理需求上升”，而“方便化、保健化和舒适化”的产品更受老人喜爱，① 可见已经涉及消费心理层面。

最初学界关注焦点是老龄产业必要性、概念界定以及性质的讨论，直到2001年第二次全国老龄产业研讨会召开之时，有效需求尤其是老年群体消费心理和消费行为的特殊性才作为独立的议题出现。有学者提出，随着老年人年龄的增长，其外部依赖性增强，需求范围扩大，趋于专业化、多元化，消费的异质性增强，因此当前老年消费市场应从老年人的消费特点出发，注重老年商品市场、医疗保健市场、服务市场、劳动力市场和文化教育市场的开发。有学者认为老年人收入水平和收入来源稳定性、消费倾向、消费行为等方面都具有与其他年龄段人口不同的特点，这成为影响老年人消费需求的主要因素。② 陈银娥（2004）认为，老年群体有效需求的特殊性已成为不争的事实，但是消费心理和消费行为具体特征的考察相当缺乏。陈银娥站在老年人生理、心理以及社会层面的角度，认为银发产业服务的主要内容有：满足老年人经济、健康、生活、精神以及社会需求五大需求。从纵向上看，现代银发产业的发展在为老年人带来福利上更强调其服务性及满足个人需求，而传统的老年福利则更多地局限在物质需求的满足方面。③ 田杨（2017）将老龄产业的需求群体特征及中长期发展方向概括为以下九个方面：需求多元化、便利性和信息可及性、就地养老、发展社区服务和整合型服务、无年龄歧视、健康老龄化与长期照护服务、老年女性用品和服务市场潜力大、需求的动

---

① 王爱珠：《老年经济学》，复旦大学出版社1996年版，第273—279页。

② 翟镇武、韩荣炜：《发展老龄产业，服务老年人口——第二次全国老龄产业研讨会综述》，《人口与发展》2001年第4期。

③ 陈银娥：《社会福利》，中国人民大学出版社2004年版，第189—208页。

态化发展、ICT 的应用推广。[①]

张晓燕（2003）较早提出“老龄产业市场细分、不同类别的老人区别对待”[②] 的理念。目前以年龄段、学历、收入水平或健康状况为标准细分的老年次群体消费心理和消费行为调研初见成效。上海市民政局“老年服务需求”专题调研组已经做出尝试，在此仅以养老服务需求为例。他们采取抽样调查方式获得一手数据，并根据年龄、学历、收入和家庭结构作了细分。在养老方式选择方面，经过统计分析他们认为“高龄、低学历、低收入和多代同居的老年家庭更倾向于居家养老方式”。在对机构养老的期望方面，“老人更倾向于入住离家较近、自己更为熟悉的地域的养老院”，而“养老机构的费用是老人最关注的问题，交通情况、服务人员素质和周围自然环境也是他们比较重视的”。对居家养老的服务需求，22 项需求按照频数进行总体排序，然后根据年龄和家庭结构进行分类排序，最后得出居家养老“需要提供差异化服务”的结论。可见，细分之后次群体的差异化需求分析更具有实践意义，分析如此复杂的有效需求的科学方法是针对某类市场和某个区域的抽样调查和案例研究。

目前老龄产业基本研究领域涉及发展老龄产业的必要性、内涵及性质界定、老年群体有效需求等方面。其中“内涵及性质界定”争论激烈尚无定论，“必要性”的阐述扩展至内生宏观要素，但缺乏微观层面供求机制的激励因素，导致说服力不强。“有效需求”部分刚刚起步，可以预测，针对某类市场，使用经济学分析工具，在细分老年群体的基础上所做的消费心理、消费行为和消费结构的微观调研将成为该领域主流的、具有实践指导意义的研究方式。某类市场有效需求调研在反映消费者对产品和服务的宣传渠道、品种质量、价位、销售方式等方面的要求，为企业的生产和销售提供参考依据的同时，还能体现需求的迫切程度，从而以事实表明老龄产业必要性的微观内生要素。因此“必要性”的讨论可与“有效需求”的调研相结合以提高说服力。

---

① 田杨：《老龄产业需求群体特征及发展对策研究》，《东岳论丛》2017 年第 8 期。

② 张晓燕：《发展老龄产业，进一步开拓黑龙江省老年消费市场》，《人口与发展》2003 年第 2 期。

着眼未来老龄产业研究的角度，不可否认，现有老龄产业的研究存在明显不足：一是老龄产业的理论研究感性认识居多。老龄产业是经济学、社会学、人口学、市场营销学、心理学和管理学的交叉学科，需要各学科理论和研究工具的支持，例如老龄产业所涉及的经济学方面，鲜有以信息经济学、数理统计、制度经济学和公共经济学等理论和工具为基础的深入研究和理论创新。二是宏观研究远多于微观研究。老龄产业研究的基本领域多集中于宏观：重视老龄产业界定，忽视老龄企业甄别标准研究；重视老年群体有效需求研究，缺乏次群体消费心理和行为调研；重视老龄产业总体研究，缺乏各种老年市场运作模式分析。目前老年用品市场陷入“叫好不叫座”的困境，针对每种产品市场作详细调查，有助于老龄产业研究的深化并提出可操作的政策建议。三是定性研究为主，缺乏翔实的资料来源和实证数据支持。目前尚不存在专门的老龄产业统计资料，收集原始资料的工作还未全面展开。

学者们普遍认为养老服务产业对中国经济影响深远，机遇与挑战并存。鲁志国等（2003）认为，人口老龄化将限制产业结构的调整，需要开发老年人的人力资源，不断提高老龄产品的知识和技术含量，并实施弹性退休制度。[①] 张斌和李军（2013）经过研究人口老龄化对产业结构演进的影响，指出人口老龄化对于服务业的发展起到了积极作用，对于工业部门的发展具有消极作用。[②] 王松岭和范中原等（2013）经过测算养老服务产业对我国 GDP 的贡献度，指出发展养老服务业不仅能有效解决人口老龄化问题，还能为我国经济发展提供新的动力。[③]

在养老服务产业发展状况的研究方面，学者们普遍认为当前养老服务产业供求失衡。李森和韩俊江等（2015）认为目前我国老龄产业处于发展初期，面临的问题包括供求失衡、产业结构不合理、监管不到位及

① 鲁志国、黄赤峰：《人口老龄化与产业结构调整》，《中国经济问题》2003 年第 3 期。

② 张斌、李军：《人口老龄化对产业结构影响效应的数理分析》，《老龄科学研究》2013 年第 6 期。

③ 王松岭、范中原、李奎：《“十二五”期间城镇养老服务业对 GDP 贡献预测研究》，《商业经济研究》2013 年第 4 期。

人才匮乏等。[①] 张卫和马岚等（2018）认为可以通过建设长三角区域养老融合的机制来实现养老资源的最佳配置。[②]

总体来说，国内学者对养老服务产业的概念和性质尚未达成一致认识，在影响和发展现状方面大部分是从理论层面进行研究，仅有少部分学者结合产业结构理论构建经济模型研究人口老龄化对产业结构的影响。对于养老产业的重视，学术界基本上是从福利共享、社会保障等层面论证，从性质上看养老产业既涉及福利又是市场经济的组成部分，为弥补此种不足，本书将结合产业关联理论，尝试构建投入产出模型研究养老服务产业与其他产业的关联性及波及效应，以判断养老产业的宏观经济地位及其发展动力。

二　养老服务产业的概念及分类

（一）养老服务产业的概念

20 世纪 70 年代西方产生了福利多元理论，该理论对应于福利供给的一元化，即否定了历史上存在的非此即彼的绝对化供给方式，认为福利的筹资和供给既非政府独有的责任，也不能仅由市场独自提供，而是多个主体共同完成。理论的发展和实践的创新说明将养老服务产业进行重新划分是很有必要的。上海市养老产业有广义和狭义之分，狭义的养老服务产业主要是指上海市政府主导下发展的养老服务事业，以满足老年人基础的生存需求为主，具有较强的公共产品属性和准公共产品属性。以政府主导下建立的养老院为例，不符合条件的老年人无法入住，具有不完全的非排他性；由于养老院床位有限，即使符合条件的老年人也常常需要排队入住，具有不完全的非竞争性。对于具有不完全非竞争性或不完全非排他性的产品称为准公共产品。入住养老院的老年人可以获得养老照护津贴，津贴由政府财政支出，具有非竞争性和非排他性，属于

① 李淼、韩俊江、荆悦：《我国老龄产业发展现状、存在的问题及改革策略》，《经济视角》（上旬刊）2015 年第 3 期。

② 张卫、马岚、后梦婷等：《长三角一体化与区域养老融合发展机制研究》，《现代经济探讨》2018 年第 4 期。

公共产品。广义的养老服务产业主要是在狭义养老服务产业的基础上增加了市场化程度较高的细分产业，即为老年人提供私人产品为主的产业。以养老地产为例，通过商业化运作为老年人提供私人养老设施和服务，养老设施和服务仅供老年人个人享有且收取高额费用，具有显著的竞争性和排他性，属于私人产品。

（二）养老服务产业的分类

具体看狭义的养老服务产业，主要包括基本养老、医养结合、老年精神文化生活等服务。其中基本养老服务主要是生活照料，包括膳食辅助、清洁卫生、洗涤等服务项目。医养结合服务主要是提供老年健康管理，包括常见病多发病诊疗、健康指导、预防保健、康复治疗等服务。老年精神文化生活服务主要是老年人情绪疏导、心理支持、文化教育以及老年娱乐服务。上述服务具有显著的公共产品属性和准公共产品属性，属于老年人普遍的基本生活需要。在上海市政府的主导下，上述服务主要由社区、养老服务企业、医院共同提供。

具体看广义的养老服务产业，除上述狭义产业之外，还包括养老金融、老年旅游、老年地产、老年用品这四项内容。董克勇和孙博（2016）将养老金融服务概括为围绕社会成员的各种养老需求以及应对老龄化社会的挑战所进行的金融活动的综合，分为养老金金融、养老服务金融、养老产业金融，[①] 如表8—1所示。老年旅游服务主要是指依托传统文化、自然资源或医疗设备，为老年人提供休闲度假、养生保健、康复治理服务。老年地产集中在养老地产和康养小镇两个方面，为老年人提供住宅、商业和服务合一的综合服务。老年用品主要包括辅助器具、护理用品、电子产品、日常用品等。上述服务具有显著的私人产品属性，而且不同生产力水平的老年人具有不同的需求。因此，上述服务在市场供需机制及价格机制的作用下自动完成供给。将养老服务产业进行上述划分，符合上海市养老服务产业的发展现状，是本书以产业发展为角度研究上海市养老服务产业与其他产业的关联性及波及效应的基础。

---

① 董克用、孙博：《应对老龄化，重视养老金融发展》，《中国劳动保障报》2016年12月16日第1版。

表8—1　　养老服务产业分类

广义的养老服务产业	狭义的养老服务产业	基本养老	膳食辅助、清洁卫生、洗涤等服务项目
		医养结合	老年健康管理，包括常见病多发病诊疗、健康指导、预防保健、康复治疗等服务
		老年精神文化生活	老年人情绪疏导、心理支持、文化教育以及老年娱乐服务
	市场化部分	养老金融	养老金金融、养老服务金融、养老产业金融
		老年旅游	依托传统文化、自然资源或医疗设备，为老年人提供休闲度假、养生保健、康复治理服务
		老年地产	为老年人提供住宅、商业和服务三者于一体的综合服务
		老年用品	辅助器具、护理用品、电子产品、日常用品等

三　上海市养老服务产业与其他产业的关联性及波及效应

本书依据国家统计局发布的《2012年上海市投入产出表》[①]，参考吴三忙对投入产出分析法的研究，[②] 建立投入产出模型，以此来分析上海地区养老服务产业与各个产业部门之间的相关性，并进一步测算养老服务产业对区域经济的影响，探求上海市养老服务产业未来的发展方向。

（一）养老服务产业与其他产业的关联性分析

对某产业与其他产业的关联性分为后向关联和前向关联，一般使用直接消耗系数和完全消耗系数分析后向关联性，使用直接分配系数和完

① 本资料已为最新权威资料，国家每5年编制一次投入产出表，《2017年上海市投入产出表》仍在编制中，资料获取困难。

② 吴三忙：《投入产出技术理论与应用》，中国经济出版社2017年版，第206页。

全分配系数来分析前向关联性。

第一，直接消耗系数，通常记为 a_{ij}（i，$j=1$，2，…，n），它是指在生产经营过程中第 j 产业的单位总产出直接消耗的第 i 产业的产品的价值量。直接消耗系数的计算方法为：用第 j 产业的总投入 x_j 去除该产业生产经营中直接消耗的第 i 产业的产品的价值量 x_{ij}，用公式表示为：

$$a_{ij}=\frac{x_{ij}}{x_j}\ a_{ij}=\frac{x_{ij}}{x_{ij}}\quad (i,\ j=1,\ 2,\ \cdots,\ n) \tag{1}$$

将各产业的直接消耗系数用表的形式表现就是直接消耗系数矩阵，通常用字母 A 表示。

第二，完全消耗系数，通常记为 B_{ij}，是指第 j 产业每提供一个单位最终使用时，对第 i 产业的产品的直接消耗和间接消耗之和。利用直接消耗系数矩阵 A 计算完全消耗系数矩阵 B 的公式为：

$$B=(I-A)^{-1}-I \tag{2}$$

第三，直接分配系数，通常记为 r_{ij}，即第 i 个产业的产品分配给 j 产业作为中间产品使用的数量占该种产品总产出量的比例。用公式表示为：

$$r_{ij}=\frac{x_{ij}}{X_{ij}}$$

$$r_{ij}=\frac{x_{ij}}{(x_i+m_i)}\quad (i,\ =1,\ 2,\ \cdots,\ n;\ j=1,\ 2,\ \cdots,\ n,\ n+1,\ \cdots,\ n+q) \tag{3}$$

式中：当 $j=1$，2，…，n 时，x_{ij} 为第 i 产业提供给第 j 产业中间使用的货物或服务的价值量；当 $j=n+1$，2，…，$n+q$ 时，x_{ij} 为第 i 产业提供给第 j 产业最终使用的产品的价值量；q 为最终使用的项目数；m 为进口；x_i+m_i 为 i 产业的产品总供给量（国内生产 + 进口）。将各产业的直接分配系数用表的形式表现就是直接分配系数矩阵，通常用字母 R 表示。

第四，完全分配系数，通常记为 d_{ij}（i，$j=1$，2，…n），表示第 i 产业一个单位的初始投入（即增加值）向第 j 产业的供给量。完全供给系数矩阵 D 考查单位初始投入（增加值）对社会总产品的推动作用和贡献大小。与完全消耗系数矩阵 B 计算类似，可以得到完全分配系数矩阵 D 的公式为：

$$D=(I-R)^{-1}-I \tag{4}$$

在完全消耗系数矩阵 $D=(I-R)^{-1}-I$ 中，矩阵 $(I-R)^{-1}$ 可称为完全供给系数矩阵，R 为直接分配系数矩阵，I 为单位矩阵。

依据模型（1）（2）进行后向相关性分析，即对投入产出表进行纵向分析，用来解释养老服务产业对其他产业产品的依赖度。选取关联性最强的前 10 个部门如下：

表 8—2　　　　养老服务产业后向相关性

序号	产业部门	直接消耗系数	完全消耗系数
1	金属制品、机械和设备修理服务	0. 2485	0. 3307
2	水的生产和供应	0. 2387	0. 3136
3	其他制造产品	0. 1620	0. 1934
4	养老服务产业	0. 1567	0. 1859
5	房地产	0. 0824	0. 0898
6	化学产品	0. 0686	0. 0737
7	住宿和餐饮	0. 0615	0. 0655
8	电力、热力的生产和供应	0. 0364	0. 0378
9	信息传输、软件和信息技术服务	0. 0346	0. 0358
10	石油、炼焦产品和核燃料加工品	0. 0343	0. 0355

从表 8—2 来看，上海市养老服务产业与第二、第三产业具有较强的后向相关性，这与上海市养老服务产业的发展现状一致，与老年人的基础生活需求也一致。说明养老服务产业的发展一方面需要水的生产和供应业、其他制造产品业、化学产品业等第二产业提供基础设施或医疗产品，满足老年人的医疗保健需求；另一方面需要金属制品、机械和设备修理服务业、养老服务产业、房地产业、住宿和餐饮等第三产业提供配套的养老机构、养老服务和辅助器具，满足老年人的生存需求。

上海市养老服务产业对于相关产业的依赖性较强，对于自身产业的产品需求较少。根据计算，全部产业的完全消耗系数合计为 1.6077，其中养老服务产业的完全消耗系数为 0.1859，所占比重达到 11.56%，说明养老服务产业对于自身产业的产品消耗很低，对于相关产业的产品消耗较高。

依据模型（3）（4）进行前向相关性分析，即对投入产出表进行横向分析，是指各个产业的发展对养老服务产业的拉动和制约关系。选取关联性最强的前 10 个部门如下：

表 8—3　　养老服务产业前向相关性

序号	产业部门	直接分配系数	完全分配系数
1	化学产品	0.1447	0.1692
2	房地产	0.0650	0.0696
3	养老服务产业	0.0352	0.0365
4	信息传输、软件和信息技术服务	0.0347	0.0360
5	电力、热力的生产和供应	0.0281	0.0289
6	住宿和餐饮	0.0275	0.0283
7	交通运输、仓储和邮政	0.0254	0.0260
8	通信设备、计算机和其他电子设备	0.0247	0.0254
9	批发和零售	0.0240	0.0245
10	租赁和商务服务	0.0210	0.0215

从表 8—3 来看，养老服务产业与前十大产业具有较强的前向相关性，说明这些产业的发展将直接拉动养老服务产业的发展。产业的发展不仅需要消耗其他产业的产品，还需要消耗自身产业的产品。自身产业的产品既可以作为产成品出售也可以作为半成品投入其他生产活动中进行深加工。

养老服务产业与化学产品行业的前向关联度最高，完全分配系数达到 0.1692，所占比重达到 27.92%。化学产品业的生产制造以老年人的医药、生活需求为基础，行业的发展将会有效提高养老服务的数量和质量。养老服务产业与房地产业的前向关联度第二高，这与养老地产、康养小镇成为养老产业投资热点的现状一致。养老地产、康养小镇的建设，需要完善的诊疗、娱乐、饮食服务等，可以带动养老服务产业及相关产业的发展，满足老年人的生活需求。

（二）养老服务产业的产业波及效应分析

通过产业关联性分析可以说明养老服务产业同区域经济各产业存在着密切的前后联系，但是仍无法全面判断养老服务产业对整个区域经济总产出的影响程度和养老服务产业对区域经济发展的感应程度。因此，本书将通过感性度和感应度系数、影响力和影响力系数指标，对养老服务产业的产业波及效应进行分析。

第一，影响力系数 F_j 的计算公式为：

$$F_j = \frac{\sum_{i=1}^{n} \overline{b_{ij}}}{\frac{1}{n} \sum_{i=1}^{n} \sum_{j=1}^{n} \overline{b_{ij}}} \qquad (j=1, 2, \cdots, n) \qquad (5)$$

第二，感应度系数 E_i 的计算公式为：

$$E_i = \frac{\sum_{i=1}^{n} \overline{b_{ij}}}{\frac{1}{n} \sum_{i=1}^{n} \sum_{j=1}^{n} \overline{b_{ij}}} \qquad (i=1, 2, \cdots, n) \qquad (6)$$

根据模型（5）进行第三产业各产业的影响力和影响力系数计算，如下表8—4：

表8—4　　第三产业各产业的影响力和影响力系数

序号		影响力	影响力系数
1	交通运输、仓储和邮政	2.1860	2.0749
2	养老服务产业	1.0435	0.9904
3	批发和零售	1.0354	0.9828
4	住宿和餐饮	1.0276	0.9754
5	金融	1.0260	0.9739
6	科学研究和技术服务	1.0252	0.9731
7	租赁和商务服务	1.0222	0.9702

续表

序号		影响力	影响力系数
8	信息传输、软件和信息技术服务	1.0175	0.9658
9	水利、环境和公共设施管理	1.0104	0.9590
10	房地产	1.0101	0.9588
11	教育	1.0099	0.9586
12	金属制品、机械和设备修理服务	1.0083	0.9571
13	文化、体育和娱乐	1.0023	0.9513

从表8—4来看，上海市养老服务产业对区域经济的拉动作用有限，但高于大部分第三产业。2012年上海市养老服务产业的影响力为1.0435，即养老服务产业每增加1元的最终产品生产，将拉动区域经济总产出增加1.0435元；2012年养老服务产业的影响力系数为0.9904，即养老服务产业的影响力是全部行业平均水平的0.9904。

根据模型（6）进行第三产业各产业的感应度和感应度系数计算，如下表8—5：

表8—5　　　　第三产业各产业的感应度和感应度系数

序号		感应度	感应度系数
1	金属制品、机械和设备修理服务	0.4647	0.4411
2	批发和零售	0.3294	0.3127
3	交通运输、仓储和邮政	0.3024	0.2870
4	住宿和餐饮	0.2753	0.2613
5	信息传输、软件和信息技术服务	0.2452	0.2327
6	金融	0.2181	0.2070
7	房地产	0.1911	0.1814
8	租赁和商务服务	0.1640	0.1557
9	科学研究和技术服务	0.1370	0.1301
10	水利、环境和公共设施管理	0.1100	0.1044
11	教育	0.0816	0.0774
12	文化、体育和娱乐	0.0545	0.0518
13	养老服务产业	0.0274	0.0260

从表8—5来看，养老服务产业受区域经济发展的拉动作用很弱。2012年上海市养老服务产业的感应度为0.0274，即区域经济各产业最终产品每增加1元，养老服务产业的最终产品将增加0.0274元。养老服务产业的感应度系数为0.0260，远低于第三产业中的其他产业。说明养老服务产业受区域经济发展的拉动作用较弱，尚未进入随经济增长而自动增长的转折阶段。

（三）关联性及波及效应分析的结论

第一，上海市养老服务产业对于自身产业的产品需求较弱，对于相关产业的产品需求较强。从产业类型上说，养老服务产业的发展对制造业的拉动是最为强劲的，这对于目前处于低迷、失业严重的制造业来说，养老产业的增长可以起到刺激制造业提高就业的良好作用。如果只强调狭义基础上的养老事业，即生存层面的服务类型，从需求层面难以满足多元化的养老服务需求，同时对其他相关产业的拉动十分有限。因此，必须注重广义的养老服务产业的平衡性发展，不可能仅靠扶持狭义的养老服务产业提高相关产业总体发展水平。

第二，化学产品、房地产、自身产业以及信息传输、软件和信息技术服务等产业对养老服务产业具有较强的拉动作用，即这些产业对养老服务产业提供的产品具有较强的需求。这说明当前上海市政府大力建造多样化养老服务、医疗服务、化学产品研发、电子信息产品以及稳定房地产市场，不仅有利于提升自身的竞争力，还对养老服务产业的发展具有一定的积极作用，并通过第一个途径传导到与之相关的制造业，形成产业之间的互动及良性循环。

第三，养老服务产业对于区域经济的拉动作用低于全部产业的平均水平，但是在第三产业中位居第二。这说明如果从效率角度出发，养老服务产业对区域经济有着重要拉动作用，因此无论从产业联动角度还是对区域经济的拉动作用，养老服务产业的重要性显而易见，从而该产业不仅关系到福利经济及社会保障中的老人福祉，还是涉及宏观经济中需求、政府投资及私人投资等拉动经济增长的重要因素。

第四，区域经济对于养老服务产业的拉动作用很弱，说明上海市养老服务产业难以随着区域经济的增长而同步自发增长。这一点在现实中确实如此，一直以来银发经济被喻为“朝阳行业”，现有文献普遍结论是老龄产业前景广阔。根据中国社会科学院2016年发布的《中国养老产业发展白皮书》，预计到2030年中国养老产业市场可达13万亿元，市场潜力巨大。然而养老企业无论是提供服务还是产品供给的企业处境都非常艰难，其中的原因很复杂，效应分析提供了一个研究视角：即养老服务产业并不具有随区域经济自发增长的明显趋势和潜质。

四　产业及企业层面发展的不平衡性

（一）养老服务企业发展状况

养老服务企业作为政府购买的对象，作为养老服务的生产者，直接反映着我国老龄产业的活力，决定着养老服务的质量。在政策与资本的双重推动下，提供养老服务的企业数量也越来越多。由于我国养老服务产业起步较晚，尚未形成成熟的商业模式，也没有以养老产业为主的上市公司，我国提供养老服务的企业可以分为依附于政府的社会企业、借助主业力量投资养老产业的上市公司和以养老服务为主业的民营企业。其中社会企业是通过商业化经营，以公益为目标，而非追求自身利润最大化的企业，如上海市科技助老服务中心，承接政府项目，开展科技助老培训，搭建科技助老应用平台，组织助老活动。借助主业力量投资养老产业的上市公司，如上海申养公司，由上海地产集团与万科、上海中医药大学联合成立，提供涵盖照护机构、长者公寓、医养社区养老、居家养老等多种形式的养老服务，并将专业公立医院嵌入养老机构。在政策与资本的推动下，出现了一批以养老服务为主业的民营企业，部分企业已经挂牌新三板，如三开科技搭建基于SAAS模式的智慧养老云平台，朗高养老以机构养老业务、居家养老业务和社区养老业务为主，佳音在线提供呼叫托管服务、在线数据挖掘分析服务等。目前我国的需求端存在两种情况：未富先老和已富已老，两种情况同时存在决定了家庭养老、社会化和市场化养老互为补充、不可偏废。

国家政策也在助推养老服务业的发展。2018年10月国务院办公厅印发的《完善促进消费体制机制实施方案（2018—2020年）》提及养老，取消养老机构设立许可，开展家政服务标准化试点示范建设，积极开展个人税收递延型商业养老保险试点工作等，未来有望推出减税、资金支持等更多更大力度政策。2019 年政府工作报告指出，要大力发展养老特别是社区养老服务业，对在社区提供日间照料、康复护理、助餐助行等服务的机构给予税费减免、资金支持、水电气热价格优惠等扶持，新建居住区应配套建设社区养老服务设施，加强农村养老服务设施建设，改革完善医养结合政策，扩大长期护理保险制度试点。从实际效果看，从 2016 年推出 15 个试点扩张到目前近 32 个城市，居家养老与长护险结合不断加强。2019 年民政部 1 号文件要求不再设立养老机构许可，准入放宽迎来行业红利，同时办事环节减少、效率提高，逐步实现申请登记养老机构线上“一网通办”、线下“只进一扇门”、现场办理“最多跑一次”，最大限度方便申请人办事。这些政策和尝试都有利于推进养老服务社会化、市场化进程。

上海市推出《上海市深化养老服务实施方案（2019—2022 年）》，主打社区嵌入式养老服务体系，在居家养老方面着力于“增量”“增能”“增效”。主要表现在：第一，在指标上力争“全市养老服务主要指标数量‘倍增’，社区综合为老服务中心（分中心）在街镇全覆盖的基础上数量实现‘翻番’，不少于 400 家；社区老年助餐服务场所总量实现‘翻番’，达到 1600 家”。第二，完善社区养老服务设施骨干网，在中心城区构建“15 分钟养老服务圈”。重点打造枢纽型的社区养老综合体（综合为老服务中心或分中心），集成日托、全托、助餐、医养结合、康养服务等功能，强化社区养老资源与服务的统筹调配能力。第三，以社区嵌入式养老服务为基点，链接机构养老和居家养老，促进各类养老服务形态的融合发展，提高运营能力和资源利用效率。支持养老机构发挥溢出效应，在有能力的情况下积极向社区开放。公办养老机构要率先为老年人提供居家期上门、康复期护理、稳定期生活照料等养老服务。社区托养机构释放辐射效应，将专业服务延伸到家庭，提升助浴、助洁等居家养老服务项目水平。第四，巩固家庭养老的基础性作用，实施“老吾老”计划，通过政府购买服务等方式，在全市普遍开展失能老年人家庭照护者技能培训；完善“老伙伴计划”，实现对无子女、高龄、独居老年人社区探访全覆盖；支持发展面向长期照护对象家庭成员的“喘息服务”；试点“时间银行”等做法。第五，持续推动智慧健康养老产业发展，促进新一代信息技术和智能产品在养老服务领域应用。研究制定相关产业发展目录和技术标准，引导和规范发展智慧型养老服务机构和居家养老服务。显然，上海的政策有加深公办民营优势互补的趋势。在养老支付体系方面，除了加快养老保险的全覆盖之外，逐步开发其他形式如福利公益金的转移支付，尝试长护险、商业保险的探索，完善整体支付框架。

根据申万宏源的研究报告，2019 年养老行业市场空间达 4.4 万亿元，预计 2023 年规模将达 13 万亿元，年复合增长 30%。按照目前 60 岁以上老人 2.4 亿计算，假设所有老人基础消费 500 元/月，医疗服务费 500 元/月，失能失智老人占比达 20%，护理费用 1500 元/月，则静态养老市场空间近 4 万亿元，加上重病费用、居住费用、休闲娱乐等，市场空间约在 4.5 万亿元左右，与艾瑞咨询统计结果接近。全国的社区养老机构从 2014 年 1.9 万个发展至 2017 年 4.3 万个，快于养老院增速，行业发展重点依次为养老运营服务、养老用品、养老院、养老地产。从趋势看，未来社区居家养老仍然是主导，这从老人的养老方式选择及国家政策导向可以得到判断。但是，居家养老服务体系的建立并非一蹴而就，就目前的情况看仍存在许多需要关注的难点问题。

（二）养老服务产业面临的困境

1. 狭义层面的养老服务产业有效供给过剩

养老服务产业的发展离不开微观主体良好的经营状况，依照养老服务产业的划分，也就是离不开狭义和广义养老产业的发展。狭义的养老产业是老人最基本的保障，具有纯公共产品与准公共产品的性质。上海不断完善政府和社会资本合作（PPP）方式，目前上海已经实现运用政府购买及 PPP 在城乡社区内建设运营居家养老服务网点、社区综合服务设施、提供老年餐饮服务、社区日间照料、老年精神文化服务供给等提升老人居家养老生活质量的项目，截至 2018 年年底，上海市重点建设集日托、全托、助餐、医养结合等供能于一体的“枢纽型”社区综合为老服务中心，已建成 180 家，建成以短期住养照料为主的长者照护之家 155 家，实现了城镇化地区街镇全覆盖，还有一些以公益为目标、商业化经营的社会组织，如上海市科技助老服务中心，承接政府项目，开展科技助老培训，搭建科技助老应用平台，组织助老活动。

狭义的养老服务产业在上海市政府的主导下供给数量不断增加，但是老年人对于相关养老服务的有效需求不足且使用效率较低。据调查，上海市老年人有意愿购买上门养老服务的人数占比达到58%，但是仅有一成老年人购买过上门养老服务；未购买过，且未来也不愿意购买的老年人占比达到38.6%，仅有两成老年人去过小区附近的社区日托中心，没去过且未来也不打算去的老年人占比34.4%，说明养老服务产品的使用效率不足。[①] 可见，老年人对于居家养老服务有意愿有需求，但是使用效率不高，使用后的满意度也不高。在政策体系、基础设施、财政补贴共同的推动作用下，养老服务的供给不断增加，但是老年人的认可度却一直不高，长期以来造成一种养老服务供给过剩的现象。

2. 民营性质的养老服务企业经营困难

就广义层面而言，在政策与资本的双重推动下，提供养老服务的企业数量也越来越多。由于我国养老服务产业起步较晚，尚未形成成熟的商业模式，还没有以养老产业为主的上市公司，因此我国提供养老服务的私营企业可以分为借助主业力量投资养老产业的上市公司，如上海申养公司，由上海地产集团与万科、上海中医药大学联合成立，提供涵盖照护机构、长者公寓、医养社区养老、居家养老等多种形式的养老服务，并将专业公立医院嵌入养老机构。

根据《中国老龄产业发展报告（2014）》统计，截至2013年年底，营利性民营养老机构中，40%企业亏损、51%基本持平、仅有9%实现了盈利，而这9%盈利的养老机构中，净利率大于5%的仅占22%，养老机构盈利能力普遍较弱。[②] 如表7—6，根据新三板挂牌的14家养老企业年报数据，可见养老服务企业营收规模普遍不大，2016年仅有3家企业营收规模在5000万元以上，仅有6家企业盈利，2017年京福安、思锐股份、老来寿、雅达养老等企业经营状况日益恶化。

无论养老服务企业是何种类型，是否以追求利润最大化为目标，只有盈利才能持续发展，才能逐步提升养老服务的覆盖范围，提升服务质

① 数据来源：《上海市老年人照料护理服务及养老意愿调查状况》https：//www. taodocs. com/p－188070124. html。

② https：//max. book118. com/html/2018/0311/156874674. shtm.

量。面对庞大的市场规模，养老服务企业却连年亏损，甚至亏损幅度越来越大。

（三）养老服务产业困境的原因分析

1. 行业特点决定其微利性质

一方面，养老服务产业具有前期投资大且短期难以获利的特点。众多企业家在政府支持下投资养老服务产业，但是面临巨大的风险，大部分企业经营惨淡，部分企业已经抛售养老资产及时止损。此外，大部分养老服务产业提供的是准公共产品，收费过低企业难以生存，缺乏为老年人持续提供养老服务的动力，一旦收费过高，将导致养老服务使用率过低。由于上海市老年人对于养老服务的价格承受能力仍然偏低，这就导致狭义的养老服务产业虽然规模扩大、供给增加，但是养老服务产品的使用率偏低，呈现出回收周期长、利润薄的特征。

另一方面，养老服务产业对相关产业的拉动力不平衡，这是导致相关产业发展不平衡的根本原因。从表8—2来看，上海市养老服务产业的发展一方面需要水的生产和供应业、其他制造产品业、化学产品业等第二产业提供基础设施或医疗产品，满足老年人的医疗保健需求；另一方面需要金属制品、机械和设备修理服务业、养老服务产业、房地产业、住宿和餐饮等第三产业提供配套的养老机构、养老服务和辅助器具，满足老年人的生存需求。养老服务产业对这些产业的拉动力有强有弱，拉动力强的产业会尝试在主业之外开发养老产品或服务，以获得更多的经济报酬，而拉动力弱的产业开发养老产品或服务动力不足，导致相关产业发展不平衡。产业发展过程中产品供给的质量和数量是由企业家们依赖于经验和预期做出未来投资的选择，开发养老产品或服务对于企业家们而言意味着需要将原有产品进行改造甚至进行创新。面对养老服务产业微薄的经济回报而言，企业家们缺乏投资的动力，只能以产业布局、培育市场的心态进行投资，导致相关产业难以转型也难以快速成长。

2. 需求层面尚具有开发潜力

消费需求决定于收入水平和边际消费倾向，收入水平越高并且边际消费倾向越大，意味着高水平的消费需求（不考虑消费贷款的情况）。就收入水平而言，以上海老年人口收入状况为例，上海市政府针对社会保障和就业支出金额从 2010 年到 2016 年快速增长，但是从 2017 年开始下滑，同时支出总额占一般公共预算支出比例也下滑。[①] 从 2010 年开始经济困难的老年人人数持续增加，而获得政府补贴的老年人数连续减少。2010 年至 2016 年，60 岁经济状况困难的老年人数从 27. 14 万人增长至 37. 54 万人，但获得政府补贴的老年人数从 13 万人下降至 12. 66 万人。[②] 计算可获得政府补贴的经济困难老年人比例从 47. 89% 下降至 33. 73% 。边际消费倾向主要受老年人消费心理和消费行为的影响：第一，他们长期的生活习惯和经历养成了有别于其他年龄段的节约和谨慎的消费心理。最初老年市场兴起之时厂商急功近利的做法遭遇信任危机，老年人害怕上当而又求助无门的想法十分普遍，对商业推销这种方式有强烈的抵触感。因此，减少甚至放弃购买行为只是老人们为了自我保护而作出的无奈选择。这要求厂商具有良好的信誉并取得老龄人口的充分信任以提高消费倾向。第二，边际消费倾向低的另一个原因是消费行为的特殊性——老人生理条件和获取信息渠道的变化。生理机能的减退使老年人不可能像过去一样经常光顾大小商场。老人网购行为也并不普及，截至 2017 年年底中国网民达 7. 72 亿，手机网民 7. 53 亿，已经占到总网民数的 97. 5% ，按年龄统计显示 60 岁以上网民人数比 2016 年微涨至 5% 强。[③] 与全国数据相比，上海市网民年龄分布年轻化趋势更明显，退休人员占比仅为 2. 3% 。[④] 这与我国 60 岁及以上老年人口占比 17. 3%[⑤]、上海市户籍老年人口占比 33%[⑥]不相称。互联网的普遍使用对于年轻人意味着生活和工作效率的极大提高，对于学习能力有限的老年人却意味着数字鸿沟，其消费行为更依赖于亲朋好友的推荐或就近购买商品或服务，获取信息

---

① 数据来源：《2018 年上海市国民经济和社会发展统计公报》，《2018 上海统计年鉴》。

② 数据来源：根据上海市老龄科学研究中心、上海市统计局的历年数据进行计算。

③ 《中国互联网发展报告 2018》，2018 年 7 月 12 日，中文业界资讯站（https：//www. cnbeta. com/articles/tech/746083. htm）。

④ 《2018 年上海市互联网发展报告》，2018 年 11 月 24 日，网易（http：//dy. 163. com/v2/article/detail/E1CQQ0510511A1Q1. html）。

⑤ 《2018 年我国 60 岁以上老年人高达 2. 41 亿人》，2018 年 7 月 25 日，网易（http：//dy. 163. com/v2/article/detail/DNJ9TOEN0518X1PK. html）。

⑥ 《上海户籍老年人口比例超 33%》，2018 年 3 月 29 日，大众网（http：//www. dzwww. com/xinwen/guoneixinwen/201803/t20180329_17204161. htm）。

的渠道狭窄。综上所述，消费心理和消费行为决定了老龄产业不同于儿童用品市场及妇女用品市场，后两者属于纯粹的市场交换行为，而老龄产业是厂商与老年人长期合作的关系，属于获利周期长和公益性并存的产业。

3. 供给层面存在发展的不平衡性

（1）委托代理问题

在养老服务供给的实践中，为克服政府专业化服务的低效率和信息劣势带来的“政府失灵”，政府尝试通过一定的制度设计将两者的优势结合起来，在公共产品供给中更多考虑社会利益的前提下，利用市场的高效和信息优势，使供求数量和结构相一致，达到完善养老服务市场的目的。上海市主要通过政府购买模式为老年人提供狭义的养老服务产业的产品，政府是产品的购买者和监管者，而产品的供给职能则由社区和第三方企业承担。

然而无论是理论还是在操作过程中，都存在另外一些可能，即优劣结合、劣劣结合，甚至会有更多偏离预期的情况产生。由传统的政府供给到政府购买服务，其实质是从政府完全拥有资源配置的权力到资源分配权力的让渡，究竟让渡给谁？按照政府购买的原则需要进行公开透明的招投标，但现实中可能出现下列情况：将权力让渡给单位内部或者与单位有密切关系的机构，难以形成充分竞争的局面，因此，表面上看是权力让渡，实质上与传统的政府供给差别不大，尚未做到真正利用市场优势达成政府的供给目标。

企业或社会组织为了保持进入市场的便利，在供给过程中更注重完成政府划定的目标，养老服务供给者的单一性决定了需求者如对服务质量或者价格不满意而用脚投票的结果是退出市场而不能有更多的选择。因为进入市场的决定权在政府，老人需求与政府要求之间供给方首选满足政府的要求，而当政府要求与老人需求不一致时，就会出现供给效率低下或者无效供给的情形，因此对老人需求信息的准确而全面的把握是缓和委托代理问题的前提。

（2）政策层面存在顾此失彼的问题

从养老产业与其他产业关系来看，政府部门之间存在利益偏差，养老服务产业的政策和执行中需要涉及多个政府部门，政策制定者和执行者将会更侧重于支持区域经济拉动作用强的产业，从而弱化对养老服务产业的支持。尤其是在缺乏完善的顶层制度设计和规划的现状下，政府绩效考核中尚未完全覆盖广义的养老服务产业，导致部分产业缺乏政策支持和监管标准。从养老产业内部的情况看，上海市以发展养老服务事业为核心而制定的相关产业政策，仅涉及养老服务产业中的部门细分产业，对于广义的养老服务产业中市场化程度较高的产业并没有涉及或者没有进一步出台细化措施，导致部分产业缺乏相关政策的支持。养老产业对其他产业及区域经济的发展具有较强的拉动性，但相反区域经济的发展却对养老服务产业不具有自发的刺激作用，这就需要相关政策之手具有一定的广泛性和平衡性，不仅助力狭义的养老服务产业的成长，还需要助力相关产业的平衡性发展。在监管和标准制定方面，虽然上海对养老服务标准体系的构建高度重视，但是从分布领域来看主要集中于基本养老服务，而对于养老金融、养老地产、老年旅游、老年用品等市场化程度较高的产业一直没有出现相关的服务标准。具体来说，养老服务行业标准和监管的缺失，将会使消费者难以对养老服务机构的产品质量进行评判，当养老机构和老年人发生利益冲突时监管机构难以快速、准确的判定。老年人对养老服务产品的不满意将会进一步加剧养老服务产业供求失衡，进而阻碍整个产业的发展。当前老年人普遍表现出“低龄化、低需求、低认知”的三低特征，对养老服务产品的需求难以形成一定的规模，这就造成养老服务产品有效需求不足。

（3）产业发展不均衡

从狭义和广义养老服务产业角度看，上海市致力于打造医养结合的养老服务体系，在政府的主导下重点发展以基本养老、医养结合、老年精神文化生活为主的狭义的养老服务产业，而广义的养老服务产业中市场化程度较高的部分产业获得的支持力度并不大。养老金融、养老地产等产品在供给过程中政府并没有过多干预，而是交由市场供需机制和价格机制共同决定。虽然民间资本投资相关产业的意愿强烈，但是针对老年人的私人产品或服务仍处于开发阶段。养老金融、养老地产、老年旅游、老年用品等产业，大部分产品只是名称上带有养老标识，而本质上与常规的产品没有区别，只是将养老当作一个卖点，并没有针对老年人的特殊性对产品或服务进行针对性的升级或改造。在当前的养老服务供给水平下，虽然更多的老年人享受到了养老服务，但是同质化、低水平的服务并无法满足老年人的需求，严重挫伤了老年人的持续购买意愿。从企业性质看，公办与民营以及公办民营与纯民营的企业在竞争过程中优势差异明显，以养老服务机构为例，依附于上海市政府设立的公立养老服务机构，无论是在资金实力、宣传渠道、政策扶持以及老人信任等方面都具有明显的优势。而民办养老机构由于资金有限、宣传渠道受限，且缺乏统筹协调配套资源的能力，导致即使服务质量高的企业，也难以形成规模化经营。

五 小结

目前上海市养老服务产业面临的不平衡性主要表现在三个方面：一是区域经济中养老服务产业相对落后，说明其对区域经济的拉动作用尚未被重视，养老服务产业仍然仅作为社会福利或保障的角色出现。二是狭义与广义（市场化部分）养老服务产业发展不平衡，目前能做到的是社会化，市场化部分的发展尚处于小规模和无序状态，这与政策支持、标准制定及监管的不平衡性有关。三是从企业性质方面看，公办、公办民营与民营企业发展的不平衡性。主要问题在于关系尚未梳理清楚，首先养老服务产业离不开政府支持，政府购买以及相关政策的制定是必要的，但是这种支持需要以公平竞争为制度基础，不同性质的企业可以在不同层面形成竞争和互补关系。同时，标准和监管的缺位会扰乱企业与老人建立信任关系，难以形成真正的市场化。

第九章
社会资本角度的老龄产业运作模式研究

我国是世界上第一个老年人口超过 2 亿的国家，老年人消费、护理、养生等多样化需求逐渐增加，但老年用品市场尚未适应老年人对老年用品需求不断增长的趋势，所以老年用品市场会存在类似于市场失灵的现象。老年用品市场的供求缺口蕴含巨大商机，却出现“叫好不叫座”的尴尬。相比之下，老年服务市场依托“居家养老 + 社区服务”的主流养老模式已初具规模，可见老龄产业内部的发展也是不平衡的。借鉴社会资本理论可以解释老年服务市场运作模式的成功之处。首先，老年人的消费需求、消费心理和消费行为均不同于其他年龄段的消费者，这直接决定了老年产业的特殊性。其次，就老年服务市场和老年用品市场具体的运作模式来看，前者视老年人为特殊群体，通过利用“居家养老 + 社区服务”所营造的社会资本，产生满足服务供求双方要求的机制；而后者则视老年人为普通消费者，运作模式与老年人的消费特点不相称，因而无法创造相应的社会资本予以支持。最后，社区在营造老龄产业尤其是老年用品市场运作所需的社会资本方面应更有所作为。

老龄产业的概念于 1997 年全国第一届老龄产业座谈会正式提出，与西方“银发经济”相似，但市场化和成熟程度远不及后者。随着中国老龄化进程不断加快，根据全国老龄工作委员会发布的《中国老龄产业发展报告》预计，2014—2050 年间，我国老年人口的消费潜力将从 4 万亿增长到 106 万亿元左右。根据中国社会科学院 2016 年发布的《中国养老产业发展白皮书》，预计到 2030 年中国养老产业市场可达 13 万亿元。[①] 然而商机如此之大却叫好不叫座遭到国内商家的冷遇，原因何在？实践上看，特殊性强的中国老龄产业刚起步，成功案例不多，这意味着相关企业运营方式不同于一般企业，投资者贸然进入将承担很大的市场风险。再者老龄产业研究侧重于宏观政策扶持、国外经验借鉴及多元化投资论证，较少涉及微观企业运作。在文献综述的基础上，本书研究重点适当向微观领域倾斜，以老龄产业内部现有的运作模式所包含的社会资本为研究视角，并根据老龄产业特殊性判断适合其发展的社会资本类型。

一 中国老龄产业运作模式

以经营项目为标准中国老龄产业主要分为两类：一是老年用品市场，包括食品、服装、家庭用品、保健品、辅助医疗设备等；二是老年服务市场，包含日常生活服务、医疗保健服务、老年公寓、托老所、心理咨询陪伴服务等。除了老龄产业整体不景气之外，两类市场之间及市场内部的发展也极不均衡。“老有所养”作为“六个老有”之首，获得全社会关注理所当然。根据多数老人的养老意愿并经过十几年的试点，部分省市已确立主流的养老模式，即居家养老为基础、社区服务为依托、机构养老为补充的养老服务体系。这种养老方式决定了老年服务市场的主要业务是以社区为中心的上门或就近服务。尽管老年服务市场存在质量不高、纠纷不断的问题，但是毕竟在社区中介和政府补贴的共同作用下初具规模并形成了固有的运作模式。而老年用品市场除了保健品曾火爆一时外，其他商品则“惨淡经营”。那么，老年用品市场的惨淡原因何在？这需要我们针对居家养老所支撑的老年服务市场和老年用品市场的具体运作模式进行更深入的讨论。

（一）“居家养老＋社区服务”的运作模式

我们以市场营销管理体系 4P 理论作为分析基础。4P 是指企业在营销

---

① 轩辕扬子：《银发经济向多元化数字化加速》，2019 年 10 月 18 日，人民网（http：//sn. people. com. cn/n2/2019/1018/c378288－33447031. html）。

活动中的4个可控因素：产品（Product）、价格（Price）、地点（Place）和促销（Promotion）。

“居家养老+社区服务”的模式一般在社区建立专门的服务机构作为连接老人和服务人员的媒介，老人随时可向该机构求助并得到免费或低价的菜单式上门服务。在价格方面，一般把有居家养老服务需求的老人分成免费服务对象、补贴服务对象及收费服务对象三类，免费和补贴部分由政府买单，收费部分比家政服务低廉。具有代表性的试点主要包括上海街道居家养老服务中心、大连沙河口区居家养老服务站和深圳市福田区社区居家养老服务站。显然，社区服务与市场化的家政服务有很大差别：政府给予政策支持是社区服务非盈利或低盈利性质的保证；社区服务部门属于政府监督下的常驻机构，与老人保持一种长期交往和合作关系，这与临时和短期性的家政服务不同。

（二）老年用品市场运作模式

老年用品业的经营方式完全不同于老年服务业。与服务业丰富的菜单式项目不同，老年用品种类单一且缺乏灵活性，其中以服装和食品最为突出。较规范的营销手段是定位为国际老年产品展示交易中心的广州从化万盛广场，其目标是整合老年用品的研发、生产、物流等环节，销售渠道主要包括专卖店、连锁店、医疗机构、超市、商店或百货公司专柜。除传统的销售渠道之外，在保健品火热之时，曾经一度深入居民区实行会议营销，即收集特定消费对象的数据信息并建立起数据库，根据需求状况分类，确定目标消费人群，再利用会议（联谊会、茶话会等）的形式邀请目标消费人群参加，进行有针对性的销售。会议营销本身是以服务启动销售的一种营销模式，服务功能往往要占到60%—70%，销售的功能只占30%—40%。而很多企业在进行会议营销时，坑蒙拐骗、夸大宣传、过度承诺，有的甚至到了“不买产品不让走”的地步，商家的这种做法破坏社会的信任度，现在多数老人对“免费健康讲座”或“免费健康检查”有抵触情绪，因此会议营销面临困境，最终只剩下传统的销售渠道了。

养老服务市场中的“居家养老+社区服务”的模式试点成功并有全面铺开的趋势；老年用品市场在研发、生产及销售渠道方面刚刚起步，是老龄产业较薄弱的环节。两个市场之所以成熟度不同，除了发展时间长短有别之外，最重要的是产品和销售方式是否为老年群体所接受：社区服务业实行菜单式上门服务，同时社区起着媒介作用，与家政服务相比，社区服务把老人作为特殊群体而给予特殊对待。老年用品品种单一，销售渠道与普通商品没什么两样，这说明老年用品经营模式把老人作为普通消费者对待了。

二 中国老龄产业的特殊性

不论是按照年龄段划分，还是按照弱势群体划分，老龄产业的市场化程度是很低的，将其单独列出除了引起对矛盾现状的关注之外，还有突出其特殊性的作用。任何产业均由需求所支撑，因此老龄产业需求方——老年人独特的消费心理和消费行为构成老龄产业特殊性的主要方面。通过分析我们可以看到老年人的需求受生理和心理因素的影响表现独特，边际消费倾向因节约、谨慎的消费心理和狭窄的信息渠道而低水平徘徊。这决定了老年群体不是普通的消费者，正因如此，“居家养老 + 社区服务”的模式取得成功，而老年用品市场却停滞不前。

（一）老年消费需求特性

长期传统的养老方式忽略老人生活质量造成社会对这些特殊需求的漠视。其实与其他各年龄段相比，老龄人口在吃穿住用行及精神方面有特殊需求。目前老年需求的调研处于起步阶段，通过何种渠道获得这些特殊需求信息并细分之，是投资者涉足老年产业所面临的首要问题。

生理特征和物质需求。衰老是一种自然现象和客观规律，衰老了的人体机能会妨碍他们从前适应环境的能力的发挥及社会交往，而帮助老人克服生活的种种不适，即为商机所在，因此在产品设计上充分考虑老人日常生活的特殊需求是开拓市场的必要条件。这些特殊需求主要表现在视觉、听力、神经系统对外界的反映以及活动能力对肌肉骨骼的影响等。可见老年需求具有个性化特征。

心理特征和精神需求。老人退休之后的孤独感、失落感、自卑感、抑郁感非常强烈。上述心理特征决定了老年人的心理需求包括以下方面：

安全感、归属感、邻里感、家庭感、私密感、舒适感。因此在经营老龄产业过程中，厂商需要与老人进行充分的感情沟通以减轻他们的消极情绪，提供舒适亲和的购物或服务环境。

（二）老龄产业获利周期长和公益性并存的特征

消费需求决定于收入水平和边际消费倾向，收入水平越高并且边际消费倾向越大，意味着高水平的消费需求（不考虑消费贷款的情况）。就收入水平而言，以上海老年人口收入状况为例，根据上海社会科学院发布的《上海蓝皮书——上海社会发展报告》，自 1998 年以来，上海老年人平均收入不断增加，2015 年月平均收入达到 3863 元。① 尽管与年轻人月平均收入相比差距很大，但 503.28 万老年人口、占上海市总人口 34.4% 的基数使得其整体收入水平不容小视。② 月平均收入较低的现状说明物美价廉的商品会受到老年人的青睐，而整体收入水平又决定了老龄产业薄利多销的特征。

三　“居家养老＋社区服务”模式的社会资本利用

根据社会资本理论，老龄产业的发展需具备相应的制度资本和关系资本，即一系列正式的制度准则、非正式的关系网、信任及合作意愿等行为模式，该行为模式可促成交易费用低廉的交易以增加参与者的福利。“居家养老＋社区服务”的成功之处在于利用现有的社会资本，自动促成供求双方长期的合作、互利和互动关系。

从老龄产业的特征分析可以提炼出供求双方关注的焦点问题，而“居家养老＋社区服务”能够利用社会资本产生满足双方要求的机制。就供给方而言，首先，看重政策扶持以增加其赢利空间。老龄产业作为获利周期长和公益性并存的产业，部分地具有公共物品性质，必然要求政

① 《上海老人月平均收入近四千元，九成老人至少有一套房》，2017 年 4 月 15 日，凤凰网（https：//sh. house. ifeng. com/news/2017_04_15－51058468_0. shtml）。

② 《2018 年上海市老年人口和老龄事业监测统计信息》，上海市养老服务平台（http：//www. shweilao. cn/views/index/headlinesList. jsp？ type＝7）。

府制度上的支持，否则出现供给不足的状况。其次，获知特殊需求信息。总体状况不能全面反映个体特征，老人的消费需求随性别、年龄、身体状况及家庭背景等因素的不同而有差别，同时顾及商品的大众需求和特殊需求并改造之是老龄产业的生存之道，因此如何获知特殊需求信息并建立顾客需求数据库对于供给方来说非常重要。最后，如何拓展营销渠道。老人对商品营销有抵触情绪，同时消费行为受到亲朋好友的很大影响，因此营销要接近老人的生活氛围，建立厂商信誉。

就需求方而言，首先，价格公道的同时追求质量优良及产品的个性化设计。只是把其他年龄群体的产品以降价的方法，简单地转移到老年市场上的做法是不会成功的。其次，老龄产业的规范程度，即是否具备可靠的信息渠道、专家评审制度及惩罚机制。最后，老人在交易过程中处于绝对弱势地位，需要法律和制度的有效保护，然而保护机制不健全往往为不法厂商渔利提供机会，因而需要一套信息甄别和惩罚机制，打破“触发策略”（Trigger Strategy）博弈造成的减少购买行为的过度自我保护。

老龄产业的制度资本主要包括政府的扶持政策和产业规范制度。有关社区服务的政策早在1983年第八次全国民政会议提出，1996年的《中华人民共和国老年人权益保障法》将养老与社区服务相结合。2001年财政部、国家税务总局对老年服务机构制定具体的税收优惠政策，而地方政府还追加补贴制度加以扶持。就关系资本而言，信息渠道和信任机制是最重要的。信息渠道方面，老年服务机构设在社区最贴近老人生活，根据老人求助内容、频数和反馈建立数据库并随时更新非常容易。老人也可通过社区宣传栏方便快捷地了解最新服务项目和收费情况。信任机制方面，社区本身就是一个社会资本理论所谓的“人际关系网终端”，其价值就在于具备一系列能够调节并引导行动的有效制裁。封闭的社会关系网里，对服务的评价很快就会散播开来，在法律诉讼等事后维权之外无形中又构成舆论压力，增加服务供给者欺诈行为的成本，自动起到事前甄别厂商的作用，而且以社区为载体的集体事后维权的成本和效力均占优势，有助于保护老人利益。因此，在社区范围内，更容易建立起供求双方之间的信任关系。

四　小结

老龄产业社会资本的理想状态是制度资本和关系资本完备，根据社会资本理论，在政府无能为力即缺乏制度资本时，关系资本先行并承担一定的责任。因此，目前的任务是建立畅通的信息渠道以及通过社会关系网终端和惩罚机制培养厂商和老人之间的信任。事实上，“居家养老＋社区服务”模式的成功已经提供了建立关系资本的经验。目前，我国的行政体制已形成一套社区管理的组织基础，各区的街道办事处、居委会在管理、服务方面形成了一套比较完备的管理方法。根据2005年10月上海市民政局“老年服务需求”专题调研组所作的调查报告，受访老人认同的管理方式为单位和社区共管（40.8%）和社区管理（32.6%）两种模式，这说明老人早已对社区管理持信任态度。但是调查报告同时显示老年人了解信息的渠道中“社区宣传”仅排第五位，这说明社区尚未最大限度地发挥作用。因此，除了为老人提供养老服务之外，社区在促进老龄产业发展上还有发挥作用的余地，即担任商家与老人之间的中介机构。结合前述2017年对上海老人的微观调查，对社区的信任和依赖程度已经大大提升，同时“社区宣传”已经成为获取信息的主要渠道。

首先，在信息渠道上，社区是除了亲友之外与老人最亲密的组织，掌握老人的身体状况、收入水平、特殊需求等信息非常容易，建立老人健康档案不成问题，因此厂商在进行需求调查时可通过社区有偿获得部分一手资料，并加以统计整理形成需求数据库，然后有目的地进行产品研发和生产，亦可随时跟踪需求变化进行产品改造和转产，拉近生产与需求的距离。其次，在信任机制方面，社区对于厂商的事前甄别可以有所作为，除了社区这个社会关系网终端自动起到事前甄别厂商作用之外，社区可以聘请知名专家组成评审小组对产品或服务质量把关，加强事前甄别的准确性。在事后维权方面，社区集体维权比个人维权成本低得多，而且效力可以大到规范老龄产业的作用。最后，通过社区中介运用关系资本，可使多方受益。厂商进入社区接近实际需求，与老人建立信任和长期合作的关系；老人需求可以得到最大限度的满足；社区向商家收取中介费，用来反哺社区环境和文娱设施的改善。至此，社会资本发挥作用并使拥有者获得经济利益的补偿。

关系资本开发和利用并非老龄产业社会资本发展的终点，政府着手建立制度资本也是很重要的。首先，政府应加大老年用品市场的政策扶持力度，目前出现优惠政策向服务部门一边倒的现象，将老年用品完全市场化是不可取的。同时，吸取国外经验，加强老年服务市场和老年用品市场行业规范制度势在必行。其次，限制并监督社区充当中介机构时对厂商的信息披露程度以保护老人的隐私权。再次，完善社区的财务报表制度，并定期审计，防止社区管理人员将中介费挪作他用。最后，专家评审小组的建立、人员管理和考核也需政府给予制度支持。只有关系资本和制度资本同时起作用，社区才能更好地发挥老龄产业中介作用，建立供求双方的沟通机制，使老龄产业成为真正的朝阳产业。

第十章

居家养老服务供求错配现状及原因研究

通过问卷调查，可以对老人的个人和家庭的基本情况、经济层面、心理层面、对养老政策的熟悉程度以及潜在需要有大致了解。然而问卷调查存在以下优势和缺点：一是尽管整齐划一的问题便于个体之间进行比较，但被调查者的回答往往局限于问卷的选项而缺乏弹性，一些更为深层和复杂的问题无法通过问卷展现出来。二是问卷调查便于量化获得大数据，便于在描述性统计的基础上使用计量工具进行深层次分析并得到有价值的结论，但是问卷调查设计上可能会有遗漏和缺陷，问卷调查实际反映的是调查者的主观调查意愿，题目设计与实际背景情况以及被调查对象的真实存在状态存在一定的背离，有可能存在过分强调或者遗漏的情况。三是问卷调查比较容易回收统计，选择题较多因此便于被调查者答题，但是开放性题目不适合问卷调查，被调查者不愿意长篇大论，往往是简单几句或几个字表达自己的意愿，无法充分体现其意愿及前因后果，又因为各被调查对象回答参差不齐，回收起来进行对比和定性分析也比较困难。基于以上问卷调查所存在的问题，课题组在发放问卷的同时，还围绕与居家养老服务相关的主体进行访谈，走访了老人、居委会、社会组织、日间照料中心以及相关企业，作为量化研究的补充。

正如上文中对于居家养老的理解，依照服务来源可以分为居家养老、自我服务，居家养老、子女服务，居家养老、社区服务，居家养老、机构服务，即居家养老服务供给多元化，以政府为主导，以家庭、社区、社会组织、企业、志愿者、评估机构等社会力量为支撑，因此所涉及的主体之间进行协调配合是非常关键的，上海的居家养老服务体系经过20年的构建已取得显著成效，然而各主体内部仍存在不同程度的问题，主体之间的配合也有些错位，导致目前居家养老体系存在诸多矛盾，不仅影响老人的老有所养、老有所乐，在老年产业升级方面也会形成障碍，导致多年前一直被看好的朝阳行业——银发经济，仍然发展得不温不火，其成长性远远低于其他产业。在养老服务供给上，存在有些资源过于拥挤，有些资源无人问津的矛盾情况。例如在居家养老方面，社区的养老设施先进但使用率不高造成很大浪费，而养老机构却是一床难求的需求过剩。日照中心的情况千差万别，有的难以预约，有的门可罗雀，资源配置无法适应老人的需要，供求出现错配。本部分针对相关主体展开讨论，既梳理最新的进展，又揭示存在的问题及其原因。如果将养老服务看成一个体系，仅仅讨论各个主体是不够的，还需要将他们看作一个整体，分析各部分之间的内在关联和互动关系。

一 居家养老服务供求错配状况

本部分的内容是在上海调研后获得的信息，但这种情况具有普遍性，能够为已经建立或正在建立居家养老体系的其他地区提供可资借鉴的经验。作为最早实施社会化养老的城市之一，上海市居家智慧养老的制度框架已经建立起来，目前已经从“9073”上海养老服务模式升级到涵盖养老服务供给、服务保障、政策支撑、需求评估、行业监管“五位一体”的社会养老服务体系，已经实现了居家、社区、机构养老的融合，包括长者照护之家、日间照料中心、助餐点、护理站或卫生站等在内的“枢纽式”为老服务综合体，老年人足不出社区，基本上能够享受日托、全托、助餐、助浴、康复、护理等各种养老服务。上海市政府推出养老服务补贴制度，按照老人年龄和收入的情况，享受不同的补贴标准，最高是低保家庭享受全额补贴相当于政府托底。上海市推出“上海市养老服务平台”，上海市养老政策、养老机构、养老服务、长三角养老等都一目了然，便于信息公布和查询，同时为贯彻落实《国务院关于积极推进“互联网＋”行动的指导意见》《智慧健康养老产业发展行动计划（2017—2020年）》，上海市出台了《上海市推进智慧城市建设“十三五”

规划》《上海市老龄事业发展“十三五”规划》等文件并逐步落实，上海市养老服务正在逐渐向智能化、品牌化方向发展。但笔者在调研过程中发现，仍存在一些因资源配置问题而导致的供求错配，有的服务因供不应求而拥挤，有的服务被使用几次之后便因各种原因而闲置，有的服务却因知晓率不高而逐渐被淡化甚至消失。在机构设置方面，有的定位模糊或不准确，导致职能交叉和资源浪费的同时出现服务空白地带。

（一）资源闲置与资源拥挤并存

资源闲置与拥挤主要分为三种情况：一是专业人员缺乏导致设备闲置。从调查来看，上海市居家养老服务中心硬件设施配置齐全，每个区均配备相应机构进行服务的供给，居委会也成为老人喜爱聚集的场所，提供的公益设施有健身康复器材、文娱设备、图书阅览室等，主要针对低龄健康老人。对于一些中度或轻微受伤后需要医疗康复的老人，社区配备了医疗康复室，但因为难以与医院专家对接缺乏专业人员，使得这些老人需要就近进行康复训练，而社区无法提供专业服务。同样，为维护老人的心理健康，社区设置心理咨询室，也因为没有专业的心理咨询师而导致闲置或者挪作他用，还有些服务电话打过去之后对方不提供相关服务的情形，而其他文娱设备则是人满为患。在2019年5月召开的上海市养老服务工作现场推进会强调“把更多健康服务资源导入社区，打造‘一门式’综合体，把医养结合作实在社区”、打造“居家为基础，社区为依托，机构为补充，医养相结合”的养老服务体系，可见上海市政府已经重视这一问题，着力推进居家养老的便利性、全面性和有效性，这样的做法值得期待，既节约了医疗资源，又能集约化利用社区的闲置资源，提高老人们就近就医康复的便利性，是一举多得的便民政策。二是社区设置助餐、家政等服务，但知者不多，知道有这些服务又去使用者更少。就“一键通”使用方面来看，在服务内容、硬件配置、服务规范、服务监管等方面存在标准不一等问题。“一键通”的使用还在尝试阶段，主要集中在长宁区和宝山区为试点，操作终端派发数量比较有限。同时，有的老人担心呼叫和使用服务的费用支出，延伸服务相对比较有限，主要是电话求救和位置定位功能，这些功能具有可替代性，而服务费用相对较高，对老人的吸引力并不大，无法体现出其智能性和便利性。

三是养老资源城区过于拥挤，郊区相对宽松但也会出现不必要的资源浪费。以照护中心为例，城区的资源使用需要付出一定费用并提前预约还有资格限制，郊区对符合身体条件的老人基本上来者不拒，然而由于各种原因，如价格因素或者选址因素，真正愿意享用照护中心服务的老人不多，导致大量设施空置。资源的集约化利用非常重要，也是目前上海着力解决的问题，需要进行资源的重新规划以达到社区资源的合理布局和共享使用，资源拥挤的区域将整体服务网格化，应该更好地发挥街道和居委会的功能。资源无法集约利用的区域需要分析原因，是位置太偏还是定价过高，还是有其他原因，要在更多为老人考虑的情况下解决问题，使资源充分利用，或者根据实际需求减少布局。

（二）功能定位模糊与职能交叉并存

居家养老的服务来源可以是家庭、照护中心、社会组织、养老院等专业性机构，所以居家养老的服务来源在所有的养老种类中应该是最广泛的，然而同时也是界限最不分明的，也就意味着可能出现谁都能管又谁都不管的情况。对于低保户、五保户、失能半失能的老人，政府政策是相当明确的，政府对这些群体的养老采取兜底的方式，政府补贴保证他们最基本的养老需求。对于其他群体，身体健康的低龄老人选择面比较广，可以在居委会参加活动，到照护中心使用器材和设备，对于身体健康的高龄老人以及身体不够好的低龄和高龄老人，需要更多的资源倾斜和照护。

首先，居委会和照护中心定位还有待厘清。对于所有老人来说，家庭照顾是第一位的，辅之以照护中心或养老院等机构的服务，然而照护中心更多的是健身娱乐器材，床位并不多，导致照护中心的功能与居委会相关部门的功能定位界限不清。在政策层面上，社区养老相关资源集中在了日间照料中心、养老驿站等社区养老设施建设，这个的确效果显著，成绩有目共睹。但是对于如何厘清照护中心与居委会的功能定位关系，如何在二者之间承载有效的服务递送和服务闭环，如何形成可持续的运营模式，从实际效果看与初衷还有比较大的差距。在 2016 年 11 月举办的 2016 年中国国际老龄产业高峰论坛上，全国老龄工作委员会办公室副主任吴玉韶直言："国际通行意义的社区养老，作为一种养老方式是指日间照料，但不是我们现在的日间照料。我们现在绝大部分的日间照料，是一间房，几张床，这个撑死了只能叫午间休息室，午间休息室属于居家养老的范围，不属于社区养老，真正的日间照料是小机构，是专业的，不是休息一刻钟一块钱，而是一个月应该两三千块钱，还应当包括接送。这样的社区养老在国内，在统计意义上几乎是很少的，只有个别的点。”民政部养老服务业专家委员会委员乌丹星指出：“社区服务的特点是碎片化、零散，还有时间限制、床位限制，早上送过去，晚上接回来。日间照料要做的前提是有车接送，早上八点，老人送来，你开门，下午六点必须接回去，哪个子女能够做到？当他做不到的时候，接送老人成为一种负担的时候，他会选择吗？我就宁可选择 24 小时的保姆在家。中国台湾、日本，日照最核心的问题是早上把老人接回来，老人没刷牙、洗脸，坐到这儿给老人刷牙、洗脸，一直到你方便的时候再来接。万一你出差了，工作人员到你家去陪着老人过夜，第二天再过来，这是完整服务的闭环。我们的驿站也好，日照中心也好，现在是搭一个架子，在里面包含的单项服务，没有形成闭环。目前我国的日间照料的商业模式是不成立的。日间照料是社区小规模，没有床位，产生不了价值。经过实践论证，我们基本上是‘9802’，98% 的人居家，2% 的人进机构，98% 的一部分是靠社区的支持性服务，而不是替代性。”①

其次，公办民营的照护中心与私营照护中心的职能差异和竞争关系有待厘清。除了居委会与照护中心的职能交叉之外，公办民营照护中心与私营照护中心之间存在职能和定位的交叉，以至于私营照护中心因其性质的原因无法吸引到顾客，或者与公办民营照护中心竞争过程中处于劣势。目前在政策上鼓励多元化供给体系的构造，鼓励私营资本进入养老领域，以增加服务供给的来源。现实中老人根深蒂固的养老习惯和理念表明公立私营因政府的参与和背书更受到老人的青睐，而私营企业的经营却是比较困难。在职能定位上，两者的服务基本上相差不大，于是因性质和价格的关系，私立照护中心并不占优势。再者，公办民营照护中心可以在政府的帮助下实现医养结合，而私立照护中心就没这样的便

① 中国养老格局，是时候与“9073”说再见了？https：//www. sohu. com/a/136490491_558302。

利条件，缺乏资质的情况下难以达到医养结合的层面，如果继续这样的发展趋势，私立照护中心必须寻求自己的经营特色和优势，并在医养结合上政府应该给予一视同仁的支持，这样不仅使养老服务的资金来源更加充裕，而且在竞争结构上对于促进公办民营的机构提高服务效率和水平也是非常有帮助的，因此为公办民营和私立企业在经营条件上提供无差异支持，督促两者在职能上进行差异化发展，是养老服务市场发展的重要环节。

（三）现有供给结构难以满足年龄分层等的需求差异

作为公共服务的提供者，政府因信息劣势无法准确、全面地把握老人的需求偏好，由此导致了政府的养老服务供给偏好与老人的实际需求有较大距离。为了减少因信息不对称造成的无效供给，2007 年上海市政府推出居家养老服务需求评估，2013 年上海发布《老年照护等级评估》，依据结果决定适合老人的养老形式和养老补贴及优惠政策，毫无疑问这在获取信息、促进补贴公平公正以及供求匹配方面起到较大作用。

《上海市养老服务需求评估表》的内容主要有六大项，分别为生活自理能力、认知能力、情绪能力、视觉能力、社会生活环境以及重大疾病。评估员与老人面对面交流，对老人的身体与精神现状在评估表打分基础上做评估报告，评估报告包括对老人上述六项的评估总分计算、评估员总结、养老服务建议，在养老服务建议中对老人急需的服务进行重点标注，并给出适合老人的服务形式：居家养老还是机构养老。评估表几乎涵盖了老人生活相关的最基本的日常项目，结果也相对公平客观，这样的评估对是否需要进入公立养老机构提供较为客观的评估标准，如果严格执行，可以很好地节约公立养老机构资源。但是也不排除在实际操作过程中，评估过于一刀切、机械化，造成护理等级与老人的实际和意愿不相符的情况。

老人究竟需要什么？首先，可以从老人的需求特征来分析。年轻人有强烈的个体意识，同时融入集体又游刃有余，学习能力强的他们也很容易主动接受新事物，引领着时代潮流。老人退休就相当于退出社会，劳动角色转化为供养角色，与之前的状态相比会产生强烈的没落感和不适应。孩子已成家立业，更多的是关心小家庭，因此老人同时失去了从社会和家庭两方面所获得的存在感。尽管老人在每个年龄段诉求差异比较大，但是寻求社会性和被关爱则是始终存在的需求，因此养老服务不仅仅是身体和行动上的辅助，更重要的是心理关爱和老有所学，让他们感觉在与时代同行，时尚、网络等属于年轻人的东西，他们也信手拈来，从而活出质量、品位和尊严，这同样是社会化的延续。在弱势群体中，最需要关爱的是鳏寡孤独以及孩子不在身边的独居老人，他们已经失去家庭的关爱，如果再缺乏社会的关照，生活质量将急剧下降，市场难以提供这样的服务，政府则有责任为他们提供机会，让他们积极建立或维护人际关系网络。其他需求则与年龄和身体状况有关，低龄老人身体还都健康，需要更多的是娱乐、兴趣爱好和身体锻炼，而中高龄老人更需要身体辅助、照护和精神关爱，这就要求设置多层次的养老服务体系。然而现在的情况是社区提供娱乐、兴趣爱好和体育锻炼等设施，这些设施主要是低龄老人和部分中高龄老人在使用，但时尚生活、网络使用等与时代同行的项目并不多，服务缺乏多元化和时代性特征，这实质上是切断了原有社会性的延续，也是老人感到没落和与社会隔绝的重要原因。而照护中心无专业医师或者无法与医疗机构对接，需要身体康复的老人难以就近康养和治疗，这样层次的需求也难以更好地满足，目前流行的医养结合模式部分地解决这一问题，但与居家康养还有很大距离，对于没必要入住但还需要日常照料的慢性病老人而言并非理想的康养环境，而这部分老人是一个大群体，解决好就近治疗或者上门治疗的问题，可以节约大量的社会资源。其次，从区域特征角度分析。从统计数据看，城区老人的老龄化趋势更为明显，[1] 因此需求的特征必然与老人的区域分布相关，郊区老人比例高而平均年龄相对年轻，他们需要更多的是活动娱乐设施及居家养老服务，照护中心和养老院的需求相对不足，而城区老人比例小但平均年龄偏高，他们更需要居家上门养老服务、老年照护中心的托老服务以及养老院提供的专业服务等。因此，养老服务的布局需要根据年龄层次和实际需求设计，目前还难以这么细化和柔性操作，因此会出现供需矛盾。最后，硬件、软件、网络及服务之间不能完好匹

---

① 《2018 年上海市老年人口和老龄事业监测统计信息》，上海市养老服务平台（http：//www. shweilao. cn/cms/cmsDetail？uuid =5615186e –685f –4003 – bbc2 –09454a4f7736）。

配造成居家养老服务市场的智能化程度仍处于起步阶段。党的十九大报告指出，“中国特色社会主义进入新时代，社会主要矛盾转化为人民日益增长的美好生活需要和不平衡不充分发展之间的矛盾”，在一般消费领域，需求档次已经提升，供给结构不能及时调整，导致供求结构不匹配，主要矛盾表现得比较明确。然而在养老服务领域却是需求结构变化不大，而供给方的创新在引领需求，供给也遇到一些需要调整的方面。居家养老服务必然随着互联网和物联网等高科技手段的发展而不断赋以智能化因素，然而这种设想发展缓慢，主要原因有以下几点：一是价格因素。按照产品生命周期理论，产品会经历一个开发、引进、成长、成熟、衰退阶段。养老服务的相关硬件产品目前正处于开发阶段，由于生产技术方面的限制，产品生产批量小，制造成本高，广告费用大，产品销售价格比较高而销量有限，企业投入高而回报少。老人的收入一般低于平均收入水平，边际消费倾向本来也比年轻人低，消费能力不足导致硬件设备难以批量生产。二是技术因素。物联网尚未普及，互联网网速限制了硬件的使用效果，而居家养老远程服务对网络要求比较高，例如远程就医，需要对方迅速、快捷的反应，在目前的互联网条件下难以做到。三是服务对接不畅通。居家养老需要集成化服务，操作简便、反应灵敏、服务全面，因此智能终端设备的使用背后是一系列集成服务的支持，而不仅仅是单项服务，因此硬件及网络设施就像一个平台，在这个平台上聚集起足够多的服务提供者，这样浩大的工程需要政府出面进行协调，然而具有类似性质的“一键通”使用尚处于试点阶段，更为高端的远程服务目前还是一个理念。

二 政府

（一）养老服务体系不断完善

从养老体系的演变历史看，养老服务体系的构建过程中政府起着至关重要的作用。

第一，在制度建设及平台建设方面，离不开政府的布局。我国改革开放之前实行从生到死包下来的福利制度，成为家庭养老的重要保障。这种制度更多的是行政安排下依照身份享受不同养老福利待遇的制度体系，当时的户口制度仿佛一堵墙将城市与农村隔离得密不透风，这种隔离同样体现在福利制度上的差异。在养老服务供应方面全部是国家统一包办、分配和控制，城市老人享受所在单位包办的职工福利，各级政府民政部门给予补贴，并承担着“三无老人”① 具有救济特征的机构养老责任，农村的制度主要是“五保”② 制度。改革开放之后，市场化要求打破原有的行政划定的藩篱，形成商品市场、劳动力市场、货币市场，以及在此基础上的宏观调控。这对于原有的养老制度形成很大冲击，或者也可以说原有的养老制度成为市场化过程中需要跨越的障碍，市场经济条件下政府的职能发生变化，基本养老保险制度的改革使所在单位的养老责任得到剥离，单位提供养老产品及服务的模式发生很大变化，养老服务制度也由原来的单位全权包办逐渐向供给主体的社会化、多元化发展，政府职能也逐渐从为全民提供福利转向兜底与共享并存的公共产品供给，这直接表现为一系列制度的出台。例如，上海市政府通过《关于鼓励社会力量参与本市养老服务体系建设的若干意见》《上海市社区养老服务管理办法》《关于全面推进老年照护统一需求评估体系建设的意见》《上海市长期护理保险试点办法》《上海市深化养老服务实施方案（2019—2022年）》等文件逐步建立起涵盖养老服务供给体系、保障体系、政策支撑体系、需求评估体系、行业监管体系的“五位一体”社会养老服务体系。在信息服务方面，上海市养老服务平台（www. shweilao. cn）于 2019 年 6 月正式开通，便于老人寻找养老服务政策与资源。

第二，保障养老服务资金的供给来源。上海市政府为推进养老服务提供大量的资金支持，主要表现在自 2004 年起，将居家养老服务列入政府实事项目，纳入市区两级财政预算，并在 2007 年列入上海总体发展规划，在居家养老服务用地、设施、水电以及人员培训等方面进行补贴，并对相关企业和组织进行税收优惠。资金的使用主要通过对老人的补贴、

① “三无老人”是指没有劳动能力、没有收入来源、没有法定赡养人或扶养人的老年人，是最困难、自救能力最差的社会群体。

② “五保”是指保吃、保穿、保医、保住、保葬（孤儿为保教）。《农村五保供养工作条例》第六条规定：老年、残疾或未满 16 岁的村民，无劳动能力、无生活来源又无法定赡养、抚养、扶养义务人，或者其法定赡养、抚养、扶养义务人无赡养、抚养、扶养能力的，享受农村五保供养待遇。

项目资助以及公私合作制，转化为对老人的直接补贴以及对相关企业和组织的项目资助，即对于养老服务的供求双方均给予一定程度的资金支持。另外，将养老服务费用纳入市区两级预算，意味着财政对于居家养老服务的支持力度是源源不断的，以保证服务的稳定性。正因为政府强有力的支持，社会组织和企业才会愿意参与进来，尽管有些项目不盈利甚至亏损，社会组织和企业也依然坚守，一方面经济效益是一时获利，但提高社会效益才是长久的口碑，在这个过程中还可以协调与政府的关系，另一方面提前涉足这个领域，可以帮助企业在老龄产业方面寻求机遇。

第三，政府承担养老相关的产品及服务的供给。主要表现在与老有所养、老有所医、老有所教、老有所学、老有所为、老有所乐等有关的方面，例如营造尊老共识的社会环境、建造公办养老院及日间照料中心、城市公共设施和公共服务系统的适老建设、老年大学、法律援助、咨询服务、兴趣培养、再就业指导等。上海自 2004 年起几乎每年都将居家养老服务列为政府实事的头号项目，2019 年上海市政府养老服务实事项目有 6 项，上海中心城区将形成“15 分钟养老服务圈”，这些项目包括“新增 7000 张养老床位、改建 1000 张认知症老人照护床位、改造 80 家郊区农村薄弱养老机构、新建 80 家老年人日间服务中心、新增 40 家社区综合为老服务中心、新增 200 个社区老年助餐场所”。① 2018 年上海共完成了 10 大项 31 小项市政府实事项目，投资达 138.9 亿元。其中，共新增养老床位完成 7103 张，占计划 101.5%；建设失智老人照护床位完成 1194 张，占计划 119.4%；郊区农村薄弱养老机构改造完成 44 家，占计划 110%；老年人日间服务中心完成 81 家，占计划 101.3%；居家照护服务完成 566 万人次，占计划 188.7%。② 在完善政策体系的同时，上海市政府大力推动老年人日间服务机构等基础设施建设和增加对老人的补贴，如表 10—1 所示，从 2005 年到 2017 年，部分居家养老硬件的建设情况如

① 《今年上海市政府养老服务实事项目有 6 项，将新增七千张养老床》，2019 年 1 月 21 日，澎湃新闻（https：//www.thepaper.cn/newsDetail_forward_2882457）。

② 《上海 2018 年增加养老床位 7103 张，提供居家照护服务 566 万次》，2019 年 1 月 14 日，搜狐网（http：//www.sohu.com/a/288798876_313745）。

下：日间服务机构数从 83 家增长到 560 家，年平均增速为 84%。日托老年人数从 0.21 万人增长到 2.3 万人，年平均增速为 111%。另外，上海市针对低保家庭和 80 岁以上低收入老年人发放补贴，补贴人数从 2005 年到 2017 年由 3.94 万人增长到 12.02 万人，年平均增速为 56%。家庭病床①数量也在以年平均 7% 的增速增长。以上数据表明，上海市老人所享受的养老服务和保障正在逐步得到扩展，家庭护理也不断加强，这是在将家庭资源和社会专业资源相结合提供全方位、立体化服务体系方面有了更深入的进展。

表 10—1　　上海市主要年份居家养老服务发展状况

	2005	2010	2015	2016	2017	增速
社区日间服务机构数（家）	83	303	442	488	560	84%
日托老年人数（万人）	0.21	0.9	1.5	2	2.3	111%
获得政府补贴的老年人数（万人）	3.94	13	13.18	12.66	12.02	56%
家庭病床（张）	40745	43880	52731	51931	52257	7%

数据来源：《2018 上海统计年鉴》②。

第四，创新供给模式。在供给模式上，已经突破了过去单一的供给模式，上海是在养老领域使用政府购买较早的城市，经过多年实验及改进，形成了自己的特色。政府是社会权利的代表，在政府购买居家养老服务中具有主导者和购买者的双重身份，对政府购买居家养老服务的运行起着决定性作用。在上海，已经形成了由市民政局统筹管理，同级市级政府部门协调配合，下级区（县）级政府组织实施，街道办事处、镇（乡）政府具体实施的组织管理架构。除此之外，上海不断完善政府和社会资本合作（PPP）方式，政府和社会资本各有优势和劣势，PPP 模式的特点就是优势互补。目前上海已经实现运用政府购买及 PPP 在城乡社区

---

① 家庭病床是指医疗机构为了最大限度地满足社会医疗需求，派出医疗人员，选择适宜在家庭环境中医疗和康复的病种，让患者在自己熟悉的环境里获得家庭和专业人士的双重照料。

② 《2018 上海统计年鉴》，上海市统计局（http://tjj.sh.gov.cn/tjnj/nj18.htm? d1 = 2018tjnj/C2118.htm）。

内建设运营居家养老服务网点、社区综合服务设施、提供老年餐饮服务、社区日间照料、老年精神文化服务供给等提升老人居家养老生活质量的项目。PPP 将公共部门与非公共部门以契约的方式共同投资、构建并运营养老服务项目，采用这种方式达成政府公共产品有效供给的目标与企业的经济利益“双赢”的效果。PPP 不仅弥补了公共部门的经营效率及资金短缺的劣势，还可以使相关产业在政策优惠等辅助下获得收益，公共财政资金利用杠杆作用，撬动更多的社会资本从事养老服务行业。目前居家养老服务的资金来源主要有两个方面：一是财政拨款，二是彩票公益金的资助，其他社会捐助较少。因此更需要通过优惠政策和制度安排弥补资金不足问题。上海市政府提出的《上海市深化养老服务实施方案(2019—2022 年)》，对未来的 4 年提出“确保基本养老服务应保尽保，多样化、多层次养老服务需求得到有效满足，老年人及其家庭的获得感、幸福感、安全感显著提高”的要求，并期待在 2022 年实现“社区嵌入式养老服务方便可及，机构养老服务更加专业，家庭照料能力明显提升”的目标，重点实施 6 个提升计划，完成 26 项主要任务。其中涉及 PPP 方面，上海市已经采取措施促进公共服务部门与社会力量的结合，主要有以下方式：首先，政府提供空置房屋等基础设施，私人部门提供服务。“对政府和事业单位的空置房屋，各区和街镇可探索允许免费提供给社会力量，供其在社区为老年人开展日间照料、康复护理、助餐助行等服务。鼓励具备条件的国有企业整合闲置资源，兴办养老服务设施。”① 其次，打造养老机构、医疗机构等向居家养老提供专业化服务的嵌入式模式。通过政府购买推行“老吾老”计划、“老伙伴”计划等。最后，推行养老服务机构公建民营、养老设施招投标、政府购买养老服务等方式撬动社会力量的参与。

（二）居家养老服务供给过程中政府的效率损失

在调研过程中，无论是问卷反馈还是参观座谈，反映出政府层面为

---

① 《上海市人民政府关于印发〈上海市深化养老服务实施方案（2019—2022 年）〉的通知》，2019 年 11 月 25 日，上海交通大学（http：//www. oldage. sjtu. edu. cn/info/1008/1534. htm）。

居家养老服务体系的构建做出相当大的努力，在财政补贴、政策优惠、制度创新方面有了良好的进展。当然也存在一系列亟待解决的问题，如资源配置失衡导致的效率问题；政府购买养老服务的相关利益主体之间的经济关系梳理问题；挂靠政府的社会组织与市场化运营的企业之间存在矛盾，同时涉老部门缺少有效沟通而无法形成合力，等等。

唐纳德·凯特尔提出“全球公共管理改革”主要集中在六大核心问题：政府怎样才能找到从更小的税基中挤出经费提供更多服务的途径？政府怎样才能利用市场型的激励措施铲除官僚制机构的弊病，怎样才能用市场策略来取代传统官僚体制的“指挥—控制”机制？政府怎样才能利用市场机制为公民提供更多的服务选择？政府怎样才能使项目更具回应性，怎样才能放下职权以便为一线管理人员提供更强的激励？政府怎样改进设计和追踪政策的能力，怎样才能将其服务购买者的角色与其在实际提供服务中的角色分开？政府怎样才能用自下而上的结果驱动型系统来取代自上而下的规则驱动型系统？[①] 实际上，这六大核心问题关系着政府职能的转型及政府运作效率的提升，居家养老的制度建设也会涉及这六大方面，是转变政府职能的缩影。

表 10—2 “十三五”期间国家老龄事业发展和养老体系建设主要指标

类别	指标	目标值
社会保障	基本养老保险参保率	达到 90%
	基本医疗保险参保率	稳定在 95% 以上
养老服务	政府运营的养老床位占比	不超过 50%
	护理型养老床位占比	不低于 30%
健康支持	老年人健康素养	提升至 10%
	二级以上综合医院设老年病科比例	35% 以上
	65 岁以上老年人健康管理率	达到 70%
精神文化生活	建有老年学校的乡镇（街道）比例	达到 50%
	经常性参与教育活动的老年人口比例	达到 12%

① 珍妮特·V. 登哈特、罗伯特·B. 登哈特：《新公共服务：服务，而不是掌舵》，丁煌译，中国人民大学出版社 2010 年版，第 9 页。

续表

类别	指标	目标值
社会参与	老年志愿者注册人数占老年人口比例	20%以上
	城乡社区基层老年协会覆盖率	90%以上
投入保障	福彩公益金用于养老服务业的比例	50%以上

资料来源："十三五"国家老龄事业发展和养老体系建设规划，申万宏源研究。

第一，资源配置效率问题。居家养老的基础设施建设存在明显的非排他性和非竞争性，政府理所当然地承担起公共产品的供给职能。然而在公共物品供给的过程中如何才能做到资源有效配置却是棘手的问题，尽管政府在考虑资源分布时更多是从社会利益出发，但这并不等于政府为了社会利益而不必讲求效率。市场有价格之手调节资源流向，而公共财政支出效率在理论上一般采用帕累托效率作为衡量标准，然而这种标准只是一种概念性的效率描述方式，1978 年 Charnes 等人提出数据包络方法（DEA）计算出与帕累托效率等价的 CCR 效率和 BCC 效率，在实践中更多采用指标及考核的方式衡量地方政府的目标完成情况，如表 10—2 所示。

指标式管理方式优势明显，指标明确易于执行、管理和考核，操作和监督成本低。然而指标式管理方式的弊端也显而易见，首先，它是自上而下的规则驱动型系统，指标的制定和执行有脱离实际的可能。在指标制定过程中制定者是信息劣势方，由于无法全面获得老人的真实需求，造成指标与真实需求的偏离，正如合同的不完全性，指标也具有不完全性。因此，指标的制定需要与实践相结合不断进行修正，将单纯的自上而下的规则驱动型系统变为与自下而上结果驱动型系统相结合的过程，否则不仅收效甚微，甚至有可能阻碍养老事业的发展。在执行过程中执行者可能会过度拘泥于指标，脱离实际的结果就是民众的用脚投票和财政资金的使用效率不高。例如，在调研过程中日间照料机构的分布体现了这一点。在城区，日间照料机构的使用过于拥挤，服务供不应求，需要预约排队并有人数和身份限制，市民优先使用，而外来人口无法平等享受服务。而在郊区，有的日间照料机构硬件设施非常好，但使用率不高，服务供过于求，偌大的区域只有几位老人，难以形成规模，造成一定的资源浪费。又如，老年照护评估体系灵活性不足。2016 年 12 月 29 日，上海市政府开始全面推进老年照护统一需求评估体系建设，从原有的以经济收入为基础的评估体系过渡到现在以疾病为主的（A/B 类）评估标准，老年人向社区事务受理中心提出评估需求并报名登记，由接到初审后转至区级管理平台，再委托第三方评估机构进行评估，评估过程是由人工上门进行实时录入，并由评估系统自动生成评估结果。评估时由于评估内容详细且部分涉及私人问题，导致评估效率受到一定影响。同时，评估体系存在灵活性不足问题，在调研中确实出现了这样的情况：某位老人曾患有癫痫病，近年来并无发作，但由于病症等级高，老人直接划分至 5 级，需要住院看护，而老人只想去日间照料中心却被分配进养老院。还有老人家中子女不在身边，身无大病但行动不便，希望能进养老院却几次评估都无法达到相应等级。符合条件的老人进入日照中心必须由子女签字，但有的子女不同意签字，导致有意愿有条件进入日照中心的老人被拒之门外，无法享受相应的服务。

第二，信任机制难以转变使政府的公共服务供给力不从心。目前看来传统的家庭养老功能日趋衰弱，然而在选择其他养老方式时，老人仍旧处于观望态度，并没有非常积极地接纳和信任其他组织或企业提供的服务形式。与西方民众对于政府的不信任和质疑的态度相比，在中国，政府一直是人民群众的主心骨，在养老事业方面群众对政府的信赖和依靠也是非常强烈的，作为与老人直接接触的基层政府组织——街道和居委会担负着上传下达的作用，居家养老服务许多环节也下放到基层，但是居委会事务繁忙，无法专业化完成养老服务供给任务，于是社会组织和企业就成为养老服务供给链上重要的一环。然而，群众对于社会组织和企业保持着一份天然的质疑和排斥，因此就遭遇到居委会无力承担养老服务供给责任，而老人的不信任感将社会组织和企业拒之门外的尴尬情况。基于这样的背景，我国养老服务的市场化和民营化一直处于缓慢发展的状态，没有政府合作或背书的养老服务企业往往并不容易被接受，造成有政府背书的机构人满为患而私营机构难以为继的情形。这样的结果不仅与传统的养老模式相关，也与改革开放以来养老产业的乱象有关，利用老人群体对于健康超乎寻常的关注、情感的空白和落差或者是节俭意识下贪图小便宜等心态，通过各种软磨硬泡、情感攻势等方式骗取老人信任从而进行诈骗的案件时有发生，使老人为养老相关的私营企业贴上坑蒙拐骗的标签，这种观念根深蒂固，以至于短期内无法改变这种成见。一方面说明老人的消费行为更加理性，但另一方面却给养老私企的发展设置难以跨越的障碍，产品过硬的企业也受到因噎废食的排斥，养老产业市场化和私营化始终难以有所突破。

第三，政府购买养老服务的委托代理问题。在养老服务供给的实践中，为克服政府专业化服务的低效率和信息劣势带来的“政府失灵”，市场在公共产品供给中的“市场失灵”问题，尝试通过一定的制度设计将两者的优势结合起来，政府在公共产品供给中更多考虑社会利益的前提下，利用市场的高效和信息优势，使供求数量和结构相一致达到完善养老服务市场的目的。然而无论是理论还是在操作过程中，都存在另外一些可能，即优劣结合、劣劣结合，甚至会有更多偏离预期的情况产生。由传统的政府供给到政府购买服务，其实质是从政府完全拥有资源配置的权力到资源分配权力的让渡，究竟让渡给谁？按照政府购买的原则需要进行公开透明的招投标，但现实中可能出现下列情况：将权力让渡给单位内部或者与单位有密切关系的机构。老人的需求与年龄、收入、身体状况、消费习惯等有很大关系，互联网为我们提供了了解老人消费习惯的信息渠道，尽管使用移动互联网的老人还占少数，但可以借助于电商、网络支付平台对老人的消费足迹进行客观分析，在实践中居委会、老年大学、日照组织等在照顾老人的过程中获得老人的信任，通过这些机构进行线上或线下的问卷调查甚至入户调查能够获取真实的信息。然而，与市场通过价格机制获取信息的能力相比，政府获取信息的成本很高，目前的供给方式没有实质性的变化，表面上借助市场，实质上仍是政府主导，市场优势表现并不明显。

三 社区层面

（一）居家养老服务设施不断完善，重建信任—使用—反馈闭环

社区居委会是与老人打交道最多最直接的部门，同时也是职能最多的部门。居家养老的居住环境是在社区，许多老人出于各种原因，遇事不愿求助于亲朋好友，更不习惯求助于市场，却对政府部门即社区居委

会非常依赖，这是传统养老模式遗留下来的习惯，因此作为与老人直接接触的居委会有着天然的为老服务职能。然而按照规定居委会职能覆盖面很广，日常事务繁杂。随着养老服务需求的增加以及专业化程度的加深，居委会的为老服务职能逐渐形成剥离态势。截至 2018 年年底，上海市重点建设集日托、全托、助餐、医养结合等功能于一体的“枢纽型”社区综合为老服务中心，已建成180 家，建成以短期住养照料为主的长者照护之家155 家，实现了城镇化地区街镇全覆盖。2019 年 5 月 27 日上海市政府印发的《上海市深化养老服务实施方案（2019—2022）》中明确指出，未来四年上海发展养老服务着眼于全覆盖织密网，全市养老服务主要指标在量上有明显突破。一个指标是社区综合为老服务中心实现数量翻番，即不少于400 家。2019 年将出台“社区嵌入式养老工作指引”，逐步推行社区综合为老服务中心建设服务标准，实现全市各街镇均衡发展。另一个指标是社区老年助餐服务场所，要在现有基础上实现总量“翻番”，达到1600 家。可见，未来上海将重点发展综合为老服务中心，进一步剥离居委会的为老服务功能。综合为老服务中心性质是事业单位，仍然是政府投资兴建，设置公益性岗位，聘请相关人员提供服务的公建民营形式；或者通过 PPP 形式政府补贴，民间资本建设并管理运营。无论哪种形式，都离不开政府的推动和监管，因此老人对居委会的依赖转移到综合为老服务中心这个更专业的机构，为创造新型的信任—使用—反馈闭环创造条件。

社区是最贴近老年人的基层服务组织，是政府购买养老服务运行过程中的协调者，一方面负责向政府和企业反馈老年人消费需求，另一方面向老年人宣传养老服务政策和服务产品。随着 2016 年《关于全面推进老年照护统一需求评估体系建设的意见》的发布，社区评估老年人照护需求的工作已经转交给专业的第三方评估机构。根据《2016 上海市老龄事业发展报告》[①]，社区已经构建成“五环”为老服务设施布局：第一环，镇综合服务圈，建设社区综合为老服务中心，提供一站式服务；第二环，社区托养服务圈，加快建设老年人日间服务中心、长者照护之家、

---

① 《2016 上海市老龄事业发展报告》，上海市老龄科学研究中心（www.shrca.org.cn/5772.html）。

助餐服务点等设施；第三环，居村活动圈，每村每居至少拥有1家标准化老年活动室；第四环，邻里互助圈，建立社区睦邻点，推动老年人互助式养老；第五环，居家生活圈，居室适老性改造及楼梯、小区公共环境设施改造。养老服务设施的建设与改造是政府购买养老服务具体实施的重要体现，不仅为养老服务企业提供了广阔的市场空间，还为老年人享受养老服务提供了便利和场所。

（二）社区资源配置效率不足

在综合为老服务中心全面铺开之前，社区居委会在为老服务方面仍然起着重要作用。随着社区居家养老服务体系的发展，社区服务人员的行政任务也越来越重。虽然在政府购买养老服务的政策下，社区不需要直接运营养老服务机构，但却需要做好宣传养老服务、反馈老年人需求、监督养老服务企业的工作。然而当前社区工作已经十分繁杂，包括社区党建工作、社区大型活动、老年人节日慰问、对接养老服务机构、帮困救助活动、协调居民与社区物业以及社会组织的关系，等等。同时，当前社区工作者人数少且普遍没有社会工作专业背景，专业基础较差；虽然定期会有高校社工专业学生来社区进行实习，然而实习生流动性强，刚刚熟悉社区环境就又要回到学校；当前社区主要依靠招募志愿者协助开展社区工作，而这些志愿者以低龄老年人为主，专业素质和能力有限。面对这种情况，社区工作人员只能疲于应付各项行政指标，难以有效保证养老服务资源的高效对接。在政府购买的模式下，各养老服务设施完全按照政府统一标准进行建设并购买设备，但部分设备过于专业，养老服务人员并不懂得如何使用，更不用说教授老年人去使用，直接造成服务设施使用效率低，造成财政资金的浪费。

随着老年人日间服务机构的增多和政府补贴的发放，理应有更多的老年人获得高质量的养老服务，但是根据上海市老龄科学研究中心的调查结果，显示有意愿购买上门养老服务的老年人占58%，当前只有10.4%的老年人购买过上门养老服务，其中未来愿意继续购买的受访老年人占比7.1%，未来不愿意继续购买的老年人占比3.3%。同时，只有不到两成的受访者（18.0%）去过小区附近的社区日托中心，12.9%的老年人去过且未来愿意继续去，未来不愿意继续去的老年人占比5.1%。[①] 显然，老年人对于居家养老服务有意愿有需求，但是使用效率不高，使用后的满意度也不高。在政策体系、基础设施、财政补贴共同的推动作用下，养老服务的供给不断增加，但是老年人的认可度却一直不高，长期以来造成一种养老服务供给过剩的现象。王莉莉（2013）的研究表明，在城市地区，如上门护理和上门做家务的供给比例都超出需求比例40多个百分点[②]。

究其原因，这与公共服务产业的性质有很大关系。市场中的一般产业，其产业链的形成均由市场主导，通过市场的公平竞争原则和定价原则进行供求数量及结构的平衡。公共服务产业与一般产业不同，对于老人这样的弱势群体，需要政府的保护，因此对这些弱势群体提供服务需要政府参与其中，弱势群体对政府抱有天然的依赖感，公共服务产业需要政府背书，也就是政府的规划、融资、评估、管理和监督。然而政府在产品的生产和供给方面因信息不对称及专业性不强无法做到有效供给，市场在效率方面优于政府，因此政府与市场的合作成为发展养老服务的必由之路，即相对于一般产业一对一的供给方式，养老服务的供给是二对一，政府在该过程中并不直接生产服务，主要是规划、评估、监管等职能，市场的服务生产者对于供给规模、结构、质量和成本等进行控制和决策，形成优势互补的公共服务产业圈。目前的社区养老服务供给市场化程度不足，仍然处于完善过程中，更多的是政府供给模式，尚未实现政府与市场的优势互补，在现实中主要表现为：政府职能为主，社区与其他组织功能不足。政府部门的规划、评估、监督功能缺失，却履行着本应该由市场完成的功能，供求数量和结构往往出现不均衡，这也是为什么投入不少却难以取得成效的原因。

四　社会组织层面

社会组织是以社区居民为主要成员，以满足社区居民的多元、多样

---

① 《2017上海统计年鉴》，上海市统计局（http：//www.stats - sh.gov.cn/tjnj/nj17.htm?d1 = 2017tjnj/C2118.htm）。

② 王莉莉：《基于“服务链”理论的居家养老服务需求、供给与利用研究》，《人口学刊》2013年第2期。

需求为目的，由居民自发成立并自觉参与，以公益或互益为目的的社会组织形态；社区社会组织是社区组织体系的重要组织细胞，是社区治理与社区服务的重要支撑体系。

（一）社会组织的数量不断增多

近年来，上海市全面推进农村、企业、城市社区和机关、学校、新社会组织等的基层党组织建设，优化组织设置，扩大组织覆盖，创新活动方式，充分发挥基层党组织推动发展、服务群众、凝聚人心、促进和谐的作用。在上海市委、市政府领导和有关职能部门指导下，以党的基层组织建设带动其他各类基层组织建设的精神，积极探索，大胆实践，着力加大对社会组织、群众团队的扶持培育和引导管理工作力度，努力构建党委领导、政府负责、社会协同、群众参与的社区治理和公共服务格局。一方面先后成立了街道老年协会、体育健身俱乐部、楼组协会、志愿者工作站、创业协会、残疾人协会等。另一方面，成立了各种兴趣小组，各类文体团队不断扩大，社会组织的动员、组织、活动、服务等能力得到提升，社会组织的受众群体迅速扩大。截至 2019 年 2 月 28 日，上海市的社会组织情况如下表 10—3 所示：

表 10—3　　上海市社会组织情况

	市局实有数（本月新增）	区县实有数（本月新增）	全市实有数（本月新增）
社会团体	1326（3）	2786（10）	4112（13）
民办非企业单位	695（3）	11013（53）	11708（56）
基金会	467（3）	4（0）	471（3）
合计	2488（9）	13803（63）	16291（72）

资料来源：上海社会组织公共服务平台。

社会组织是民营非营利机构，具有“民间性”“公益性”“非营利性”等特征。如果说社区养老服务中心有更强的政府背景的话，社会组织属于经营更灵活的民间养老服务组织。2009 年上海市已经试行社区公益项目招投标机制及公益创投活动，所需资金来源于福利彩票公益金。

这种模式可以产生三方面的效应：一是运营效率的提升。通过这种竞争方式，将社区安老项目委托给有资质、效率高的社会组织或养老服务中心，达到资源的有效利用，理论上讲，项目的发起者、策划者、监督者与项目的生产者实现了分离；二是代理问题的部分解决。社会组织需要建立用户口碑因而更接近市场，很容易成为信息反馈来源。同时，为了获得政府的委托项目要满足政府的要求。在老人的需求与政府的要求相一致时，委托—代理问题迎刃而解，但当两者不一致时，就会出现社会组织更多迎合政府要求的可能。三是经营机制的灵活性强。社会组织有船小好掉头的优势，提供的服务可以根据需求进行个性化定制，业务形式随时根据市场调整而不受限制，提供服务亦不受区域的限制，与社区养老服务中心也可以形成既竞争又互补的关系，有助于养老服务的发展和完善。

（二）社会组织运营存在的问题及原因

目前存在的问题主要是：社会组织内在活力不够强，群众参与率仍不够高。原因有以下四个方面：

第一，资金分散，多头管理。根据上海市社会团体管理局2003年下发的《上海市民政局、上海市社会团体管理局关于印发〈关于在本市街道（乡镇）组建社区民间组织服务中心的实施意见〉的通知》精神，民间组织服务中心定位于对群众团队进行服务、管理、监督、预警和政府职能转移等功能。但在街道社会组织枢纽式管理的实际操作过程中存在资金分散、多头管理的问题，民间组织服务中心难以履行预定的职能。由此带来的结果是人员配备重复建设，开展的项目、活动以及服务的对象雷同，资源因缺乏同一部门整合而出现浪费，影响社会组织内在活力和群众参与率。

第二，社会组织对街道仍有很强的依赖性，自主能力不够。街道现有社会组织，有的是群众自发组织，有的是由街道有关职能科室培育和扶持起来，在日常运行过程中，习惯依赖于培育扶持的职能科室，因此，这些组织缺乏社会化和专业化运作的独立性，自主创新性和市场化运作能力不够，各类组织之间很少沟通，资源难以整合共享。调查显示，社会组织之间的互动不够频繁。只有6.8%的受访者参加的社会组织与其他民间组织“很频繁”地联系，26.1%的受访者参加的社会组织与其他民间组织“比较频繁”地联系，高达 47.2% 的受访者认为“一般”，19.9% 的受访者回答“不频繁”或“很不频繁”。

第三，组织架构、活动策划和领军人物是社会组织运转过程中的必备条件，除个别社会组织外，多数社会组织不具备这些条件。组织载体的成立只是完成基础工作，要有效发挥各个社会组织的引领、协调作用，还有赖于完善团队和制度建设。例如静安区某街道的老年协会在这方面做得比较好，组织架构方面，老年协会由理事和常务理事组成，理事会选举产生会长和副会长，任期三年。协会现有分会 6 个，会员 600 多名，会员小组 18 个。从活动组织策划方面，老年协会自成立以来协助党和政府对老年人实行社会化管理，根据老年人不同层次、不同兴趣、不同需求，以开发健康、开发快乐为宗旨，坚持老有所为、老有所学、老有所教，吸引了大批老年居民参与社区活动。领军人物方面，老年协会的负责人是退休干部，拥有良好的威信和丰富的社会资源，容易获得举办活动所需的设备、场地及资金支持。相比之下多数社会组织在团队架构、人员配置和活动策划方面并不具备这么好的条件，群众的参与率不高及对展现平台不够满意正是这些问题的反映。

第四，服务堪比家政，老人最需要的健康医疗仍是禁区。不同年龄层次的老人所需服务差别很大，能到居委会与社会组织坐在一起讨论需求的往往是比较健康的老人，因此给人的感觉是家政服务为老人的急需，因此应这批老人的要求，社会组织提供的生活照料居多。然而实际情况是这些老人有条件有机会提出自己的诉求，但并不代表全部老人，因为有很多老人行动不便或者无法表达自己的诉求，如高龄老人或者失智老人，在供求对接方面出现了问题。根据实际操作情况，健康康复医疗也是老人急需，社会组织中也有不少工作人员拥有医学相关的执业资格证书，但因为社会组织不是医疗机构，不能提供相关医疗服务，老人的康复治疗等仍然不便利。在价格制定上，政府划定的指导价格相对较低，社会组织无法抵补成本，于是纷纷开展盈利项目以获取发展空间。

根据上面的分析，可以作出如下建议：

第一，在明确各相关管理部门事权的基础上进行资金的统一管理，改变事权和财权的不对等。出现多头管理的根本原因在于各相关管理部门职责交叉和财权分散，原则上负有管理责任的机构缺乏资金无法履行职责，社会组织与给予资金支持的管理部门关系密切，相互之间却疏于沟通协调。因此明确事权并实现事权和财权的统一是社会组织枢纽式管理的基础。

第二，开展联席会议保证决策民主科学。在决策过程中解决政出多门和内部摩擦的途径是进行民主决策，定期召开联席会议各大相关管理部门进行协调，研究讨论社会组织的新情况新问题新困难，整合人力资源、资金设备，对社区组织进行统一部署、支持和管理，实现资源最优配置。

第三，充分了解群众需求。活跃在社会组织团队中的人员是可观的，但是占到总人口的比例还是有限的，广大社区居民的兴趣有待进一步培养，参与社会组织团队活动的积极性尚需进一步调动，因此街道及各社会组织应通过调研去发现社区居民的需求层次，深入了解社区居民的兴趣爱好，积极组织具有相同兴趣爱好的人参加培训、参与活动，让更多的人投身于社会组织之中。在生活照料及康养方面，老人的主观意愿固然重要，第三方评估机构对每个老人做出的评估更具有参考价值，上海已经在生活照料及康养方面实现了评估，并根据情况采取居家养老或机构养老方式。

第四，带头人选拔和组织建设。在社区群众或退休干部中选拔、物色能力强、素质高的带头人，协助共同制定组织的目标愿景和组织制度。在需求调查的基础上通过活动策划、经费支持，以各种形式应和居民需求，在社区居民中宣传动员，号召大家参与。经过这个过程，新培育出来的社会组织既有了各方面素质过硬的带头人，又有了目标明确的团队，形成制度清晰、各负其责的组织。

第五，开拓渠道，保证资金来源多元化。资金是社会组织运转的基本保障，调查显示，活动经费不足与政府支持力度不大成为社区社会组织发展的两大“瓶颈”。在筹资方面，行政拨款必不可少，除此之外可以开动脑筋，或者利用带头人的社会资源，或者政府牵头搭线，在双赢的基础上获得企业资助。在举办活动的同时组织各方面的智力资源随时总结经验或升华为规律、理论，到达一定层次之后可以申报课题、组织报告团、出版图书刊物，实现社会组织的自主运转。

第六，加强整体规划，完善激励监督机制。将培育、发展和强化社会组织列入街道社区建设的总体规划之中，做到交任务、提要求、给舞台，为社会组织提供充分的发展空间。同时，建立和完善街道、居委会两级网络，加强分类指导，实行管理和监督并重，确保社会组织规范有序运作。完善激励机制，对群众广泛认可、成效明显的项目，对其管理者、活动组织者和活动骨干等进行表彰奖励，进一步激发社会组织的积极性。

五 评估机构

（一）老年人照护统一需求评估体系初步建立

养老服务供求失衡、养老服务认可度不高、服务设施利用率低等问题，都可以归结为信息不对称问题，如何因地制宜提供老龄服务，将资源优化利用于最需要帮扶的老人，是政府的社会化养老服务制度顺畅运行的瓶颈。如前所述，市场可以通过价格机制调节供求关系，政府的作用就是提供市场不愿提供或无法提供的公共产品和准公共产品，而准公共产品具有排他性或者竞争性，涉及资源分配问题。那么该如何解决信息不对称的问题呢？这就需要深入了解老年人的照护需求，自 2014 年 12 月底，上海市开始试行老年照护统一需求评估体系，至 2018 年初上海市正式发布了《上海市老年照护统一需求评估及管理办法》，第三方老年人照护需求评估机构作为政府购买养老服务运行中的“润滑剂”应运而生，为解决上述问题提供了可能。

《办法》中明确了评估流程，当老年人向社区提出评估需求后，首先由人社部安排定点评估机构实施上门评估，其次由社区将评估结果转告给评估申请人，再次当申请人确认结果后由社区进一步对接相应养老服务机构，最后由该机构针对老年人的评估登记制订服务计划并告知老年人可享受的长期护理保险待遇和养老服务补贴政策。评估费用由政府补贴和老年人共同承担。这样的制度对于有限资源的分配和最优化利用无疑起到很大的推动作用，如果严格执行能够防止适宜居家养老的老人通过各种渠道进入机构，大大改善资源占用和浪费的情况，相比机构养老，居家养老本身就是节约社会资源的养老方式，故能够极大促进资源的合理分配和节约利用。

（二）评估体系服务尚不能满足需求

老年人照护统一需求评估体系处于初步建立阶段，相关配套服务不健全，尚未发挥应有的作用。根据《2016 上海市老龄事业发展报告》的数据，截至2016年12月25日，老年照护统一需求评估全市累计申请19207人，已评估15958人，评估速度远低于申请速度。其中，派送社区居家养老服务9453人；派送高龄老人医疗护理计划1666人；已经入住养老机构3000人，另有轮候792人；已经入住护理机构309人，另有轮候196人。[①] 显然，由于配套的养老机构和护理机构供给不足，导致养老服务机构出现排队现象，老年人即使评估后也难以获得应有的养老服务，这不利于评估体系的建设与推广。

此外，当前养老服务评估工作并不能满足老年人的评估需求。根据上海市老龄科学研究中心的调查，2016年上海市有13.1%的老年人表示需要照料。在这部分老年人之中，有89.4%的老年人表示有人照料。[②] 经计算，上海市仍有6.36万老年人有照护需求却无人照料。显然，当前老年人照护需求评估体系的标准是比较严格的，经过筛选，还有一些中间状态的老人被排斥在机构养老之外，其身体状况还不足以进入机构，但因身体等原因居家养老的方式又非常不便利，对于这样的情况，或者放宽条件让其进入，或者在居家养老方面做文章。从数据上看第一种情况显然不合适，因为机构承载能力有限，目前轮候人数也不少。因此只能在居家养老方面做文章，这就需要我们对社区日间照料机构的经营模式做出调整，真正能提供全方位服务，包括服务的延伸如提供康复就医等医疗条件。

六　老人及家庭照料

（一）制度化养老与家庭功能的关系

与西方养老制度的发展道路不同，我国在原有的“孝”文化基础上进行制度建设。西方更强调个体独立意识，随着子女的独立，原有的大家庭被拆分成若干小家庭，子女为老人养老和老人照看下一代的责任也就随之剥离了，因此养老更多依靠社会化、市场化的支持，即“高福利”

① 《2016上海市老龄事业发展报告》，上海市老龄科学研究中心（www.shrca.org.cn/5772.html）。

② 《第四次中国城乡老年人生活状况抽样调查（上海地区状况报告）》，上海市老龄科学研究中心（www.shrca.org.cn/5773.html）。

社会。在经济发展良好、财政收入富足的情况下可以维持这种高福利化的养老体系，然而一旦出现经济衰退，则会使养老福利大幅下滑，因此这种更多依靠社会和市场的制度化养老模式要求经济发达保持稳定，否则会随着经济状况具有比较明显的周期性。目前我国也出现了家庭规模逐渐减少的趋势，就政府而言，正致力于解决的主要还是经济保障、公共产品的供给以及制度建设问题，随着养老金制度的完善，社会供养和自我供养共同支撑起养老保险的经济支柱，家庭在经济上的支持功能减弱，这是否意味着其他功能也随之减弱呢？

西方的经验教训告诉我们，不能走西方制度化养老的老路。需要考虑和充分利用我国传统的"孝道"，在家庭照料的基础上进行制度建设。这样的制度建设路径有下列优势：一是保留传统"孝道"，成为制度化养老的有益补充。传统的"孝道"强调父慈子孝、天伦之乐，更多的是精神层面的愉悦，这是制度化养老所不能代替的重要层面。二是这样的传统一以贯之，可以避免西方"高福利"社会的养老待遇周期性，保持老人的身心愉悦和社会的稳定。因此尽管强调养老服务供给多元化，但家庭仍是养老的最基本保障。比较理想的情况是制度化养老与家庭的精神慰藉功能形成功能互补。

关于制度化养老与家庭养老之间的关系，理论界有不同的看法，代表性的观点主要有两种：一是两者互为促进关系。世界银行的研究认为制度化养老可以加深亲情并增加代际的亲近机会，因为国家对老人物质和精神上的支持提供了与子女之间互惠交往的筹码。二是两者互为替代关系。良好的社会福利系统对老人的保障对代际关系的影响是负面的。[①]公共系统部分地承接了养老责任，弱化了代际的依赖性和相关性，这种部分的责任承接却有可能成为家庭成员全身而退的借口。刘燕（2016）认为随着经济社会的发展，现代社会的家庭共同体特征逐渐消失，其功能日渐减弱，并分别从经济共同体、责任和义务共同体以及感情共同体三方面论证了功能解构的过程。[②] 这样的研究基于个人决策过程中经济收

---

① 王树新：《社会变革与代际关系研究》，首都经济贸易大学出版社 2004 年版，第 221 页。

② 刘燕：《制度化养老、家庭功能与代际反哺危机——以上海市为例》，上海人民出版社 2016 年版，第 132 页。

益及互惠性的考虑，亲情关系道德层面的内涵逐渐被市场关系所替代，原有的道德约束和责任感也就转变为利益权衡的动态博弈，在不存在相关道德和伦理约束的社会，这种以利益至上为核心的决策机制是很容易发生的。西方社会并不存在代际养老的传统和基础，而中国的孝道传统源远流长，这是我国的优势所在，因此我们既要面对家庭结构及劳动力流动的现实，又需要继续宣传和保持这样的优秀传统，使得制度化养老成为强化家庭代际关系的催化剂，让老人在家庭中更受到尊重和照顾，在制度化养老无法发挥的亲情和精神关爱领域，家庭养老做积极的补充。然而现实中这样的强化和补充关系并不容易建立和维护，经常出现的是令人不愉快的推诿和逃避。

（二）老年人使用居家照料服务需求的意愿并不高

老年人是养老服务的主要消费者和购买者，他们对于养老服务的需求和购买意愿直接决定着养老服务产品的使用效率和老龄产业的持续发展。根据上海市老龄科学研究中心的调查，上海老年人总体状况良好，照护需求不高。日常活动方面，完全能自理的老年人占 93.3%，完全不能自理的占 4.5%。照料状况方面，有 13.1% 的老年人表示需要照料。在这部分老年人之中，有 89.4% 的表示有人照料。大部分老年人希望在家里接受照料护理服务，占比达到 61.0%；同时，表示“在养老机构”和“视情况而定”的比例分别达到 11.2% 和 24.0%。大部分老年人对自己目前的经济状况表示满意，有 8.2% 的老年人认为自己经济困难。[①] 根据本课题组的调查结果，知道小区有相关服务的老人并不多，知道并使用过居家养老服务的人屈指可数，信息不对称固然是其中很重要的因素，但正如上海市老龄科学研究中心的调查，上海市老人的总体情况相对比较乐观，多数是完全自理，老人对经济状况也比较满意，需要贴身照护的失能失智重疾的老人，这部分人大约占 6.7%，因此少数老人的需求，需要养老院、护理院及其延伸到家庭的上门护理服务。随着退休老人学历的提高，老人开始向往的是生活品质的提升，陪伴和兴趣爱好是他们

① 《第四次中国城乡老年人生活状况抽样调查（上海地区状况报告）》，上海市老龄科学研究中心（www. shrca. org. cn/5773. html）。

的急需，居、养、乐、医是老人四大核心需求，衍生出相关的养老产业。因此，老龄人口中高学历比例的提升带来文化消费的崛起，对养老服务的需求由老有所养（陪伴、照顾）提高至老有所养和老有所乐（娱乐、学习和公益）并重。老有所医成就了养老药品、用品和康养产业，消费力不断上升带来行业快速增长。失能、疾病是老年人面临的两大主要风险，目前中国有超过4000万失能失智老人，随着年龄的增长，老年人对健康维护和疾病治疗的需求非常突出。老年人及其家庭的消费观念的不断升级，促使对“大健康”的潜在需求转变为实际的购买行为。

在这种需求特征下，上海市政府购买养老服务针对的老年群体是特殊的老年群体，主要是经济状况比较差、身体不能完全自理的低龄独居老人，或者经济状况较差的高龄独居老人。这部分老年群体因经济水平限制，不能自行购买机构养老服务，自理能力差又使其不能自我养老，因此政府有义务为这部分老年人提供满足其基本生活需求的服务，上海市在这些方面已经取得了进展。对于已富已老的群体，社会化和市场化的跟进将成为居家养老服务的发展方向，即居、养、乐、医的供给侧结构性升级。针对他们最担心的问题：“生病时没钱治病”和“需要时没人照料”，第一个问题属于老人经济保障、子女赡养义务的范畴，离不开政府的多层次养老保障体系的建立以及社会为老敬老氛围的营建。第二个问题属于社会应急能力范畴，需要家庭、政府、社会组织和企业共同建立应急机制，包括配备必要的设备，如在约定协议下“一键通”等设备与社区服务及120直连，社区配备心脏除颤器、简易呼吸器、心脏按压泵、负压骨折固定装置、氧气瓶等急救设备。在人员安排上，广泛开展社区及楼组志愿者急救培训并获得相应证书，并经常进行走访活动，社会组织和企业提供日间照料及相关产品和服务，让老人在突发疾病时有应急抢救以及家庭和社会照料。然而在这方面，社区对于老人的应急能力方面还有待进一步加强。

（三）老年人支付能力有限且对政府购买认知不足

上海市老年人支付能力较差，影响老年人对于养老服务的有效需求。根据上海市老龄科学研究中心的数据，2015年上海市老年人月均收入达到3863元，68%的老年人每月最多能承担的养老机构费用在1000—2999

元，老年人月均雇佣保姆、钟点工、护工的支出在1250元。[①] 作为上海日间照护标准化试点的南码头老年人日间照护中心，按49元/天的费用进行收取，包括助餐、上门就医、换药、助浴等服务，老年人月均支出在1200元，处于老年人能够普遍接受的价格范围内。但是，日间照护服务中心入驻的老年人需求等级较低，并不能满足全部老年人的需求，如果老年人完全不能自理，需要入住长者照护之家等养老机构，则需要150—200元/天，月均支出在3500—5000元左右。显然，养老服务机构的定价过高，大部分老年人无力支付照护费用。

老年人支付能力不足的同时，还面临着认知不足的问题，认为养老服务的"社区化"就是将养老服务作为公共产品，养老服务的政府购买就是政府的免费供给。然而，政府购买居家养老服务并不是无偿服务，其中一部分服务是属于有偿服务，这就使许多老年人处于观望、怀疑态度，无法安心享受养老服务。

为了解决支付能力不足问题，我国2016年推出了居家养老服务领域的长护险覆盖，对于老人和企业都是重大的利好消息，老人的负担减轻，对居家养老有支付能力的需求增加，需求端的活跃带动企业资产的盘活，对拉动就业、提升创业积极性有很大的促进作用。服务项目以基本生活照料为主，常用临床护理为辅。根据各地试点细则，申请人需接受老年照护统一需求评估，根据其自理能力、疾病状况等评估结果享受对应等级的长护险待遇。目前，保费由个人、单位和政府等共筹，有些城市纳入福彩筹资渠道。截至2017年年底，全国参保人数超过4400万，当年受益7.5万余人，基金支付比例达到70%以上，人均支付7600多元。上海作为第一批长护险的试点城市，经过三年的运作成绩斐然。以上海梅陇镇为例，首先满足条件的参保人员向社区提出申请并选择定点服务机构，在完成统一评估后，社区告知申请人评估结果，再依据评估等级（二至六级），与定点护理服务机构确认服务关系，即可利用长护险支付服务费。[②] 尽管社区居家照护费用比机构养老照护费用高，但长护险在社区居

① 《第四次中国城乡老年人生活状况抽样调查（上海地区状况报告）》，上海市老龄科学研究中心（www.shrca.org.cn/5773.html）。

② 申万宏源：养老行业深度报告。

家照护的报销比例比机构养老照护的报销比例要高，这样的安排旨在减轻居家护理的负担，具有明显的政策导向性。

然而长护险在推行过程中也存在问题，例如长护险和居家养老服务在管理部门上分属于社保部门及民政部门，长护险覆盖的对象是不同等级的高龄失能人员的基本生活照料和临床护理，与居家养老服务的覆盖领域有交集但不完全重合，从服务内容上两者是互补的，但在使用服务过程中两者是相互排斥的，长护险并不能覆盖全部的居家养老项目。于是现实操作中就会出现下列问题：使用了长护险就不能再享有民政部门提供的居家养老服务，或者降低补贴标准，这使得使用长护险的老人不得不放弃原有的居家养老项目，生活质量因顾此失彼并没有得到显著提高。因此长护险的推行需要部门的协调、推进使用过程中的互补性发展，否则居家养老服务并不能发挥最大的辐射作用，相关企业的发展也会陷入停滞。

七 运营模式方面

如何将社会各资源整合在一起需要制度的支持，即家庭、政府、社会组织及企业的职责分工，否则有可能出现表面上“多方负责”、实际上“多方失责”的尴尬局面。上海市居家养老的运营模式主要包括：政府主办、层级联动；政府主导、社会组织运作；政府主导、机构主办、连锁经营；政府购买、公司承办、市场运营四种模式。

政府主办、层级联动，主要是政府及街道社区利用行政力量联合推动的方式，这种模式的好处是居民对政府部门的信任以及评价反馈有利于问题的解决，尤其是互联网打通了沟通渠道，以及中央对于“以人民为中心”理念的宣传及实施，行政变得有效率。但是这种模式也存在很大问题，基层事务繁多，社区居委会很难统筹兼顾。同时，缺少专业化指导再加上资金有限，容易造成服务项目单一，服务效率低下，且政事不分、等级森严、人浮于事。这样的模式已在社区层面进行了详细分析，不再赘述。

政府主导、社会组织运作，即常见的公办或政府与社会组织共建后者运营的形式。政府在其中起到规划、投资、制定项目建设和服务运营法规标准、检查监督和绩效评估等职责，但不承担具体的服务功能。这类模式不仅有第一种模式“政府主办、层级联动”的优点，又能帮助街道和居委会从具体的繁琐中分离出来，有政企分开的效率优势。正如前面提到的，目前社会组织与政府存在依附关系，进入老年服务领域的社会组织更多关注的是达标并获得政府长期的委托，再加上部分社会组织的专业化程度不够，政府对运营的干预力度不好把握，尚待形成非常规范的运作。理论上讲社会组织属于非营利性，但事实上社会组织利用养老服务的契机游走于盈利与非盈利业务之间。

政府主导、机构主办、连锁经营，即公办民营的方式，政府提供经营场所、准入标准、法规、监督检查和绩效评估，民营企业提供服务并向政府缴纳一定优惠租金，这是政府与企业优势互补的典型，政府提供场所解决了养老服务企业在前期面临的难以承担的高额固定成本问题，养老服务产业具有微利性，房屋租金或房产等固定成本使原本微利的企业需要更长的时间摊平固定成本支出，企业的盈利能力进一步缩减甚至亏损，企业的退出又使养老服务产业退回到“政府主办，层级联动”的阶段，不利于政府职能的转变和市场主体的培育，因此，场地问题的解决为企业发展提供了良好的支持，目前上海已经初步形成了企业连锁经营模式，如爱照护、瑞福等日间照护服务品牌。

政府购买、企业承办、市场运营。上海的政府购买主要有养老服务补贴、项目制等方式。关于养老服务补贴，为了使财政资金发挥其有效提高老人生活质量的作用，上海市从 2003 年起实行养老服务补贴以非现金的补贴券（卡）等形式，专款专用购买养老服务，2004—2019 年连续 16 年上海市针对符合养老服务补贴的对象，分别为 6 个等级的困难老人提高补贴标准，老人享用养老服务后将补贴券支付给服务人员，服务人员可以到服务中心换取报酬。这样老人的选择范围扩大，增强服务企业之间的市场化竞争，有利于提高服务质量。另外一种政府购买形式是项目申请制，个人或社会组织提出项目申请，政府审批、考核、评估、审计，申请者一般是社会组织，对区域内养老服务需求非常熟悉，提高了信息对称程度，除此之外还有“公益创投”，即“公益风险投资”，如“上海社区公益创投大赛”，目前在为老人提供免费信息、咨询、健康服务；为老人医疗保健工作者组织培训课程；组织中老年人为当地社区排演话剧；雇佣残疾工人与制造商合作开发高质量、低成本的老年人日用品；培训志愿者、医护人员和病人家属为病人提供临终关怀。[①] 项目制对于开创和培育政府购买和政企合作方式起到良好的孵化作用，但由于资金限制，受益对象有明显的局限性，往往作为试点进行运营，可持续性有待提高。

八 小结

综上，从政府、企业、社区、评估机构、老年人五个参与主体的现状和困境来看，政府购买养老服务在运行过程中长期存在着养老服务认可度低、养老服务企业生存困难、社区功能资源配置效率不足、评估体系配套服务不健全、老年人支付能力有限且对政府购买认知不足的问题。供需匹配度不够是当前养老服务业发展的一个痛点，主要表现在总量性矛盾、结构性矛盾、供需机制不协调和供给不精准四方面。在结构性矛盾上，绝大多数老年人的养老服务需求，需要在社区和居家实现。上海90%以上的老年人有居家养老服务需求。但是由于长期的认识偏差，社区性的居家养老服务没有得到应有的发展，居家养老需求与供给存在结构性缺位，有些服务的质量和价格无法让老人接受，有的服务还处于尝试阶段。在供需机制方面，由于养老服务市场发育不充分，在大包大揽养老服务的传统思维下，自上而下的养老服务供给与自下而上的养老服务需求，由于信息不对称、需求表达渠道不畅、供需之间缺少直接互动，供需错位、缺位问题明显。在供给精准度方面，由于老年人梯度分布的特点，城乡老人、低龄健康老人、高龄老人、失能失智失独老人、经济困难老人需求差异极大，但服务的提供还不够精准、多元，造成有需求的老人可能被排斥在外的情况，或者在服务种类上尚需丰富，以及推进试点的改进和铺开，这些在第六章已经做过详细说明，不再赘述。另外，养老产品的特点在于，老人需求层次的提升尚需要供给方来引导，尤其是随着高学历老人潮的到来，除了基础性的需求之外，与人工智能、物

---

① 敬乂嘉等：《政府领导的社会创新：以上海市政府发起的公益创投为例》，《公共管理与政策评论》2015年第2期。

联网相关的高科技养老产品也应该提前布局，让大数据、自动化等年轻人的需求也成为引领老人生活的时尚要素。

鉴于老人的信任机制还没有本质变化，政府在居家养老的兜底和背书作用是不可忽视的，但在职能方面需要调整，政府将更多精力放在招标、审批、考核、评估、审计，产品供给更多交给市场，在供给方选择上则是公平公正招标，形成供给方可退可进的竞争机制，模式可以多样化，有的项目适合政府购买，比如老人的文体活动，有的适合政府支持下的连锁经营，比如日照中心。但不论哪种情况，形成政府和社会监督下的市场化供给结构，理应成为将来的发展趋势。

第十一章
居家养老服务财政支出绩效评估

公共服务的绩效问题一直都是学术界努力研究的问题。在很多情况下，效率是可以衡量的，比如市场效率，市场效率是指市场实现资源优化配置功能的程度。市场效率具体包括两方面：一是市场以最低交易成本为需求者提供资源的能力，二是市场的需求者使用资源向社会提供有效产出的能力。高效率的市场，应是将有限的资源配置到效益最好的企业及行业，进而创造最大产出，实现社会福利最大化的市场，衡量标准是著名的帕累托最优。又如生产效率由全要素生产率（TFP）衡量，全要素生产率是用来衡量生产效率的指标，它有三个来源：效率改善、技术进步、规模效应，在计算上它是指总产出除去劳动、资本、土地等要素投入之后的“余值”。在公共产品的供给领域，绩效评估是难度比较大但又必须做的事情，这样做可以使“以人民为中心”“为人民服务”等理念落到实处，并将服务具体化、标准化以提高运行效率，在评判服务质量时也有据可循以便于上级部门、社会各界及人民群众对服务过程和质量进行监督。如前所述，在养老服务领域存在供求失衡，制定绩效评估标准过程中也应该充分考虑老人的需求和反馈，有助于解决供求失衡的问题，提高资金使用效率。从另一个层面讲，“领导者必须要重视公共福祉。个人的愿望，只有在他表现为是服务于整个共同体的利益时，它在政治上才是可以得到承认的……具有合法性的政治活动是与责任密不可分的”①。

① ［法］让－马克·夸克：《合法性与政治》，佟心平等译，中央编译出版社2002年版，第40页。

在居家养老服务的公共产品供给领域，也存在“政府缺位”和“政府越位”的可能性，只有首先区分政府的责任和职责，才能在此基础上评价政府的绩效及财政支出效率。相反，如果不是政府的职责政府却事无巨细地进行操作，这是精力和财力的虚耗，不仅带来养老服务供给的低效率，还是对市场的挤出。第一，从资金层面，老人的收入主要来自于养老金，养老金的稳定性和增长性是生活保障的基础，也是养老服务需求的支付来源，老人最担心的是没钱养老和没人养老，因此养老金决定老人的生活质量和养老服务需求的规模。目前我国实行现收现付制和部分积累制相结合的养老保险制度，现收现付制是代际赡养，部分积累制是自我供养，无论是哪一种实质都是自养，因为现收现付制度下的养老金支付也是年轻时的付出老年获得的回报，政府所要做的就是保证制度的稳定性和有效性，并在通货膨胀时期保证养老金的购买力。我国在进入老龄化社会之后，总抚养比（即赡养率）=（老龄人口+未成年人口）/劳动力人口=老龄人口抚养比+未成年人口抚养比，老年人口抚养比增加，二胎放开之后未成年人口抚养比增加，因此总抚养比呈上升趋势，也就意味着在职职工的压力不断增加。在孝文化逐渐淡化的今天，家庭将资源更多倾注于儿童，而对于老人的关怀无论是物质还是精神均比较贫乏，因此来自家庭亲友的资助并不常规和可靠，这就需要养老金充分发挥其保障功能。在老龄化不断加重的情况下养老金按时全额下发并每年都有一定的增长，对于人口大国来说实属不易，再加上财政资金及国有股划拨作为后盾，目前看来可以维持养老保险制度的运转。第二，做好老人梯度分布研究，提高养老服务精准度。养老服务的匹配度其实与年龄的关系不大，有的老人年纪大健康状况好，有的年龄小却身体非常差，因此养老服务匹配度主要与身体状况、收入情况、子女情况相关，在社会保障前提下，市场与政府进行分工合作，政府提供补贴、志愿者服务、安装报警设备、定期上门走访、急救培训及设备安装、制定常规应急方案等，市场主要是提供具体的养老服务，因此需要有一个老人基本状况的动态跟踪。

一 绩效评估模型

（一）直接效用函数

1947 年，L. R. Clein 和 H. Rubin 提出如下形式的直接效用函数：

$$U = \sum_{i=1}^{n} u_i(q_i) = \sum_{i=1}^{n} b_i \ln(q_i - r_i) \tag{1}$$

在（1）式中，U 表示效用；q_i 表示第 i 种商品的实际需求量；r_i 表示可维持生活的第 i 种商品的基本需求量；b_i 为加权参数，表示消费者对第 i 种商品的边际预算份额；其中，$q_i > r_i > 0$，$\sum_{i}^{n} b_i = 1$，且 $1 > b_i > 0$。该效用函数认为，效用具有可加性，且各种商品的效用取决于实际需求量与基本需求量之差。

另外，消费面临的预算约束函数为：$\sum_{i=1}^{n} p_i q_i = V$ （2）

在（2）式中，p_i 表示第 i 种商品的价格；q_i 表示第 i 种商品的实际需求量；V 表示预算总支出；该函数表明，一个理性消费者用于购买消费品的支出会在其预算约束之内。

（二）线性支出系统（LES）模型

1954 年，英国计量经济学家 R. Stone 以该直接效用函数为基础，提出了线性支出系统函数（LES），在预算约束 $\sum_{i=1}^{n} p_i q_i = V$ 的条件下，极大化直接效用函数，即：

MAX　　$U = \sum_{i=1}^{n} b_i \ln(q_i - r_i)$

s. t.　　$V = \sum_{i=1}^{n} p_i q_i$ 运用“拉格朗日乘数法”进行求解，就得到线性支出系统（LES）模型为：

$$p_i q_i = p_i r_i + b_i \left(V - \sum_{i=1}^{n} p_i r_i\right) \tag{3}$$

（3）式表明，消费者对第 i 种消费品的消费支出为两部分之和，第一部分为维持生活的基本消费支出，第二部分为总预算中扣除基本消费支出后对第 i 种消费品的支出。但是，LES 模型存在以下两个缺陷：一是它没有考虑到居民把基本消费支出后的余额用于储蓄或投资的因素；二是总预算 V 是对所有商品需求支出之和，为内生变量，无法外生给出，因而模型难以估计。基于以上两点缺陷，LES 模型并没有在实证中得到广泛应用。

（三）扩展线性支出系统模型（ELES）

1973 年，经济学家 Luich 对 LES 模型做了两点修改，提出了扩展线性支出系统模型（ELES）。用消费者的收入水平 I 代替了预算总支出 V，用边际消费倾向 β_i 代替了边际预算份额 b_i，模型变为：

$$p_i q_i = p_i r_i + \beta_i \left(I - \sum_{i=1}^{n} p_i r_i\right) \tag{4}$$

该模型表明，在一定收入和价格水平之下，消费者首先满足其对某种商品或劳务的基本需求 $p_i r_i$，在余下的收入 $I - \sum_{i=1}^{n} p_i r_i$ 中，按照 β_i 的比例在消费第 i 种商品和储蓄之间进行分配，消费者的边际储蓄倾向为 $1 - \sum_{i=1}^{n} \beta_i$，且有 $0 < \beta_i < 1$，$\sum_{i=1}^{n} \beta_i \leqslant 1$。

对（4）式进行处理，写作：

$$p_i q_i = \left(p_i r_i - \beta_i \sum_{i=1}^{n} p_i r_i\right) + \beta_i I \tag{5}$$

采用截面数据时，（5）式中的 $p_i r_i$ 和 $\sum_{i=1}^{n} p_i r_i$ 都是不变的常数，从而可以

$$\alpha_i = \left(p_i r_i - \beta_i \sum_{i=1}^{n} p_i r_i\right) \tag{6}$$

令 $C_i = p_i q_i$ 表示居民对第 i 种商品的实际消费额。则（5）式可以改写成计量经济模型：

$$C_i = \alpha_i + \beta_i I + u_i \tag{7}$$

其中，α_i 和 β_i 为待估参数，u_i 为随机扰动项。对（7）式采用最小

二乘估计，得到参数估计值 α_i 和 β_i，然后根据定义：$\alpha_i = (p_i r_i - \beta_i \sum_{i=1}^{n} p_i r_i)$，对该式两边求和，得到：

$$\sum_{i=1}^{n} \alpha_i = (1 - \sum_{i=1}^{n} \beta_i) \sum_{i=1}^{n} p_i r_i \tag{8}$$

将（8）式带入（6）式，就可得：

$$p_i r_i = \alpha_i + \beta_i \frac{\sum_{i=1}^{n} \alpha_i}{1 - \sum_{i=1}^{n} \beta_i} \tag{9}$$

再由 α_i、β_i 和（9）式，就可以估计出居民对第 i 种商品的基本需求 $p_i r_i$。同时可以求出需求的收入弹性为：

$$\delta_i = \frac{\partial C_i}{\partial I} \cdot \frac{I}{C_i} = \beta_i \cdot \frac{I}{C_i}$$

自价格弹性为：

$$\beta_{ii} = (1 - \beta_i) \frac{p_i r_i}{C_i} - 1$$

可以发现运用扩展线性支出系统进行消费结构分析，较恩格尔函数模型及其他模型有着明显的优越性：它可以直接运用截面资料进行参数估计，还可以用来进行边际消费倾向分析，需求收入弹性分析，基本需求分析。因此扩展线性支出系统是目前较为优越的一种分析方法。但是可惜的是，因微观数据的可得性不好，这个模型应用于老龄产业的供求分析还需要进一步的数据支持，如果有了比较完善和准确的数据，具体到某一个产品，我们就能大体估计出上海老人的基本需求及需求的收入弹性和价格弹性。如果知道了基本需求，再结合供给就可以判断出需求的满足程度，进而对供给效率进行衡量。可惜目前数据不可得，只能停留在模型上，留待进一步数据挖掘后能够量化。

二　案例区域财政支出效率比较研究

前面各章的讨论主要以中观和微观为主，运用投入产出表分析养老服务产业与其他产业之间的关联程度，可以得到养老产业的发展对其他产业的拉动作用明显，但是国民经济的增长反而对养老服务产业不具备自主拉动作用，因此养老服务产业属于典型的准公共产品。地方财政支出效率低下问题是一个世界普遍面临的难题，在医疗、养老、就业等民生问题日益突出。当前上海市老龄化程度不断加快的情况下养老作为非常重要的民生问题，民间关注度非常高。但在养老服务供给过程中，原有的服务提供模式使政府既是公共服务的提供者，又是服务过程的监督者，受专业性和供给效率的限制，政府提供公共服务，财政负担日益加重的同时供求结构问题比较严重，效果也不理想。上海市在养老领域比较早进行了政府购买的尝试，政府购买服务、项目制等就是将服务提供从包办模式转变为协作模式，让市场机制介入服务，让社会力量参与到多样化的服务，从而使政府的职能转变为政策的制定者、购买者和服务实施的监督者，这样既可以实现政府职能的转变，降低政府财政成本，节约有限的财政资源，又能促进社会组织的发展和提高政府的财政支出效率。目前提出新的“嵌入式”居家养老规划，经过多年的实践和积累已经初具规模。目前在供给模式转变过程中财政支出效率究竟如何？其效率提升空间是否存在？需要进行财政支出效率的估算和比较研究。因此，除了供求错配及机制上的定性分析之外，也需要财政支出效率的定量研究，财政支出效率一向是民众关心的问题，也是政府高效利用资金的评价和监督方式，定性和定量研究相结合，可以更全面直观地反映居家养老这一准公共产品的投入产出情况和运作效率。

（一）衡量支出效率的方法比较

微观经济学在衡量“一个投入一个产出”或者“多个投入一个产出”时通常采用生产函数进行评价。生产函数是指在一定时期内，在技术水平不变的情况下，生产中所使用的各种生产要素的数量与所能生产的最大产量之间的关系。假定 X1、X2……Xn 顺次表示某产品生产过程中所使用的 n 种生产要素的投入数量，Q 表示所能生产的最大产量，则生产函数可以写成以下的形式：$Q = f(X1, X2, \cdots, Xn)$，$Q = f(L, K, N, E)$，式中各变量分别代表产量、投入的劳动、资本、土地、企业家才能。其中 N 是固定的，E 难以估算，所以一般的简化为 Q = f（L、K），通过测算到生产函数的距离评价经济个体的生产效率。再考虑价格因素，就可以将经济个体的总收益和总成本计算出来，进行更直观的经济效率评价。宏观经济学对全社会的生产效率进行衡量时通常采用生产可能性曲线和帕累托有效等方式进行衡量，生产可能性边界表明在既定的经济资源和生产技术条件下所能达到的两种产品最大产量的组合。社会生产处在生产可能性边界上表示社会经济处于充分就业状态，即生产的帕累托最优状态；社会生产处在生产可能性边界以内的点，表示社会未能充分利用资源，即存在闲置资源，其原因是存在失业或经济缺少效率。但是当绩效问题是“多个投入多个产出”的情况，投入或产出没有市场价格信息，从而无法计算总收益或总成本，因此投入和产出的度量单位无法统一于货币度量，或者因产出较多而无法用具体的生产函数表达出来时，生产函数及生产可能性曲线均失效。

效率评价是现代公共财政管理主要研究工具之一，常见的效率评价方法很多，诸如360度效率评价方法、数据包络分析法、平衡计分卡方法、层次分析法等。政府购买服务的财政支出效率评价涉及多个指标，输入指标包括政府每年购买服务资金投入，输出指标包括政府购买服务项目数量、服务人员数量、服务满意度等。因此，财政支出效率评价属于多输入—多输出综合性评价问题。

与其他效率评价模型相比，DEA（数据包络分析）的优势在于以下方面：一是DEA对于评价复杂系统的多输入—多输出分析具有独到之处。应用DEA建立模型前无须对数据进行无量纲化处理，也不需要确定投入产出的具体表达形式。第二，DEA以决策单元的各输入输出的权重为变量，无须设定权重值，权重值是根据决策单元输入输出的实际数据自动形成最优。该方法从最有利于决策单元的角度进行评价，从而避免了确定各指标在优先意义下的权重。第三，输入输出之间必然存在相关关系，但是与其他方法相比，DEA方法不必确定这种关系的显性表达式，通过一组最优的决策单元及其构成的包络面，描述生产可能集之内投入对应的最大产出，评价决策单元的相对有效性，因此排除了主观因素的干扰，具有很强的客观性。第三，DEA作为新的非参数统计方法，属于纯技术路线，DEA方法不仅可以用线性规划判断决策单元对应的点是否位于有效生产前沿面上，同时可以获得管理信息。近些年DEA方法被广泛地运用在各个领域的效率评价中，如政府、银行、铁路运营等。

要衡量养老服务领域政府财政支出的使用效率，需要对相同类型的部门或单位（决策单元）进行评价，评价依据是决策单元的“输入”和“输出”数据，输入数据是决策单元在某种活动中消耗量，如投入的总金额、投入的资本及劳动力数量、占地面积，等等。输出的数据包括决策单元经过一定的输入后产生的活动成果，例如产品数量、产出金额、产出质量及经济效益等，通过输入和输出的数据评价决策单元效率优劣。DEA 可以得到每个决策单元的综合效率数量指标，据此将各决策单元顶级排队，确定有效的决策单元，并指出其他决策单元非有效的原因和程度，判断决策单元的投入规模是否恰当，并能计算出决策单元调整投入规模的正确方向和程度，扩大还是缩小，最优的改变量为多少。

（二）衡量支出效率的 DEA 分析法

DEA 分析法由决策单元、投入产出、生产可能集、生产前沿面、有效和无效的判断标准所组成。决策单元（DMU）是将投入转化为产出的决策责任主体，DEA 效率分析的对象，决策单元可以是多个，其投入的效率值就是与其他决策单元相比的生产能力的相对值，在现实中决策单元可以是学校、医院、政府等。在 DEA 分析方法中，要求决策单元具有同质性，即各决策单元的任务或目标相同、所处的外部环境相同、各决策单元的投入产出指标和量纲一致，才能建立比较基础。投入（INPUT）产出（OUTPUT）方面，假设投入不具有拥挤性，即投入的增长不会造成产出减少。DEA 不受各种投入产出要素的量纲影响，仅仅要求不同决策单位在生产过程中使用相同要素的量纲一致。生产可能性集需要满足平凡公理、凸性公理、无效性公理、锥形公理及最小性公理假设条件。生产前沿面（Production Frontier）包括两种情况，存在 $w \geqslant 0$、$u \geqslant 0$ 时 $L = \{(X, Y) / w^T X - u^T y = 0\}$，$T \subset L = \{(X, Y) / w^T X - u^T y > 0\}$，$L \cap T \neq \varnothing$，$L \cap T$ 即为弱生产前沿面。$W > 0$、$u > 0$ 时 $L = \{(X, Y) / w^T X - u^T y = 0\}$，$T \subset L = \{(X, Y) / w^T X - u^T y > 0\}$，$L \cap T \neq \varnothing$，$L \cap T$ 即为生产前沿面。有效性的判断标准主要有技术有效及规模收益。对于任意决策单元的 (x, y)，若不存在 $y* > y$，$(x, y*) \in T$，则称 (x, y) 是技术有效的生产活动。规模收益是弹性概念，同期投入、产出的同期相对变化比值 $k = \frac{\Delta y}{y} / \frac{\Delta x}{x}$，$k > 1$，说明规模效益递增，增加投入可以提高效益；$k < 1$，

说明规模效益递减，需要考虑减少投入；k = 1，规模效益不变或称规模有效。落在弱有效前沿面的 DMU 为弱有效，落在有效前沿面上的 DMU 为有效，其他情况下的 DMU 为无效。

按照对效率的测量方式，DEA 模型可以分为投入导向、产出导向和非导向。投入导向模型是从投入的角度对被评价 DMU 无效率程度进行测量，关注的是在不减少产出的条件下，要达到技术有效各项投入应该减少的程度；产出导向模型是从产出的角度对被评价 DMU 无效率程度进行测量，关注的是在不增加投入的条件下，要达到技术有效各项产出应该增加的程度；非导向模型则是同时从投入和产出两个方面进行测量。具体到模型的经济含义及政策意义，投入导向是指在产出既定的条件下，各项投入可以等比例缩减的程度来对无效率的状况进行测量；而产出导向则是在投入既定的条件下，各项产出可以等比例增长的程度来对无效率状况进行测量。在 DEA 模型中，“产出既定”是指产出不减少，“投入既定”是指投入不增加。

财政支出效率分为配置效率和技术效率两个方面，其中配置效率是围绕财政支出与辖区居民的偏好间匹配程度展开，其前提条件是决策单元及居民需求的偏好是同质的，偏好强度主要由辖区内居民的收入水平、政府决策目标模式及准公共产品的供给状况决定。本书研究的是上海市居家养老服务的财政支出，受众是本区域的老年群体，从空间距离看相隔不远具有相似的居住环境和经济条件，从群体的消费特征看具有相似的生活习惯和文化传统，从准公共产品的供给者看供给模式相似，区政府的决策模式不仅受市级政府的统一影响，而且还受各区政府决策的互相影响而趋向于一致，因此这样的研究对象和范围符合 DEA 关于决策单元和居民偏好同质性的前提条件。

财政支出的技术效率是指财政投入与公共产品产出间的对比关系，数据包络分析法实质上就是构造效率前沿评估财政支出的技术效率，其目的就是以效率前沿作为技术效率的标准评估现实的技术效率与最优差距，关键是合理选择公共产品的投入和产出指标，这里需要特别关注数据的科学性和可得性。就投入而言，官方的统计资料可以获取居家养老服务投入的相关信息，当然按照准公共产品的供给方式看，供给成本由市场和政府共同承担，产出也很难区分哪些是政府供给，哪些又是市场提供。从性质上看，无论是政府购买、项目制还是公司合作的其他方式，政府的财政资金发挥着非常重要的作用，项目的启动、运转以及供给过程，均有赖于政府的财政资金，同时 DEA 采用的是比较方法，通过构建效率前沿，根据研究决策单位与效率前沿的差距衡量技术效率，这是一种相对效率得分的非参数方法，在同质性的假设下回避了绝对值对衡量技术效率的干扰，因此得出的结果是具有实际意义和参考价值的。

三　上海市居家养老服务财政支出效率的 DEA 分析

本书结合前面的问卷调查区域、数据可得性以及区域的可比性，选取上海市 4 个区的居家养老服务财政支出作为输入指标，输出指标设定为 3 个，包括居家养老服务项目的数量、享受服务人员数量、服务满意度。所谓居家养老服务的政府财政支出，是指政府每年在购买居家养老服务上为社区投入的资金，以“元”计量；服务项目的数量是指社区提供居家养老服务项目的数量，以“个”计量；享受服务人员数量是指社区享受居家养老服务的人员数量，以“人”计量。上述指标均可以在官方网站上获取。经过多方查询，服务满意度指标无法获得，只能通过前述问卷调查收集上来的对服务质量打分进行衡量，采用百分计。

按照设定的指标和相关数据，运用 DEAP2.1 软件即可完成 DEA 模型的计算过程。[①] 本书采用 CCR 模型计算上海市 4 个区的政府居家养老服务财政支出的相对效率，即为综合效率。在变动规模报酬条件下，综合效率可细化为技术效率和规模效率，即在决策单元不具备最优综合效率时，可从技术效率和规模效率进行分析，综合效率等于规模效率与技术效率的乘积。其中，技术效率表明决策单元在现有的技术水平上投入能否得到有效运用；规模效率表明决策单元的生产率能否达到最优，生产率是产出增长率与投入增长率的比值。按照问卷调查时间，本书主要寻找 2017 年之后的案例区资料。在选择区域时充分考虑了地理位置、收入水平及政府决策等因素。

---

① 王恰：《DEA 方法与资源配置问题研究》，中国社会科学出版社 2017 年版。

（一）样本数据的选取

因数据的可获得性及时间的滞后性，本书选取 2016 年和 2017 年上海市四个区的政府居家养老服务的指标作为样本数据，2016 年 A 区的数据仍为老 A 区，2017 年为两区合并后新 A 区的数据，除此之外其他区的数据每年变化并不大，因此具备一定参考意义。具体数据见表 11—1。

表 11—1　　四个区的居家养老基本情况

区	时间	居家养老财政支出（万元）	居家养老服务机构数量	享受服务人员数量（人）	服务满意度
A 区	2016	4037. 72	139	9483	95
	2017	5055. 60	159	25341	95
B 区	2016	6014（扶持专项）7956	269	56611	87
	2017	8450	287	57500	87
C 区	2016	2978. 4525	142	21100	80
	2017	2823. 27	157	21171	80
D 区	2016	1868. 92	107	24761	82
	2017	8346	114	24289	82

数据来源：根据上海市养老服务平台、区民政局居家养老专项资金使用绩效审计调查结果、各区年鉴及各区财政局、民政局和统计局网站的信息计算。

（二）实证分析

1. 财政支出效率的评价

按照设定的指标和相关数据，运用 DEAP2. 1 软件中产出导向型的 BCC 模型计算上海市 4 个区政府购买居家养老服务财政支出的相对效率，即为综合效率。在变动规模报酬条件下，综合效率可细化为技术效率和规模效率，即在决策单元不具备最优综合效率时，可从技术效率和规模效率进行分析，纯技术效率和规模效率是对综合效率的细分。其中，技术效率表明决策单元在现有的技术水平上投入能否得到有效运用；规模效率表明决策单元的生产率能否达到最优，生产率是产出增长率与投入增长率的比值，由此计算得出的结果及排名见表 11—1。

表 11—1　　四个区的效率对比

年份	区	综合效率	技术效率	规模效率	DEA 是否有效/规模效应趋势
2016 年	A 区	0.601	1	0.601	无效/递减
	B 区	0.781	1	0.781	无效/递减
	C 区	0.833	0.956	0.871	无效/递减
	D 区	1	1	1	有效/不变
2017 年	A 区	0.668	1	0.668	无效/递减
	B 区	0.907	1	0.907	无效/递减
	C 区	1	1	1	有效/不变
	D 区	0.388	0.869	0.447	无效/递减

从综合效率看，2016 年仅 D 区的综合效率是 1，表明评价单元既是技术有效又是规模有效，处于 DEA 强有效状态，D 区在技术利用和规模上处于最优性态，财政支出绩效较理想。而其他三个区的综合效率均低于 1，表明财政支出 DEA 无效；2017 年 A 区、B 区、C 区三区政府购买居家养老服务财政支出效率均得到提升，C 区的综合效率提高到 1，表明财政支出有效，而 D 区的财政支出效率下降，说明其在资源配置或效率等方面出现问题。

综合效率又可以分为技术效率和规模效率，技术效率为 1 则表明纯技术效率是在生产前沿面的，即在当前的技术水平下，其投入所能收获最大产出。在 4 个决策单元中，达到技术有效的共有 3 个，占了样本总量的多数，说明这些区域在技术利用与引进、人员专业化培养以及要素投入结构与资源配置上处于先进和高效水平。从技术效率看，2016 年 A、B、D 三区的技术效率为 1，表明社区的投入要素都得到有效的运用，而 C 区的技术效率低于 1，表明该区投入要素未充分利用；2017 年 A、B 两区的技术效率仍然保持 1，C 区的技术效率上升为 1，说明这 3 个区的投入要素均实现产出最大化。D 区的技术效率有所下降，表明一定的投入下产出量尚未达到最理想的水平。

规模效率指的是养老服务的现有规模水平对投入产出的影响，反映出要素投入和产出与现阶段发展水平相适应的程度，即通过优化配置对产出单元所发生作用的大小。表 11—1 中 2016 年满足规模有效的单元只有 D 区 1 个，且同时又是技术有效，处于 DEA 强有效状态，说明其要素投入水平刚好与规模实力相适应，不存在投入过多或不足的现象，生产率达到最优状态。数据结果比较可得，达到规模有效的样本个数不如技术有效的数量多，在非规模有效单元中，规模效率各有不同，从高到低排列是 C 区—B 区—A 区，说明产出弹性 D 区最好，其次为 C 区。仅 D 区规模效率是 1，即规模效应不变，而其他三区的规模效应递减，这说明这 3 个社区都未处于最优规模效应，即产出增长率小于投入增长率。2017 年，C 区出现了生产率大幅度的提升，技术弹性和产出弹性达到最优，B 区的生产率在 0.9 以上，也得到了进一步发展，A 区的情况变化不明显，而 2016 年达到最优的 D 区，技术效率和规模效率均下降比较快，生产率水平严重下滑，需要重点关注。

从规模效应看，2016 年 A、B、C 三区均处于规模收益递减阶段，应适度缩减规模，着重优化投资结构与资源配置，以使规模与自身的生产发展水平和实力相匹配，避免不必要的要素投入而造成的产能过剩。D 区处于规模收益不变阶段，其运营有着稳定的规模收益报酬；2017 年 A 区、B 区仍处于规模报酬递减阶段，而 C 区无论是技术效率和规模效率，均处于相对最优状态，在这样的情况下规模报酬处于规模不变阶段，可以继续优化资源配置的条件下保持稳定的规模。

2. 需要进行的效率改进

由 DEA 基本理论可知，DEA 效率评价结果不仅可判断决策单元是否有效，而且可以对无效决策单元的效率改进提供依据，主要方法是利用无效决策单元的松弛变量进行数据分析，松弛变量包括投入冗余和产出不足两部分，即原模型中的 s 值。投入（产出）指标的松弛变量不为零，则表明投入（产出）存在冗余（不足）。2017 年 C 区为 DEA 强有效单元，故不存在投入冗余或产出不足问题，进而表明这些单元的生产要素投入对养老服务的发展起到了充分的促进作用。

从产出松弛变量的比较（表 11—2）来看，2017 年 A、B、C 三区的产出处于生产前沿线，投入得到充分利用，因此产出松弛变量为 0，D 区产出松弛变量结果显示，既定投入的前提下为老人提供居家养老服务机构的数量还可以增加 39 个。或者采用投入松弛变量来衡量，如表 4 所示，既定产出下居家养老的财政支出可以减少 3015.36 万元，这属于投入冗余。

表 11—2 和表 11—3 是针对 2017 年 D 区的效率改进数据，表中分别给出 4 个指标的最优数据，即 DEA 有效数据，从数据可以看出 D 区政府购买居家服务财政支出效率未达到最优，存在效率改进的必要。

表 11—2　　　　产出松弛变量

区	居家养老服务机构数量	享受服务人员数量（人）	服务满意度
A 区	0	0	0
B 区	0	0	0
C 区	0	0	0
D 区	38.2（产出不足）	0	0

表 11—3　　　　投入松弛变量

区	居家养老服务机构数量	享受服务人员数量（人）	服务满意度
A 区	0	0	0
B 区	0	0	0
C 区	0	0	0
D 区	3015.360（投入冗余）	0	0

从表 11—1 的投入方面可以看出，与 2016 年相比，除 C 区之外，2017 年其他各区在居家养老服务项目上得到的政府财政资金投入都有大幅度的提升，提高最多的是 D 区。表 11—4 表明 2016 年 4 个区的财政支出均不存在投入冗余问题，即当年财政投入效率最优。2017 年 A 区、B 区、C 区三区的政府财政支出不存在冗余问题，D 区需要政府购买居家服务财政支出效率未达到最优，存在效率改进的必要。

表 11—4 **2016 年财政支出效率比较**

区	时间	居家养老财政支出（万元）	居家养老服务机构数量	享受服务人员数量（人）	服务满意度
A 区	2016	4037.72 4037.72 **	139 139 *	9483 9483 *	95 95 *
B 区	2016	6014 6014 **	269 269 *	56611 56611 *	87 87 *
C 区	2016	2978.45 2978.45 **	142 148 *	21100 32193 *	84 84 *
D 区	2016	1868.92 1868.92 **	107 107 *	24761 24761 *	82 82 *

* 财政支出金额（投入）不变时的最优产出。** 产出不变时的最优财政支出金额。

从表 11—5 的产出方面看，与 2016 年相比，2017 年 4 个区在居家养老服务项目上服务项目的数量都有所增加，享受服务人员数量除了 D 区之外，其余三区都有所增加，其中 A 区增加最多。2016 年 C 区服务项目的数量、享受服务人员数量存在产出不足问题，这说明 C 区在居家养老服务项目数量、享受服务人员数量上都有待完善提高。2017 年 D 区服务项目的数量、享受服务人员数量及服务满意度均存在产出不足问题，这说明 D 区在居家养老服务项目数量、享受服务人员数量上都有待完善提高。总体看来，还是有个别区域需要特别关注，政府应当尽可能在财政支出一定的情况下，增加服务项目数量和享受服务人员的数量，提高服务质量，从而提高政府财政支出的效率水平。

表 11—5 **2017 年财政支出效率比较**

区	时间	居家养老财政支出（万元）	居家养老服务机构数量	享受服务人员数量（人）	服务满意度
A 区	2017	5055.60 5055 **	159 159 *	25341 25341 *	95 95 *

续表

区	时间	居家养老财政支出（万元）	居家养老服务机构数量	享受服务人员数量（人）	服务满意度
B 区	2017	8450 8450 **	287 287 *	57500 57500 *	87 87 *
C 区	2017	2823.27 2823.27 **	157 157 *	21171 21171 *	80 80 *
D 区	2017	8346 5331 **	114 169 *	24289 27947 *	82 94 *

* 财政支出金额（投入）不变时的最优产出。** 产出不变时的最优财政支出金额

Summary of Peers 表示非 DEA 有效单元根据相应的 DEA 有效单元进行投影即可以实现相对有效。从 2017 年数据可以看出，相对 DEA 有效单元是 B 区，D 区的参照集为 B 区。表 11—6 显示了 D 区政府居家养老效率的改进数据，从财政支出的原始值与最优数据可以看出，D 区政府的居家养老财政支出效率比较低，存在投入冗余值。社区服务项目的数量、享受服务人员数量和服务满意度都存在投入冗余和产出不足问题，这说明 D 区在居家养老服务项目数量、享受服务人员数量和服务满意度上都有待完善提高。政府应当增加服务项目数量和享受服务人员的数量，提高服务质量，从而提高政府财政支出的效率水平。

表 11—6　　2017 年 D 区政府居家养老效率改进数据

指标	原始数据	最优数据	松弛变量	
			投入冗余值	产出不足值
财政支出/年	8346	5331	3015	0
居家养老服务机构数量（个）	114	169	17	38
享受服务人员数量（人）	24289	27948	3659	0
服务满意度	82	94	12.352	0

四 小结

基于前述情况，通过对上海市4个区的居家养老服务财政支出效率进行分析，不难看出政府所提供的服务项目规模收益、项目数量、享受服务人员数量以及服务满意度等是影响居家养老服务政府财政支出效率的重要因素。因此，提高地方政府购买服务的财政支出效率应考虑并力求做到以下几个方面。

第一，数据库的构建方面。笔者在搜集相关的数据资料时发现，官方网站上有关养老服务需求的数据都比较分散，数据分散在十多个网站。由上海市民政局负责运作的养老服务平台于2019年6月2日正式上线，主要有养老院、长者照护之家、社区综合为老服务中心、日间照护机构、助餐服务场所、社区养老服务组织、护理站（院）七大类，平台的建立为帮助老人了解上海市养老服务、区域分布以及相关政策提供了权威的信息来源，显然这个平台面向老人、家庭及养老服务行业从业人员的实际需求，这是一大飞跃。然而，居家养老服务的进一步发展还有赖于对于产业运作、老人需求的动态以及财政资金的运营效率等问题的研究，在这一方面，研究人员获取资料和数据的官方网站却很少，这使得居家养老服务更多地停留在实务上，理论研究相对贫乏。目前又提倡长三角养老一体化，更需要相关的动态数据作为制定政策的依据，因此更需要长三角区域居家养老服务的数据库建设与信息共享。

第二，从案例区域的财政支出效率计算结果看，情况差别比较大。2016年与2017年纯技术效率都为1的有2个区，表现比较稳定，也就是说相对于其他区这两个区投入产出效率是高的，还有一个区前后两年对比处于相对进步的状态，有一个区处于相对落后的状态。从产出弹性看，多数区都是产出弹性小于1的情况，多数区处于既定技术水平下随着投入规模的扩大，产出增加的比例在规模效应递减区域。作为准公共产品，居家养老服务不同于市场化的产品，政府行为也不同于企业行为，尽管存在规模效应递减的情况，但在财政支出规模上一般具有刚性，需要调整的是供给结构，这就需要对每一类服务进行规模效应的评估。

第三，居家养老服务的政府财政支出需充分考虑到各服务项目的规模收益。上述研究中因数据缺乏，无法做到对主要的养老服务项目分别进行效率评估，如果具备数据条件，就可以区分某个项目的收益递增、递减和不变的性质。对于规模收益递减的服务项目，政府需调整财政支出结构来消除效率损失，对于规模收益递增的服务项目，政府需进一步增加财政支出来改善效率。

第四，地方政府购买服务应尽量扩大服务购买范围、增加享受服务人员数量。当前我国地方政府购买服务涉及养老、残疾人服务、医疗卫生、教育、社区服务等公共服务，存在数量少、购买规模小、购买领域狭窄的问题，同时尚未涉及更多地门类，如除了老有所养（如陪伴、照顾）之外，也要增加老有所乐（娱乐、学习和公益）等文化消费。因此扩大服务购买范围、增加享受服务人员数量是提升我国地方政府购买服务财政支出效率的重要途径。

第五，地方政府购买服务应充分考虑服务的满意度。服务满意度不仅是衡量和提升政府购买服务财政支出效率的重要指标，而且与人民生活息息相关。在政府购买服务的过程中，让民众对财政资金的投入、组织机构、服务队伍、服务质量以及制度的建设等实施情况进行打分，既有利于实现公共服务市场化，又有利于打破长期以来政府在公共服务供给中的垄断地位，从而提高政府购买服务的效率。

第十二章
国外居家养老的经验借鉴

许多发达国家在20世纪已经进入老龄化阶段，老龄化问题成为主要的世界经济体所面临的棘手问题。随着发展中国家的经济和社会发展，人口红利也逐渐减少或消失，老龄化也成为发展中国家不得不面对的问题。老龄化涉及的层面比较多，一方面在生产效率不变的情况下，年龄结构的老化对经济增长的动力构成威胁，另一方面老年人需要家庭和社会的照料，供养机制决定了老年人的福祉和社会的稳定。因此各国都在不断探索和尝试，在构建什么样的养老体系以及构建途径方面积累了丰富的经验，尤其是发达国家，他们比较早地进入这个领域，发展中国家具有后发优势，能够针对自身存在的短板博采众长，探索适宜本国的养老模式。纵观主要发达国家养老体系的发展历史，有个共同的特点就是机构养老向居家养老的转换，目前居家养老仍为主流模式。本部分选取了居家养老服务体系比较成熟的几个发达国家，通过对政策演变、制度变迁、居家养老服务机制、人力资源培养以及主体的角色定位等方面，结合我国居家养老体系存在的问题，总结可资借鉴的经验。他山之石，可以攻玉，尽管中国与案例国家在经济条件、社会发展阶段及生活传统习惯方面有较大的差异，但相同点也很多，比如以居家养老作为养老体系的主导模式来应对老龄化问题，所涉及的主体以及面临的问题也有相似之处，因此具备一定的可比性和经验的借鉴意义。

日本，这一无论是地理位置还是养老传统都很相近的国家，不仅老龄化程度很高而且进入老龄化社会的时间较长，在应对老龄化方面积累了丰富的经验，体制也比较成熟和健全，而且在实践中我们已经在借鉴日本的经验，因此了解日本的居家养老体系是必不可少的。澳大利亚的居家养老服务体系特色明显，例如菜单式服务、喘息服务、行业竞争和淘汰机制以及志愿者队伍的培养等都是我国可以汲取的经验。欧洲普遍实行高福利，但同时也带来财政负担加重的问题，他们在居家养老方面也有长时间的探索过程，其特色在于广泛的社会参与、严格的准入和监管制度、专业护理人员的培养以及政府角色定位方面都值得探讨。

一　日本的居家养老服务体系

1970 年日本 65 岁以上人口比例达到 7.1%，正式进入老龄化社会（Aging Society）。尽管在发达国家，日本进入老龄化社会比较晚，但老龄化程度的加深却是非常迅速，1994 年日本 65 岁以上的人口比例达到 14%，进入老龄社会（Ageed Society），从老龄化到老龄社会的跨越，日本只用了 24 年，而同样的比例变化，德国和英国用了 40 多年，美国用了 70 多年。老龄程度的加速仍没有停止，到 2005 年，日本 65 岁及以上人口比例上升至 20.2%，仅用时 11 年就从老龄社会迈入超老龄社会（Hyper-aged Society）。人口结构的失衡使得日本面临着非常严重的养老问题，在老龄化问题研究和实践方面日本也走在前面，从政策制定到实践操作有可资借鉴的丰富经验。日本的老龄化进程如图 12—1 所示。

表 12—1　　60 年来日本经济增长、人口老化和城市化情况

时段	实际 GDP 年均增长率（%）	年份	>65 人口比例（%）	城镇人口比例（%）	人均 GDP（现价美元）
1955—1973	8.45	1975	7.9	75.7	4514.2
1974—1991	4.22	1995	14.6	78.0	42522.1
1992—2012	0.22	2013	25.1	92.0	38633.7

资料来源：实际 GDP 年均增长率依据各年度数据计算得到，1955—1993 年数据来自日本总务省统计局的长期统计系列，以 1990 年为基准；1994—2012 年数据来自日本内阁府的统计情报调查结果，以 2005 年为基准。65 岁及以上人口比例来源于国立社会保障·人口问题研究所的人口统计资料集。城镇人口占总人口的比例来源于世界银行数据库。

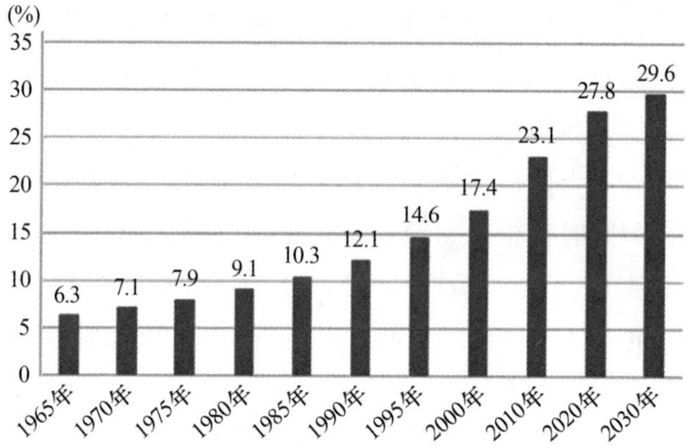

图 12—1 日本老年人口比率变化趋势（1965—2030 年）①

近 50 年来，与人口老化速度呈递增态势相对应，日本经济增长速度却呈明显的递减趋势。如表 12—1 所示，在进入老龄化社会之前，日本经济保持了 20 年的高速增长期；进入老龄化社会之后，经济增长迅速降温，但亦保持了近 20 年的低速增长。老龄化程度加深的同时财力有限的困境，与我国未富先老的现状颇为相似。

（一）政策演变

日本的养老政策演变与老龄化几乎是同步进行的。如前所述，日本人口结构从老龄化社会到老龄社会再到超老龄社会迅速失衡，经济却从高速到中速、超低速迅速滑落。为防止人口老龄化可能带来的一系列后果，日本经过半个多世纪的探索在养老服务业方面实现了传统的“家庭养老”到“机构养老”到现代“居家—社会型”养老模式的成功转型，这种转型与政策的制定和服务理念的转化密切相关。日本在 20 世纪 50 年代开始养老立法和相关制度建设工作，60 年代至 80 年代出台多项政策推进养老体系发展，90 年代提出“在地养老”理念，提倡对住所进行适老化改造、发展护理服务业等辅助老年人尽可能长时间地生活在熟悉的环境中。此后，日本政府开始在市町村推行“居家养老”模式，经历了从

① 根据日本厚生劳动省公布数据制成。

单一主体到多元主体、从碎片化到整合的转变，形成自助、互助、共助、公助四位一体的居家养老服务模式。20 世纪 60 年代至 90 年代的政策变迁如表 12—2 所示。

表 12—2　　　　　　　　日本养老政策的发展情况

	20 世纪 60 年代	20 世纪 70 年代	20 世纪 80 年代	20 世纪 90 年代
法规、政策	1963 年老人福祉法实施		1983 年老人保健法实施；1989 年高龄者保健福祉 10 年战略	1990 年老人福祉法等的修正；1994 年新高龄者保健福祉 10 年战略
保健、医疗、福祉	1962 年家庭奉仕员制度；1963 年特别养护老人院；1969 年日常生活费用补助等	1973 年老年人免费医疗制度；1978 年访问看护指导；1978 年短期照料服务；1979 年日间照料服务	1982 年增大家庭照料帮助员的派遣；1983 年特例许可老人病院；1988 年老人保健设施；1989 年照料性养老院	1990 年在宅照料支援中心；1992 年访问看护站；1994 年老人保健福祉计划
研究中心	设施照料	老年人医疗范围的扩大化	居家照料问题	老年人照料的体系化

1972 年和 1973 年，日本政府对《老人福利法》进行了两次修订，对 70 岁以上的老人和 65 岁以上卧床不起的老人实施免费医疗制度。这项制度减轻了老人医疗费的负担，但是也出现了医疗需求过度，医疗财政状况恶化的情况，这样的养老方式将家庭负担全部交由社会承担，不仅具有不可持续性，也违背了家庭养老的传统。

1982 年，日本政府制定了《老人保健法》，结束了老人免费医疗制度，以“保健 + 医疗”的原则，将老人健康事业分为了医疗和保健两大类。保健的对象是 40 岁以上的居民，由市、町、村负责进行定期免费体检、保健训练、教育和健康咨询的服务，费用由国家和地方各级政府负担，医疗机构不承担。医疗的对象是 70 岁以上的老年人和 65 岁以上卧床不起的老人，而且对住院时间有一定要求，老人本身也要承担一定的费用。《老人保健法》强调了社会和家庭在老人保健实施方面的重要作用，而且重点要推广的是介于医院和家庭之间的中间设施，这是非常重要的转折点，摆脱了原有家庭和机构非此即彼的固有模式。完全由家庭式传统养老，家庭成员家庭工作两头照顾，无法承受高负荷劳作。完全交给机构，家庭成员的负担得以缓和，但又意味着医疗费用的提高和社会资源的大量占用，离开家人的关爱对于老人的身心健康也是不利的。中间状态就是老人足不出户或者是就近可以获得专业的照料，兼有家庭照料和机构照料的优势，家庭成员缓和压力，依托家庭及社区资源不会对财政造成太多压力，家庭与社会共担的结果是各种“中间设施”发展迅速。所谓“中间设施”有两层含义，一是介于养老机构和居家养老之间的设施，如“日托设施”“短期托老设施”以及面向痴呆老人的“日托看护设施”；二是介于医院和养老机构之间的具有医疗和养老功能的设施，这就是“老人保健设施”，形成了居家养老的雏形。但是随着老人福利制度和老人保健制度的实施，其间也出现了一些矛盾。主要体现在：一是老人对养老服务需求的多元化和多样化与供给服务的单一性和质量低下的矛盾；二是补贴范围有限的问题。财政给付对象主要限定在需要接受生活救助的高龄者，不在补贴范围的其他年龄段老人因收入有限无法购买获得相应的服务。

为了扩展养老服务的多元化，1989 年，日本制定并公布了《高龄者保健福祉推进 10 年战略（1990—1999 年）》，被称为《黄金计划》。该计划是在老龄化程度逐渐加剧，政府财政负担过重的背景下提出的，目标是为推进地区保健、医疗与福祉服务，提出要创设“长寿社会福祉基金”，并针对居家养老服务员数量、长期和短期的养老机构数量以及与老人保健相关的各种机构等做出了具体规定，这项计划使得居家养老和居宅看护成为养老的发展方向。1992 年 12 月，日本厚生省提出了“就地老化”（Aging in Place）的养老概念，即老年人通过对住宅改造以及医疗机构、养老设施等服务体系的利用，尽可能长时间地生活在现有熟悉的环境中。之后，“居家养老”作为政府的养老政策开始在日本的各个市町村中推行。老年人可以在自己居住的地方自由选择居家生活或者在社区附近的养老设施机构生活。可以说“居家养老”中的“家”不仅包括住宅本身，还包括居住地区的设施机构以及各项针对老年人的区域性服务体系。[①] 1994年，日本政府对《黄金计划》做出了修订，制定了《新高龄者保健福祉推进10年战略（1994—1999年）》，被称为《新黄金计划》。这项计划增加了社会养老服务的供给，在原有基础上对各个机构的数量都做了进一步的增加，同时强调了服务的普遍性、综合性和社区化，充实了居家养老服务的内容，建立了服务质量评价标准，积极推动长寿健康科学的应用和研究。

2000年，日本实行了《护理保险法》，法律出台后日本养老机构的供给体制发生了根本变化，为解决上述两个问题创造了条件。按照《护理保险法》规定，被保险人可以选择服务对象，打破了政府在福利方面的行政垄断，为民间机构带来了发展契机，养老机构的数量、类型和服务质量都发生了很大变化。养老金有限的情况下，老人无法支付服务费用，造成意愿需求与实际需求的脱节，如何解决这一矛盾呢？因为老龄化的程度愈发严重，单靠政府的财政已经难以支撑，于是日本推出了一项靠社会力量去分担老人护理重任的制度——介护保险。“介护”不仅仅针对行动不便或身患重病的老人，它是一个综合性概念，具有普惠的意义。“介护”是指在维护老年人尊严的基础上进行生活照料、医学护理和康复保健，既可以用在养老院等专门机构，也可用于家庭成员或护理员对老人的照顾。介护保险要求年满40周岁以上的公民都要缴纳保险费，又以65岁为界限，将被保险者分为了一类被保险者（65岁以上）和二类被保险者（40—65岁）；由市町村作为保险人，负责相关的管理工作。当被保险者需要介护时，他们提出申请并接受相关机构的评估，如果其条件符合标准就将接受相应的服务。介护保险交付的主要是服务而不是现金，交付的方式包括提供“居家养老”服务或“日间服务”和“短期收留”等居住帮助。被护理的老人只需承担10%的费用，剩下的90%由保险人承担。

2002年，随着“介护保险制度”的推出，同时制定实施了《21世纪高龄者保健福祉推进战略》，又称《21世纪黄金计划》。这项计划强调建

---

① 张梦倩、杜彬彬：《绍兴市居家养老服务业发展研究》，《延安职业技术学院学报》2019年第2期。

设一个“养老介护服务体系”，包括为高龄者提供的综合性医疗、福利服务；通过专家帮助老年人选择符合本人意愿和条件的养老服务体系；提供服务的各个组织之间形成良性竞争，保证优质的服务；养老介护费用由国民公平负担，居家养老和机构养老的费用也要公平化。同时对提供服务的机构和人员的数量又提出了新的目标。①

2006 年，日本修订了介护保险制度，加入介护预防支付等内容。在介护保险制度的修订中，把重点放在介护度的细化上，重视预防。在提高服务质量上，2000 年实施后感受到家庭服务项目不足，遵从社会福祉基础构造改革的理念，加入“利用者主体”和“自己决定”。为了应对 2025 年即将到来的新一轮老人高峰，在 2012 年 4 月又针对介护保险制度从服务内容和介护费用上作了修订，与 2006 年修订相比，增加了“24 小时应对型访问服务”和具备小规模多功能居家介护，以及访问护理多功能的“复合型服务”。2012 年新修订主要是针对中、重度患者或医疗需求高的介护者，从花费高的设施转移到居家服务，为独居和痴呆症老人提供新的服务内容，让高龄者安心地居住在熟悉的环境里。

就介护保险的具体实施来看，受保者希望得到社会护理的老人或者家庭，首先要到当地政府办公室呈交一份申请。行政管理机构通过家访调查进行确认，然后通过电子处理，由诊断软件确定需要进行多大程度的护理。最后，由一个 5 人审批委员会（包括医生和专业化护理设施的主任）进行最终批准所提供的保险赔偿费。保险赔偿等级分 6 级（1—5 级以及需支持级），每一级向保险受益人提供不同数量的款额。最高的第 5 级，对象是那些在身体或精神上无法处理日常基本活动，如没有帮助就不能进食或排便者。需支持级旨在向保险受益人提供预防性援助，防止其上升到前 5 级，原则上，需支持级受益人不允许进入专业化护理设施。在该计划中，家庭看护护理分为 12 类。除了在家庭内提供的服务外，还包括援助者外出差遣和家庭守护，访问援助者帮助洗浴或护理，恢复正常生活服务等，该项目也帮助支付租金，购买特别设备费用和家庭为满

---

① 吴迪：《居家养老服务中的非盈利组织：日本经验及其中国启示》，《湖北行政学院学报》2015 年第 1 期。张暄：《21 世纪日本老人保健福利制度——居家养老、居宅看护》，《劳动保障世界》2018 年第 27 期。

足病人需要做出的重新安排费用。“日间服务”和“短期收留”是另外两个列为居住帮助的类别，它们是该计划的关键部分。接受日间服务者在护理中心度过白天时间，而接受短期收留计划者则允许短期住在专业化护理设施机构中。①

（二）人力资源

在人才培养上，制定了《社会福利士及看护福利士法》《福利人才确保法》等，规定了社会福利人员需要通过全国统一的资格考试后才能取得合格证书，获得从业资格，规范了养老行业人员的专业素质水平。日本居家养老护理理念倡导“公平、活力、自主、合作”，主张应尽可能地挖掘老年人的潜在价值。《高龄者雇佣安定法》和《老年福利法》等法律不仅为老年人提供了社会再就业的保证，使老年人的自我价值得到充分实现，还在一定程度上缓解了社会养老压力。

为保证居家养老的服务质量，日本建立了专门的养老服务员工队伍，建立了完整的专业人才制度，并有相应的教育培训和资格认证体系，保证服务人员的专业化。介护服务人员体系主要由“家访介护员 1 级和 2 级”，“介护员”“介护福祉士”和“介护支援专员”构成。家访介护员是居家养老服务行业的基础职位，负责通过登门拜访的方式为老人提供各种服务。要取得家居介护员 2 级的资格需要通过规定的研修课程（75 小时课堂学习、现场实习），而由 2 级升为 1 级还需要数年的工作经验，所以家访介护员 1 级具有更丰富的服务知识和实践经验。介护福祉士是具有国家资格认证的专业人员，需要通过国家级的考试和专业机构的认定。他们不但具备养老服务的专业技能，还具备医学、心理学、营养学等领域的专业知识。介护福祉士的工作包括对老年人的介护服务，还包括对介护的技术指导、对老年人的健康管理等。介护福祉士是家访介护员的升迁前景。介护支援专员又称“看护经理”，负责对申请介护服务的老人进行家访，评估其状态并决定申请者可以接受保险的额度，同时为老年人制订相关的养老服务计划，并在提供服务的单位和老年人之间进

① 张暄：《21 世纪日本老人保健福利制度——居家养老、居宅看护》，《劳动保障世界》2018 年第 27 期。

行协调，保证老年人获得适合的养老服务。只有在医疗、保健和社会福利事业中具有实际工作经验的专业人士才能参加“介护支援专员”的考试，考试的难度大，竞争程度高，所以取得相关的资质具有一定的难度。为确保养老服务行业人力资源的稳定和服务人员的积极性，日本政府提出了三大措施。第一是提高待遇、改善劳动环境。在提高工资的基础上，国家设立“介护员待遇改善补助金”，由国家预算出资直接补贴给介护员，同时对改善介护员劳动环境的单位给予奖励。第二要求提供养老服务的单位要为员工提供培训和职业生涯规划，保证其服务的积极性和稳定的职业前景。第三是促进人才对养老服务行业的参与，鼓励参与养老服务的单位聘用没有工作经验的劳动者，为社会其他行业的员工提供养老服务培训。

在人口快速老化的背景下，看护护理保险对老人福利有着重要影响，为保证提供足够的社会护理服务。1999 年日本大约有 9 万人通过了资格考试，成为看护经理。看护经理的工作就是在病人或其家庭不知哪项服务对自己最合适时，由看护经理帮助他们选定一个适合的综合方案。按规定，私人护理管理机构每 50 名寻求护理的客户要配备一名看护经理。专业化护理设施机构每 100 名入住者配备一名看护经理。家庭护理援助中心、家庭传招护理站和家庭援助者派遣机构也需要配备看护经理。不过，政府不批准独立的自由职业的看护经理。实际上，日本社会护理人员的人数还远远不能满足需要。随着介护保险的执行，人们对成为家庭援助者表现出更大的兴趣。越来越多的年轻人寻求从事家庭援助者的工作。因为福利服务作为一种行业，正得到人们越来越普遍的认同。看护经理或家庭援助者已成为一份有保证的工作。看护护理保险系统认可并准许私人公司和非营利组织的参与。保险受益人可直接与护理服务公司签约，原先政府机构行使的管理功能也由这些公司接手。目前已有各种各样的公司，如电子制造商、炼钢厂、保安服务公司以及教育领域的公司，开始提供看护护理服务。在众多的竞争者中，只有那些以最便宜价格提供最好质量的公司才能生存。服务水平低的公司将被淘汰出局。除了专业化护理设施外，为制订护理计划提供支持的援助中心在 1999 年 4 月开始运作，家庭援助者派遣机构也在 2000 年 1 月开始提供服务。这些新业务运作的最终目标也是要做到自负盈亏。在老龄化现象日益显著的今天，介护保险深受被护理者和家属的由衷欢迎。它作为21世纪的一项长寿制度，在解除人们年老护理之忧的前提下，也不断得到日本国民的理解和支持，并作为一种新的探索模式得到世人的关注。[①]

与市场化体系相对应的还有志愿服务等辅助措施。对于同属儒家文化圈的中国和日本来说，居家养老可以说是主流的养老模式。然而，对于这一模式，中日却有着些许不同的理解。在日本，“老老介护”已经成为居家养老中的普遍现象。所谓“老老介护”，是指老年人照料护理老年人，两者的关系通常是配偶或子女。据日本政府主管社会养老服务的机构统计，2014年，65岁以上的老年人家庭中，65岁以上老人互相护理的比例超过了54%。有的是65岁以上的老人照料护理自己的老伴，也有的是65岁以上的老人照料护理自己八九十岁高龄的父母或岳父母。老人并非是完全的被照料者，在力所能及的基础上老人还可以自我照顾，甚至还能为家庭以及社区作出自己的贡献、发挥余热。由此，不仅可以减轻社会养老负担，还能提高老人晚年生活质量，减轻他们的依赖感和被社会排斥感。现在一个常见的误区，就是大家觉得所有的老年人都需要照顾和帮助。其实有一部分能够自理的老人完全可以发挥自己的积极作用，有助于全社会养老氛围的形成和体制的构建。

（三）养老服务体系

近半个世纪以来，整合养老服务理念在国际上得到广泛传播，这意味着传统的以垂直行政体系单独提供的医疗、养老和护理服务将相互联动，在医院与社区、家庭之间实现无缝衔接，提高长者身心健康水平和社会参与积极性，促进健康老龄化和积极老龄化。随着日本人口老龄化程度的加深，为老人提供服务的正式和非正式支持系统任务日益艰巨，公私部门通过资源整合，将预防、医疗、照护与环境等要素以被照料者为中心统合起来，促进正式和非正式支持系统在老龄健康保障中的有效联动，提供更贴近老人需求的、无缝衔接的、高质量的整合服务，协同应对人口老龄化和高龄化的挑战。日本的综合性居家养老通过老人住所

---

① 张暄：《21世纪日本老人保健福利制度——居家养老、居宅看护》，《劳动保障世界》2018年第27期。

的适老化改造、居家护理服务、将用于维持老龄健康的支出视为一种投资，提高老年人的健康水平与社会参与能力，降低社会与家庭的照顾成本。发展长期护理保险支撑综合性居家养老服务体系，不仅优化了老龄健康和护理资源，降低了医疗和养老成本，还带动了护理相关产业的发展，成为日本政府经济增长战略的重要部分。从提供居家养老服务的主体上来看，日本的养老模式呈现出了一个从政府主导到养老社会化的趋势。居家养老的具体实施主要由社会团体负责，民间组织和志愿者占30%至40%，政府发挥监管作用。非营利组织对养老服务的参与一定程度上减轻了政府在提供居家养老服务上的压力。

正是这样的养老体系，面对全世界最高的老龄化程度，日本实现了96%的老人居家养老，1.08%的老人社区养老，2.92%的老人机构养老，如表12—3所示。

表12—3　　日本和中国台湾的三种居家养老方式对比

日本、中国台湾养老方式对比（%）	日本	中国台湾
居家养老	96	98.25
社区养老	1.08	0.12
机构养老	2.92	1.63

资料来源：日本厚生劳动省2012年7月；中国台湾卫生福利部2013年12月。

1. 政府

根据老人的身体状况和自理能力，如图12—2所示，老人可以分为六个等级。根据与家庭成员的关系情况及可能获得的照顾来源，如图12—3所示，主要分为家人照料主体型、照料服务主体型及老年人自立型。在日本，老年人可以自由选择“居家养老”还是“设施养老”。然而社区生活服务等级与养老设施的服务等级相比稍逊一筹，因此如何让选择“居家养老”的老年人也可以得到较好的照顾和服务成为一个关注点。日本针对上述老人分类建立了多元化的养老服务体系，就居家养老的内容而言，政府的关注点主要在于居住环境、保险制度、政府监管等方面。

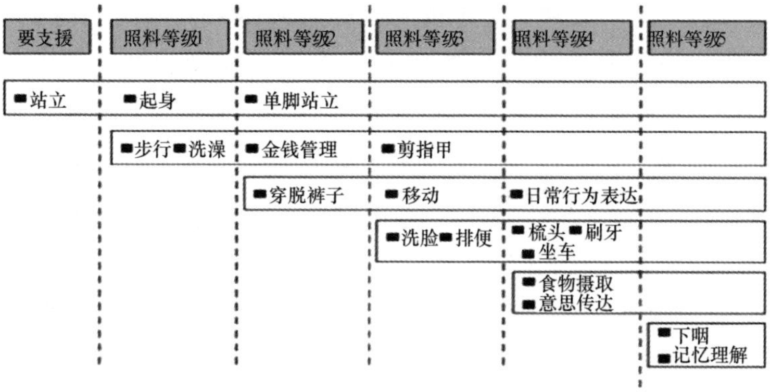

图12—2　照料等级分类

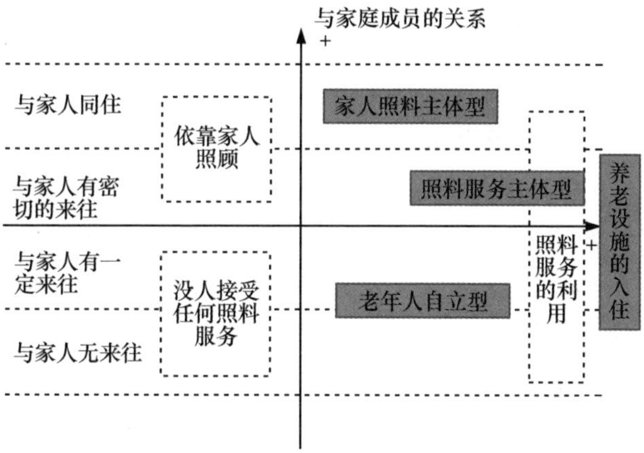

图12—3　老人分类与家庭照料的关系

（1）居住环境方面

根据日本高龄者福祉机构提出的“社会、街区要全面支援老年人”的方针，为了老年人可以继续在自己熟悉的社区生活，必须形成以居家照料与设施机构照料相结合的服务体系。有学者对老年人的居住模式、健康状况以及两者之间的关系进行了实证研究，发现居住模式对老年人的健康有重要影响，居住在养老院的高龄老人死亡率是居家的1.35倍。为了使生活能力逐渐降低的老年人能够继续在原居住宅中居住，住宅内的设备、户型结构以及楼内的公共环境和室外公共环境的改善均不可或缺。日本以北欧的照料体系为范例，各种照料服务一体化的小规模多功能性的居家养老服务受到关注。但由于规模小，工作人员有限，为保证照料服务的质量，通过探索老年人基本的生理需求底线，建立最小规模的服务模式就成为焦点。街区环境的安全性对于在街区居住的居民特别是老年人尤为重要。作为街区营造活动之一的环境安全检查活动，也是由研究人员与街区自治会的成员共同组织参与。第一，定期对街区环境进行实地调研（每年 9—10 月）。其调研内容既包括现有的安全隐患场所，也包括已改善的安全隐患场所的位置和现状。第二，每年的 11—12 月，在街区所属的公民馆与研究人员一起召开居民座谈会，交换调研结果和意见。例如，何处的安全扶手松动、何处的道路不平整、何处路灯损坏等问题，研究人员将调研结果反馈给居民；另外，居民也将调研中未发现的问题反映给研究人员。第三，制作“街区安全地图”。研究人员通过实地调研和座谈会，将街区的环境安全问题总结归纳，表现在图纸上，形成“街区安全地图”。将地图粘贴于街区的宣传栏中，提高居民安全意识。同时将居民的改善需求提交给政府机构，切实改善有类似问题点的场所。通过信息整理以及信息管理和设计探讨等研究，对把握街区场所的变化、居民尤其是老年人在对于居住街区安全性上的诉求，以及老年人在特定场所的心理变化等现状也有积极的意义。

（2）长期护理保险制度

日本的长期护理保险将老年人护理问题纳入国家社会保障体系之中，是继养老保险、医疗保险、失业保险、工伤保险之后的第五项社会保险制度，成为居家养老的重要支柱，保障老人实现有尊严的独立生活。长期护理保险参保者是所有 40 岁以上日本国民，65 岁后可以根据自己的实际需求意愿选择多项护理服务，确保自立支持与尊严：在社区设置居家照护用品和辅具专营店，供老人租赁使用；进行居家环境的适老化改造，居家护理人员帮助行动有困难的老人对家中常用设施、卫生间、卧室、浴室等进行无障碍改造，辅助老人独立生活；在社区开设老年日托所，提供短期临时居住所，由专业护理人员进行生活照顾和康复治疗；定期体检和家庭护理，实时监测老人生命体征，上门为老人进行生活护理等。这些产品或服务费用均可申请使用护理保险支付，个人只需要支付 10%

服务费用，中央和地方政府各承担45%。作为对老年人公共护理服务改革的重要尝试，《长期护理保险法》的目的在于：第一，将护理费用从医疗保险中分离出来，通过单独的护理保险金支付，避免护理服务挤占医疗资源，消除医疗保险制度的财务风险；第二，通过资源整合优化配置满足老年人多元化护理需求，避免依靠养老金不足以支撑护理费用的情况发生，保障老年个体的经济安全；第三，减轻家庭护理提供者，尤其是女性家属的护理负担；第四，将政府主导型老年福利体系，转变为公私合作的福利供给体系建设，重视资本力量，发挥其在养老服务供给中的竞争作用。《长期护理保险法》的实施催生了居家护理市场的繁荣，大量民间资本进入居家医疗和护理服务产业，促进了护理服务供给多元化和社会化，成为居家养老的重要支柱。

（3）政府监管

政府是社区居家养老服务的安排者。其主要作用体现在制定相应的法律、法规，统筹养老资源，实现分配的公平与公正，从而解决老百姓的养老问题，缓和社会矛盾；负责筹措资金，用于提供或购买居家养老服务，建设和完善居家养老机构，建立相关标准、规范和守则；要做好服务项目的策划者、监督者和评估者，保证服务对象满意。非营利组织是养老服务的提供者。在接受了政府委托，或者在相关项目投标成功之后，非营利组织需要进行具体的居家养老服务工作，包括审核被服务对象的相关资质，通过上门走访了解其实际需求，确定服务的内容和方式，派出家庭服务员提供服务，同时要监督和检查服务的质量。为了提高服务水平，非营利组织还需要对家庭服务员进行专业知识的培训，以便他们更好地提供服务。在服务过程中，根据老年人的实际需求，及时调整服务计划，并将政策存在的问题和实施效果反馈给政策制定者。

2. 民营机构

（1）非营利组织

所谓非营利组织，是指具备法人资格，以公共服务为使命，享有免税优待，不以营利为目的，组织盈余不分配给内部成员，并具有独立性质的机构或组织。非营利组织参与居家养老，是指非营利组织依法通过相关途径，并以多种方式，参与居家养老管理并提供相关服务，从而增加社会和公众养老服务的内容。

非营利组织参与居家养老的方式主要有直接参与和间接参与。直接参与表现为，非营利组织通过承包政府的居家养老服务项目为老人提供服务，通过参加听证会或相关会议参与制定居家养老服务的相关政策、表达看法和意见、监督政府在居家养老方面的行为，直接影响政府的决策。间接参加表现为，非营利组织通过向政府提供意见和建议，间接地对政府决策产生影响。具体到居家养老服务，其参与者包括政府、服务提供者和接受服务的老年人。

非营利组织参与社区居家养老的主要形式是政府购买，这种形式起源于英国的“社区照顾”。政府将原来由其直接举办的、为社会发展和人民生活提供服务的事项交给有资质的社会组织来完成，并根据社会组织提供服务的数量和质量，按照一定的标准进行评估后支付费用，这是一种“政府承担、定向委托、合同管理、评估兑现”的新兴的政府提供公共服务的方式。这个过程中，政府和非营利组织之间是平等和相互独立的契约双方，实现了公共服务供给的契约化。

（2）市场准入

在“介护保险制度”实施后，民营机构开始提供养老服务，私人公司和非营利组织准许参与。目前，居家养老介护服务主要包括 11 项内容，其中 7 项属于在家庭中进行的服务，包括家访介护服务、家访洗浴介护服务、家访护理服务、家访康复保健服务、居家养老管理指导、养老用具设备租赁服务、住宅无障碍装修费报销等。还有 4 项属于“中间设施”提供的服务，也被归入了居家介护服务中，包括日托服务、日间康复服务、短期托老介护服务、短期托老康复服务，老年人可以根据自身的实际需求选择接受什么样的项目。

养老机构的供给体制呈现多元化的状态，但是这一领域依然存在政府准入制度，主要原因是：第一，根据《护理保险法》，养老服务的提供者和需求者之间是一种平等的契约关系，但是需要被护理的老人是处在相对弱势地位的，此时就需要政府通过各种管制方式，保证供需双方平等的契约关系；第二，参与养老服务的非营利组织会得到政府在税收方面的优惠和补贴，通过政府的市场准入制度可以在一定程度上保证公平。市町村、社会福利法人、医疗法人、公益法人和营利法人只要通过向都道府（市町村的上级行政机构，相当于中国的省、自治区、直辖市）登记，满足基本条件后才可以从事相关项目的提供。其中社会福利法人、医疗法人和公益法人都属于广义公益法人的范畴，都可以被归入 NPO 组织（非营利组织）的体系。这些非营利组织提供的服务大多以家庭为服务的场所，以居家介护的方式提供，使得老人可以在家中享受服务。部分老人门诊和短期住院设施由非营利组织提供，满足老人在社区当中接受服务的需求。还有部分社区中存在一些志愿者组织，形成居民之间的自助。如保健指导委员会、饮食改善推进协会等，通过这些组织的活动，有助于居民提高自我保健意识。还有很多的町内会（类似中国的社区或居委会）组织的互助团体，提供照顾老人或为老人提供膳食的服务，参加这些服务的多为家庭主妇，属于一种志愿者自愿参与的活动。①

3. 发挥协同作用

日本的养老服务提供者包括政府主办的、民办的以及政府和民间资本合办的社区服务组织，政府积极鼓励民间组织、社会力量等参与社区养老，有效补充了政府养老组织的不足，在提升服务水平的同时扩大了覆盖面，降低了成本。从志愿者、民间组织到企业参与社区养老服务，各主体职责分明，分工协作，有利于完善服务体系。

（1）预防为核心的理念

日本的综合性居家养老制度以多级预防为核心，联动个人与家庭、社区、企业、非营利组织和政府等多元主体，将环境改善、疾病预防、医疗服务和护理服务、社会支持等整合起来，在医院、社区、家庭与老年俱乐部之间搭建桥梁，创造各种条件让老人尽可能长时间地生活在自己熟悉的环境中，及时发现并提供预防护理改善老年人生活状况。综合性居家养老制度旨在构建有活力的超老龄社会，在事前及早投入健康教育和促进“未雨绸缪”的预防措施更为积极高效。居家养老借由护理保险在医院和家庭之间形成无缝衔接，使得治疗后的康复和护理转移到社区和家庭，缩短了不必要的住院时间，这种“以人为中心”的模式减少了管理和执行成本，节省了医疗支出，缓解了政府财政压力。居家护理

---

① 吴迪：《居家养老服务中的非营利组织：日本经验及其中国启示》，《湖北行政学院学报》2015 年第 1 期。

通过配合高龄者的生活方式做适当介入，改善老年人的体验，提高了接受护理者的生命质量。

（2）自助、互助、共助、公助服务体系

日本出台护理保险制度支撑居家养老，并鼓励民间组织进入护理服务业，实现护理服务多元化发展。这种模式面临的矛盾是资金与质量的平衡，即难以实现降低财政支出的同时提高服务质量，单靠护理保险制度无法提供高效高质量的老年服务，进而促进老龄健康的实现。日本为此专门在厚生劳动省老健局设立老年护理研究会，研究设计高效的可持续的老年护理服务体系，提出为了实现护理保险与医疗、福利等制度间的协同，需要构建能够统筹各专业间的职业合作以及居民参与的“地区综合照护体系”的设想，推进公私合作，构建“老人自助、亲邻互助、制度共助、政府公助”的多元主体协同服务格局，避免依靠单一主体提供居家养老服务的局限性。

“自助”一方面强调老人自立，倡导力所能及的事情自己做，这符合“不给别人添麻烦”这一大多数日本人处理人际关系的核心准则，是实现个人尊严的重要体现；另一方面强调健康管理和社会参与，推动健康运动和终生学习理念，老年人通过参与“老年大学”等活动了解社会变化，维系其社会关系网络，保持积极健康的身心状态。“互助”既包括专业护理团队提供的正式护理服务，也包括亲朋邻居提供的非正式护理服务，两者在某种程度上可以相互替代。多学科护理团队专家经常在预定工作时间之外上门探访老人，并提供超越他们专业的支持和信息，这种服务虽然是专业人士提供的，也被视为互助服务。亲属提供非正式护理服务沿袭了传统的家庭养老模式，也是东方社会倡导的家庭伦理价值。“共助”是以长期护理保险、养老保险和医疗保险为基础的社会保障制度与服务，长期护理保险融合了养老和医疗这两个重要因素，将医院、社区与家庭联结起来，一定程度上降低了老年人的经济风险和健康风险。“公助”是政府财政支持的生活保护、权益保障等老年人福利事业，其意义在于，在自助、互助和共助难以实现的地方发挥“兜底”的作用。[①]

---

① 赵晓芳：《日本的综合性居家养老：制度效应与困境》，《社会福利》（理论版）2017 年第 8 期。

（3）制度创新营建助老文化

日本在调动人与人之间互助方面做得比较到位，在需要护理的人群日益增加的情况下如果完全依赖护理师肯定是不够的，老年人自身与志愿者发挥了很大作用。在日本“老老介护”非常普遍，2014 年 65 岁以上的老年人家庭中，老人互相护理的比例超过 54%，超出家庭之外，老人参与公益的比例也相当高。这有赖于制度的设计，志愿服务是社会普遍认同的观念，“时间银行”概念的志愿服务项目受到大家的欢迎，年轻人也积极参与其中，如果年轻人与需要照看的长辈相距甚远，他可以在本地区参加照看儿童等公益活动换取“关爱老人券”以支付长辈在家庭接受的志愿服务，长久以来跨期跨区域互相照顾的观念深入人心。

（4）跨部门跨专业合作

医疗服务体系合作方面，一般与老年人息息相关的医疗服务硬件设施可分为 3 个层级。一是医疗设施，以街区附近的小型医院为主；二是养老照料机构，包括日间照料机构、保健中心等；三是住宅内部护理设备的安装和更新。医疗设施和照料机构通过设置住宅改造、在宅介护的服务窗口，可针对不同老年人的情况，对其住宅的改造提出相应的建议和改造预算。利用老年人的家庭关系、邻里关系、各种医疗照料服务之间的相互配合和照料，实施可持续性的居家养老和社区医疗照料等服务。研究支援据点的类型与空间布局的对应关系，对支援据点的位置进行分析，得出据点选址的经验和不足，有效利用街区中闲置的空间，如空地或无人居住的住宅，对护理服务据点的选址和使用空间进行再设计，改善护理据点空间和护理服务质量。跨专业合作方面，为改善老年人的居住环境，建筑师、医生和理学疗法师（照料人员）需掌握一定的自己专业之外的知识，并进行跨专业合作。通过对日间照料机构、老年人保健设施、地区支援中心、养老院、访问照料事务所、小规模多功能养老机构、居家照料支援事务所等机构工作人员培养及机构合作，形成资源共享、工作协助、信息交流以及联络工作的管理等方面的合作。[①]

① 王晓朦、胡琴惠等：《解析日本居家养老课题的研究视角与方法》，《城市住宅》2015 年第 1 期。

（四）对我国居家养老服务体系的启示

1. 非营利组织参与居家介护服务

日本的居家介护服务具有服务项目多样化、服务场所家庭化、服务人员专业化等特点，对于那些没有完全失去自理能力、愿意在家中接受服务的老年人来说更容易被接受。非营利组织的参与，使得日本的居家养老服务减轻了政府的财政负担，弥补了政府服务方面的不足，使老年人享受到了更为多样化的服务，非营利组织本身也取得了长足发展。所以，非营利组织参与居家养老服务具有一定的优势，值得我国借鉴。

现代社会是一个多元化的社会，人们的兴趣、爱好、需求、价值观等都呈现出多样化的特点。随着经济社会的不断发展，老年人对于居家养老服务也有了多样化的需求，不仅需要生活起居上的照顾、对于住房、精神生活等方面也有了进一步的需求。政府受到资源、能力和利益的限制，很难及时回应种类繁多、数量庞大的需求。通过政府制定居家养老服务项目并进行监督，由非营利组织提供相关服务，单个的组织或机构可能只负责一到两项具体的服务，这样就可以保证服务的专业性和质量，也使得日本的居家养老服务项目丰富，分类详细。非营利组织的存在减轻了政府在提供居家养老服务方面的压力，推进政府职能转变，从服务的提供者变成安排者和监督者，使其在宏观层面更好地发挥作用。在生产公共物品时，既不像私人部门完全追求部门利益，产生外部不经济，又不存在政府效率低下的问题，可以实现公平和效率的统一。同时，在提高服务效率的同时，各个非营利组织之间存在良性竞争，使得服务贴近老年人的生活，更具有灵活性和有效性，实现高效率低成本的个性化服务。需要注意的是非营利组织与政府之间不是从属关系，也不是行政的上下级关系，而是一种相互平等、彼此合作的契约关系。

2. 建立"自助、互助、共助、公助"立体的服务体系

老人的生活质量不仅是老人自己的事情，还是家庭、社会和国家的事情，因此救助网络的建立非常有必要，日本在救助体系立体化建设方面做得比较成功。老人做力所能及的事情反而是保持健康长寿的良方，提倡老人自助可以让老人在家庭和社会生活过程中保持积极的心态，无论在身体还是精神上都能够保持良好的状态。但是这并不等于其他帮助

就不需要了，只要形成“邻里互助”的氛围，在关键时刻其非正式护理的作用就能很好地发挥出来。除此之外专业团队的不定期走访也为老人的健康提供强有力的保障，当老人失能或者出现重疾，又会有专业团队为之服务并提供帮助，而这一切有赖于介护保险制度的设立及政府的兜底作用。显然日本已经做到将对老人的护理细化到每一个阶段每一个环节，力求做到无缝对接，这是我国养老体系需要借鉴的经验。

3. 创新助老形式

日本利用社会资源和制度创新产生民间助老机制，包括助老的志愿者文化和民间的互助团体。志愿者文化是我国所缺乏的，志愿者的奉献精神值得提倡，制度建设也是推动志愿服务的动力。志愿服务在很多国家都是非常重要的社会支柱，我国才刚刚开始，在筛查、操作和回馈机制等方面仍在探索之中，如果充分调动和运用青少年及其他民众的力量，不仅有助于培育社会敬老爱老助老的风尚，还可以应对人力资源短缺的情况。还有很多创新制度，例如时间银行、互助团体抱团养老等方式，可以为鳏寡老人提供良好的养老保障。对于异地老人的照料，日本也通过儿女当地的公益活动换取对于异地老人的照料，随着子女和老人远隔两地的情况逐渐增多，这种方式值得尝试和推广，但需要建立在完善的筛选机制基础之上，保证志愿者和老人双方的人身安全，这需要借助于志愿者活动的大数据及回馈机制进行筛选，而我国的志愿活动刚刚起步，这方面是欠缺的。

二 澳大利亚的居家养老体系

根据2018年澳大利亚统计局（ABS）发布的人口统计数据，如图12—4所示，2017年有380万澳大利亚人年龄在65岁及以上（占总人口的15%），比1927年的319000（5%）和1977年的130万（9%）大幅增加，ABS预计澳大利亚老年人的数量和比例将继续增长。[①] 作为一个移民国家，澳大利亚因移民数量的增加算是一个相对年轻的国家，其养老的市场化程度相对比较高。澳大利亚的老年人照顾制度体系由三大部分

① http://caifuhao.eastmoney.com/news/20190404063217321706650.

构成：联邦政府的“养老设施”、州政府的“居家社区照顾”、联邦政府的“照顾者喘息服务”。

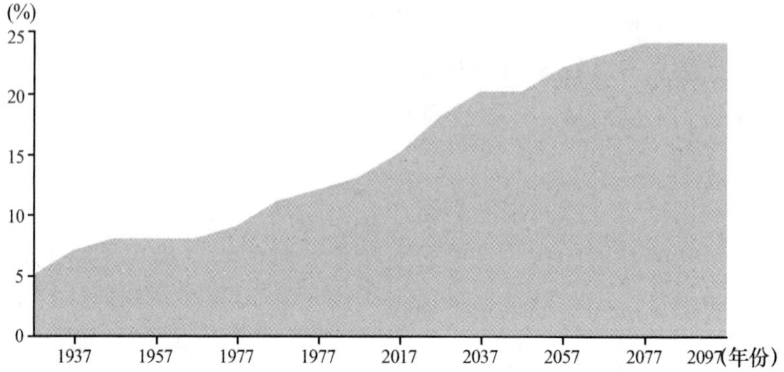

图 12—4 澳大利亚 65 岁老人比例及预测

（一）政府职能

澳大利亚养老服务的宗旨是政府主导制定法规、政策及进行资金支撑，民间运作和社会支持，澳大利亚政府不直接参与居家养老的具体服务。居家养老服务组织一般由这样几方面组成：一是由教会创办；二是由非营利性民间组织创办；三是由企业创办，少数由私人创办。这些服务组织成立后，须经政府有关部门认可，经专业评估后才能开展居家照料服务，取得政府的经费补贴。①

大部分居家养老服务机构会尽力为老年人提供高质量的照护服务，但有时也难免会出现问题。因此，为了保证社区居家养老服务的质量，在澳大利亚成立有很多可供老年人投诉的部门和机构，如果老年人对提供的照护服务不满意，可以向州政府所属的健康护理服务投诉委员会或澳大利亚保健从业者管理局等部门投诉，投诉的内容可以是各个方面，如健康和个人护理、沟通方式、职业操守、财务事宜等，投诉方式可以是通过社会服务部网站提交，也可以通过拨打养老服务投诉电话，还可以通过书信等方式寄往当地州政府。通过老年人对养老照护

---

① 任炽越：《真正成功的是在家养老——澳大利亚居家养老服务一瞥》，《社会福利》2010 年第 1 期。

服务的评价与监督及多途径的投诉机制，有效地保证了居家养老服务的质量。[①]

（二）服务模式

澳大利亚建立了相关机构为老年人提供一系列的服务，如“社区老年人服务项目”“高级老人居家照顾计划”等。老人及其家人可以就近寻求服务，也可以通过老年照顾信息热线或者登录老年照顾网络联系服务。社区访问计划为那些孤独的居家老人提供定时友好的访问，致力于为居家老人创造一种更为开放的服务环境。

澳大利亚居家养老服务项目的内容是根据老年人的特点来进行设计的。服务组织在开展服务时，实行“菜单式”服务，老年人需要什么就提供什么服务。一般来说，有这样几大类：一是医疗护理服务；二是个人照料服务，包括洗澡、穿衣、送餐、帮助进食等；三是家政服务包括打扫卫生、剪草、洗地等；四是精神慰藉服务包括陪聊、读书等；五是出行服务包括陪医，等等。[②] 服务的方式也是多样的，有专人负责定期上门服务，还有临时服务，如老人需要帮助，只要拨打电话就会有社区工作者或志愿者上门服务。

在澳大利亚为老年人提供的社区居家养老服务种类较多，根据老年人对服务需求程度大致可分为 CHSP 和家庭护理服务包（HCP）两种类型，其中 CHSP 是为年龄在 65 岁或以上，在居家环境下需提供少量帮助而不需要较高级别医疗照护的老年人提供的服务。服务内容包括：第一，家政服务。帮助老年人完成日常家务，如洗熨衣服、打扫房间、修理花园等。第二，个人护理。为老年人提供日常生活帮助，如协助洗澡、更衣、如厕、梳妆、上下床等活动。第三，餐饮服务。为老年人提供膳食和其他饮食服务，如协助备餐、进食或提供上门送餐服务，使老年人保持健康、均衡饮食。第四，交通服务。为老年人提供接送或出租车服务，以帮助其外出购物、赴约或参与社区活动等。第五，房屋维修服务。如更换灯泡、屋顶维

---

① 刘腊梅等：《澳大利亚老年人社区居家养老服务及启示》，《中国老年学杂志》2017 年第 20 期。

② 任炽越：《真正成功的是在家养老——澳大利亚居家养老服务一瞥》，《社会福利》2010 年第 1 期。

修等。第六，房屋改造服务。如安装警报器、沐浴扶手、门把手等。第七，暂缓服务。代替照顾者为老年人提供相应服务，使照顾者能得到一段时间的休息。第八，临床医疗护理服务。包括一般护理，如更换敷料、药物管理、健康指导等。物理治疗，如指导老年人锻炼、行走、加强肌力和平衡训练等。语言治疗，如指导老年人交流、吞咽、进食等。营养指导，如营养评估、食物和营养建议、饮食调整等。家庭护理服务包（HCP）适合于有较复杂或有特殊照护需求的老年人，除提供与 CHSP 类似的服务外，服务机构还会根据老年人的需求制定特殊的照护服务，如为失智症患者提供的失智及认知指导服务、为患有某些被认可的精神疾病的退伍军人提供的退伍军人附加服务，为糖尿病患者提供的健康指导等。①

（三）经费保障

澳大利亚是个高福利国家，政府对老年人社会福利的经费保障比较齐全。在老年人居家养老服务的经费保障方面，由联邦政府与州政府共同承担。老年人与服务机构签署居家照护协议并获得养老服务计划后，服务机构即可为老年人提供其所需的照护服务。服务费用与老年人的收入及获得的服务类型有关，如老年人需要的是 CHSP 服务，大部分费用由政府资助。如为 HCP，每项服务项目的收费不能超过单身基本养老金的 17.5%。此外，如老年人有经济困难，可申请经济困难补助，以保证其不会因为支付不起费用而无法获得相应服务。如老年人收入超过一定金额，其费用需根据收入重新确定，具体服务费用老年人可通过当地养老服务网站的费用估算器或养老服务联络中心人员获得。老年人获得任何养老服务前，双方须就这些费用达成一致，并在协议中写明。由政府提供的资助将直接支付给服务机构，服务机构会使用这些资金来提供经双方同意的照护服务项目。为了让老年人了解资金的用途，服务机构会将每月的资金补助、开销及余额对账单等寄给老人。②

---

① 刘腊梅等：《澳大利亚老年人社区居家养老服务及启示》，《中国老年学杂志》2017 年第 20 期。

② 刘腊梅等：《澳大利亚老年人社区居家养老服务及启示》，《中国老年学杂志》2017 年第 20 期。

（四）人力资源培养

澳政府对老年人在家照料服务的管理十分严格，要求必须有专业资质的人士才能从事这项工作。全澳有许多培训居家养老服务人员的教育机构，这些专业教育培训机构经政府审查通过后，由政府予以一定的经费资助，并授予发证的资格。对每位学员，政府根据其经济状况，给予不同的经费补贴。培训的教学大纲由政府制定颁发，全澳实行统一的行业标准。培训课程主要分为三大类：一是培训对整个行业的熟悉。包括对老年人、残障人士、老年病人服务的基本情况。二是培训对工作环境的熟悉。包括怎样与被服务对象沟通，电脑的使用，电话不同功能的使用，家庭基本电器的使用，等等。三是培训对客户提供服务的专业能力。包括家政、个人清洁、出行服务和精神、娱乐、感情上的帮助，等等。通过培训考试合格，由培训机构颁发在全澳通用的资质证书，凭资质证书才能上岗开展服务。

澳大利亚有专门的义务工作者协会组织开展志愿者服务活动。全澳共有400多万人从事志愿服务，每年服务的小时达7亿多，如果折合成报酬可达420亿澳元。志愿者在居家养老服务中对老年人的帮助有：对轮椅老人提供就餐服务，为患病老人提供陪医服务，为残疾老人提供宠物服务帮助，等等。志愿者认为，他们为一些身体有特殊困难的老年人提供日常生活服务，是个人对社会的一种奉献。为了保障志愿者在开展居家养老服务工作中的安全，志愿者组织还为从事服务的义工购买意外保险。义工从事居家养老服务由义工协会组织、职业介绍所进行具体管理。[①]

（五）老人状况评估

在澳大利亚，如果老年人希望在社区或居家环境下养老，但因其年龄或健康状况等原因无法独立完成而需要获得政府补助的援助服务时，首先需要与老年人所在地区的养老服务联络中心联系，联络中心工作人员会通过询问了解老年人的需求、目前存在的健康问题、居家生活安排、

---

① 任炽越：《真正成功的是在家养老——澳大利亚居家养老服务一瞥》，《社会福利》2010年第1期。

目前已获得的援助及居家安全等情况，为老年人安排家庭援助评估（HAS）、综合评估（CA）或直接为其推荐养老服务机构。综合评估（CA）适用于身体状况较差，有较复杂的照护需求，需要接受居家医疗照护、过渡期护理或机构养老服务的老年人，该评估由老年护理评估小组或养老服务评估处评估员完成。家庭援助评估（HAS）和老年护理评估小组均由多学科团队成员如医生、护士、社会工作者及其他卫生保健人员组成。二者评估程序基本相似，在接到老年人的养老服务申请后，评估员会在征得老年人同意后预约到老年人家中或医院为其进行免费评估。评估内容包括老年人的日常生活能力情况，如日常生活是否需要帮助，是部分还是全部活动需要帮助；老年人的整体健康状况如何及是否存在某些具体健康问题、居家环境安全等。评估员会根据上述内容确定老年人是否有资格获取相应服务，需要何种类型及多少护理服务，并为之推荐和联系当地能为其提供的最适当的养老照护服务。评估结束后，评估小组会将评估结果、被获准的具体养老服务项目、服务费用及原因写信告知老年人，老年人收到评估结果后可自行决定是否采用该服务。如老年人接受的养老服务是由志愿者和慈善机构等提供的不需要政府补贴的服务，则不需要接受上述评估。①

（六）喘息服务

1996 年，澳大利亚联邦政府为了完善喘息服务，针对照顾者专门制定了“照顾者休养法案”（简称 NPCP）。NPCP 是为了使老年人照顾者、残疾人照顾者享有自身的健康和福利为目的，只有照顾者自身健康并且身心愉悦才能使被照顾者拥有更好的照顾。联邦政府在澳大利亚全国设立了喘息服务中心，负责向照顾者提供喘息服务的法律咨询、心理辅导和提供各种必要的相关支持。澳大利亚的社区喘息服务的具体内容分为：由日间照顾中心提供的半天或全天的喘息服务；包括夜间照顾在内的居家喘息服务和各种支援性服务；社区内的各项支援服务；离家喘息服务，提供专门的服务人员；为老年痴呆患者和行动困难的老年人的照顾者提

① 刘腊梅等：《澳大利亚老年人社区居家养老服务及启示》，《中国老年学杂志》2017 年第 20 期。

供的喘息服务；敬老院等设施内提供的喘息服务，或者在社区内提供的夜间喘息服务；为照顾者能够正常工作提供的喘息服务。

1997 年澳大利亚颁布的老年人福利法，指出提高老年人照顾服务必须强化喘息服务。1998 年颁布了重度失能老人居家照顾法案（简称 EACH），2006 年颁布了重度老年痴呆者的居家照顾法案（简称 EACHD），这两项法案中都对需要特殊照顾的老年人的照顾者在喘息服务方面做出明确的规定。并且澳大利亚政府在全国开设了 54 家喘息服务与照顾中心，专门为照顾者提供他们所需的信息和各种咨询服务。为了帮助照顾者及缓解他们在精神上的压力，设立了全国免费的咨询电话，由专业人士提供各种所需的帮助。此后，喘息服务不断在国家制度和政策方面得以完善。

除了政策和提供具体的帮助之外，澳大利亚还设立了两种对照顾者的报酬制度，即 Carer Payment 和 Carer Allowance。Carer Payment 是一种对于因为照顾老年人而无法进行正常工作的人士提供的报酬制度，金额与退休金一样，每两周支付一次，每次 361.4 澳元。Carer Allowance 是为重度老年患者的照顾者提供的报酬制度，这种重度老年患者按照相关制度可以入住特殊的养老院，但是仍然留在家中由照顾者照顾。Carer Allowance 制度无论照顾者是否有收入，都向照顾者提供，每两周 87.7 澳元。这两种报酬制度在经济层面解决了照顾者在生活方面的问题，为照顾者能安心照顾被照顾者提供了良好的环境。

目前，澳大利亚已基本形成一个以社区和家庭养老为主的居家养老服务框架。对于提供喘息服务的服务组织，澳大利亚有严格规定，必须通过统一的专业能力评估测试，提供该服务的护理人员须有专业资质。澳大利亚的喘息服务的特点是：（1）立法完善。澳大利亚的喘息服务不但在国家层面有法可依，而且各州根据本州的老年人口的具体情况制定各自的法规和政策，全面合理。（2）由国家提供财政支持，照顾者得到经济报酬。国家拨款到各州，由州政府负责具体执行。（3）提供喘息服务的专业人士具有专业资质，由国家对其资格进行严格的专业能力评估测试。[①]

① 王上、李珊：《国外喘息服务的发展及对我国居家养老的启示》，《东北师大学报》（哲学社会科学版）2014 年第 6 期。

（七）对我国老年人社区居家养老服务发展的启示

澳大利亚的老龄化程度并不高，或许与老龄化严重的国家没有可比性，但是通过对澳大利亚居家养老体系的研究，我们可以得到如下经验和启示：第一，政府职能清晰。政府充当政策制定者、行业监管者、资金提供者、兜底者的角色。作为发达国家，它有能力为老人支付居家养老服务所需的费用，正因如此，老人也乐于居家养老，在很大程度上促进了居家养老服务的发展。第二，制度规范。从老人的居家养老服务申请到评估，从服务人员的培训到考核，以及养老服务机构的管理和运行机制，就像流水线一样精确高效。当然这样的机制充分考虑了供给和需求意愿，一方面资金的充裕使得意愿需求变成实际的有支付能力的需求，另一方面严格的培训、监督、考核和反馈方式使供给方不敢懈怠，从而尽力满足老人的需求，供给方无论是财务还是业务都不断成长和发展，这个市场竞争淘汰制度，使得供给方竞相在统一的菜单订制基础上通过提供高质量的个性化护理服务，以增强自身竞争力。第三，广泛的服务主体及服务内容的多样化满足了老年人多元化、多层次的照护需求。为老年人提供养老服务的从业人员可以是专业医护人员，可以是房屋维修、改造的技术工人，也可以是提供日常生活帮助的非专业人员等。服务内容从一般日常生活照护到专业的医疗护理服务及特殊照护服务均有涉及，为居家养老的顺利实施提供了重要保障。另外喘息服务也是非常重要的保障，有的老人选择家庭照料，显然家庭照料节约了社会资源，但对于家庭照料者是一份不小的压力和责任，常年的照料可能会使照料质量下降，提供喘息服务让照料者得到暂时休息是人性化的操作，同时也是对于家庭照料的鼓励。

目前，在人口老龄化加速发展的过程中，我国也相继采取了一系列措施，如大力发展社区卫生服务、家庭护理服务等，使医疗卫生服务逐步由医院向社区、家庭延伸，在一定程度上满足了居家老年人的健康需求。但目前社区养老在资金支持、服务管理、服务内容的提供及服务的监督等方面均缺乏相应的管理与运行机制，使社区养老并未发挥其应有的社会作用。鉴于此，借鉴澳大利亚社区居家养老服务的成熟经验，结合我国国情及老年人需求，建立居家养老服务的申请、评估与监督机制，加大从业人员的范围和培训力度，开展行业内竞争和淘汰机制，使供给者更好地满足多样化的居家养老诉求，满足居家老年人多层次、个性化的照护需求，促进社区居家养老服务的快速发展。

三　英法两国的居家养老体系

（一）英国的居家养老体系

1. 背景

英国采取社区照顾的模式解决养老服务问题，主要内容包括生活照料的居家服务、家庭照顾、老年人公寓、托老所等形式，提供居家服务、物质支援、心理支持和整体关怀等项目内容。英国的社区照顾形成于“二战”后，这与当时的社会背景密不可分。“二战”后英国开始实施高福利的社会保障政策，国家对于失能、残疾及鳏寡老人实行住院式治疗和照顾。但是这样的福利模式效果并不理想。当事人在医院里与社会隔绝，逐渐失去正常的生活能力，有些被照顾者还受到非人性化的待遇，住院式照顾对财政也造成非常大的压力，在这样的情况下住院式照顾的合理性受到人们的质疑。英国政界、学界等社会各界人士均发起了“去机构化”的倡议，有关社区照顾的概念开始出现在社会福利政策的讨论中。20 世纪 70 年代西方社会先后进入老龄化社会，机构养老难以支撑养老需求的急剧增长，社区照顾计划逐渐开始广受关注。20 世纪 80 年代，英国新右派上台执政，在此期间的四份政府报告书中均提及社区照顾及其走向，1990 年正式颁布了《全民健康服务与社会照顾法令》，意味着社区照顾开始作为一项重要的政府政策被实施。

2. 概念演变

英国在社区照顾方面有两个层面的概念：在社区照顾和由社区照顾。“在社区照顾”的概念主要是鼓励那些长期滞留在医院或大型专业机构中的服务对象回到社区生活，这一概念也得到了学术界的普遍认同①。“在社区照顾”重点强调社区内设置较小规模的养老机构以及由非正式、正

① Hartnell C.，*The Community Care Handbook*：*The Reformed System Explained*，New York：London Age Concern，1995，pp. 91－92.

式渠道所提供的照顾。① 由此可看出，这里旨在突出社区照顾的地理概念主要是指在医院以外的照顾，社区主要指的是提供照顾的地理社区，这种对社区照顾的理解极大程度上反映了当时英国社会各界对弱势群体应当脱离非人性的机构照顾环境的一种呼声。随后，对英国社区照顾的理解转变到了另一层面：1981 年英国政府发布的《步入高龄化白皮书》中指出，社区照顾的实质就是要增加非正式照顾者的责任，主要由地方政府、营利组织、志愿性组织以及非正式支持网络（如家人、朋友、邻里等）为服务对象提供照顾。② 社区照顾也从强调照顾的环境变成了强调照顾的资源，即正式与非正式照顾网络。1982 年的《贝克利报告》中对社区照顾作了进一步说明，即为了促使服务使用者在社区中生活，或协助其具备独立居住的能力，经过评估可根据个体需要提供非医疗性的照护，包括家事服务、日间照护、长期照护或居住服务等。③ 概念的转变引起民众的质疑，认为政府在推卸责任，将责任丢给地方、家庭、个人，达到节省财政支出的目的，这种政策导向也增加了无报酬的女性家庭成员负担，同时女性保姆数量也逐渐增多，但这样的非专业化照料并没有带来预期的照料结果，而且还占用大量的劳动力。为了解决照顾的非专业化及对于劳动力市场的挤出问题，1990 年英国首次以社区照顾命名的法案《全民健康与社区照顾法案》出台，并表明地方政府需专款专案地执行社区照顾，明确各方责任，强调投资效益、市场化和私营化。

3. 英国社区照顾养老的特点

英国社区照顾所倡导的“在适合的环境中养老”，有以下特点：

一是政府的定位明确。英国是高福利的国家，社区照顾在财政出资上体现了以政府为主的特点，社区服务设施的资金基本来自政府的财政拨款，社区、家庭和个人的支出不多。此外，还有少量的慈善机构、教堂、中介组织、志愿者提供的免费服务。在服务提供方面，政府的职能

---

① Bayley M J. , *Mental Handicap and Community Care*, London: Rouledge & Kegan Paul, 1973, pp. 26 – 27.

② Means R. , *Community Care: Policy and Practice*, New York: Palgvwe Macmillan, 1998, p. 32.

③ Harris J. , "Scientific Management, Bureau-Professionalism, New Managerialism: The Labour Process of State Social Work", *British Journal of Social Work*, Vol. 28, 1998, pp. 839 – 862.

是服务的规划、管理和购买者，而不直接提供服务，政府与独立部门以签订合约的形式来购买服务，主要充当政策、制定、评估、监管、购买的角色，在服务领域建立“准市场”机制，鼓励私营部门和志愿者作为服务提供者。政府与这些独立部门签订契约，通过政府购买服务、竞争投标等形式，选择相应的部门提供老人照料服务。

二是提供专业的医养服务。英国的社区照顾有一个非常突出的特色，就是社会工作者的参与。1959 年《杨哈斯本报告》呼吁地方政府应当大量聘用社会工作者，自此社会工作成为英国福利国家的重要支柱，被称作“第六只手”，此时的社会工作者直接提供服务，他们作为政策执行者的角色存在，即努力把服务使用者的需求控制在当地政府可以给出的资源以及服务的范围内，以有效地节省政府开支。作为与老人距离最近的社会工作者，经常遇到明知道服务使用者的需求，却因资源有限或政策限制而无法提供服务的情况。为了解决这一矛盾，1990 年的法案规定社会工作者在社区照顾中扮演角色的重新界定，即从原先的直接服务提供者，变为照护管理者以及服务购买者。[①] 因此社会工作者的作用上升到非常重要的位置，为了发展福利事业和社会工作，英国政府大量聘用社会工作者，并对他们加强专业化的技能培训，这样的举措带动居家养老服务走向专业化。除此之外，还有社区护士、区域护士、健康家访员、社区精神护士、心智障碍者护士等在社区范围内提供的专业照护。

三是高度的社会参与。英国的社区照顾几乎整合了全部的社会资源为老年人提供服务。在英国的社区照顾体系中，志愿者、非营利组织、非政府组织都发挥着巨大的作用，据统计英国每年有 48% 的人参加志愿者服务，在服务供给方面，形成了一个由志愿机构、非营利机构、营利机构等组织构成的混合市场，服务的购买者是政府，服务的使用者是经过需求评估后被认定有照顾需求的老人。多种主体供给社区服务，从而构建起国家与社会、政府与民间、公共部门与私人部门的相互依赖、相互协商、互相合作的关系，各个供给主体之间的关系具有竞争性、契约性和合作性的特点。

---

① Biggs S. Consumers, “Case Management and Inspection: Obscuring Social Deprivation and Need”, *Critical Social Policy*, Vol. 10, No. 3, 1990, pp. 23 – 28.

四是提供服务的形式和内容多种多样。英国的社区照顾的具体内容包括：行动照顾，包括为老人打扫居所、起居饮食的照顾、代为购物等；物质支援，即为老人提供衣物、家具、现金、食物及便利设施等；心理支持，包括安慰老人、问候老人等；整体关怀，即改善老年人的生活环境，加强相关资源的支持。① 同时，针对老年人群体的不同特点，提供的服务形式也多种多样。②

（二）法国的居家养老体系

法国是世界上最早进入老龄化社会的国家之一。早在1865年，法国65岁及以上老年人口比例就超过了7%，进入了老龄化社会；1980年左右，法国老龄人口比例达到14%，进入了“超老龄社会”。“二战”后的一段时间，法国养老服务主要采用“政府＋协会”模式。这一时期养老服务市场比较混乱：一是协会提供的服务分散，消费者只能通过小广告寻找家政，但社会上存在大量黑工。二是从业者没有经过培训，职业水平低，整体服务素质不高；服务价格昂贵，多数老人难以承受。

与英国的社会保障改革背景相似，法国也是经历了削减政府支出、养老回归社区和家庭的过程，这引起了一些问题：照料的非专业化、养老照料对劳动力市场的挤占。在20世纪90年代，法国出台了一系列政策，其目的有两点：一是为了应对日益增加的居家养老需求，提升相关部门的吸引力，留住现有护理人员，开发潜在的人力资源，并对现有的护理人员进行培训。二是拓展服务层面，对一些身体条件不好、无法自主活动的老人进行特别照料。特别是患有重疾的孤寡老人，给予更多照料，从最初的家务层面深入到日常照料（如清洁、穿衣、餐饮、陪护等）。为保证政策实施，设立了DEAVS认证证书，对护理人员的资质进行认证，最初仅仅是个人清洁护理资质，现在与护理门类相一致，认证范围也已经得到细化，护理人员的收入在大幅度提升，但鉴于DEAVS文凭在法国文凭等级体系中获得的认可程度最低，护理人员的福利仍然有

---

① 杨蓓蕾：《英国的社区照顾：一种新型的养老模式》，《探索与争鸣》2000年第12期。

② 民政部、全国老龄办养老服务体系建设领导小组办公室：《国外及港澳台地区养老服务情况汇编》，中国社会出版社2010年版。

限，比较不同的职位，获得证书的护理人员与助理护士同等级。地方管理机构会根据老人的情况对护理人员和老人的需求进行匹配。为了提升护理人员素质，中央政府、大区政府和企业共同出资对护理人员进行培训，促进技能培训与大学教育接轨，经过专业学习，护理人员可以获得相应的学位和资质。目前，全日制社会福利培训人员基本实现了免费学习。

在资金方面，进入20世纪80年代，随着法国人口老龄化加快，养老问题成为比较突出的社会问题，政府加大对居家养老服务的支持力度，采取了一系列积极措施推动居家养老服务发展，其中最重要的是利用优惠政策引导市场发展。一方面，鼓励企业进入居家养老市场。例如，为70岁以上老人提供居家服务，可减免企业为护工缴纳的社保，从事居家养老服务的企业，增值税降为5.5%；但是，上述优惠是有条件的，2005年法国成立的家政服务管理局，负责制定行业规范和准入标准，颁发机构从业资质认证，以此作为获得政府财政补贴的前提条件。另一方面，鼓励消费者使用居家养老服务。例如，雇佣家政服务人员的雇主支付的服务费用，可以按照50%的比例减免个人所得税，发放个人化自理补助（APA），用于资助个人居家养老的家政服务、住宅改造、心理咨询等支出，该补助除了支付给机构派出的专业服务人员，还可以支付给邻居、亲友等，进一步促进了居家养老服务供给的发展，通过个人化自理补助享受上门服务的老人占享受补助金总人数的60%以上。

在监管方面，除了上面所提到的家政服务管理局之外，医疗福利机构评估署对企业提供的家政服务进行监督。内容包括：顾客个性化需求分析、协助明晰服务合同责任、提供完整服务资料、满意度追踪评估、处理顾客投诉和纠纷、评估服务达标水平、提出纠正和预防措施、监督从业人员培训情况等，对不达标的企业将吊销其资质。

在运行方式方面，为推动养老服务业优先发展，2005年6月，法国政府成立全国家庭服务署，将包括养老服务业在内的家庭服务业纳入国家发展战略规划。2007年，法国政府通过了面向老年人的两项全国养老规划《安度晚年（2007—2009）》和《高龄互助（2007—2012）》，鼓励使用养老服务券以支持养老机构的发展，确保居家养老和社区养老的连续性。持有服务券的个人可以享受有资质的机构提供的服务，如日常家务、陪护、家庭采购等。服务券发放以来，既刺激需求，又提高供给；同时，还对服务质量进行了必要的监督，使整个行业能够实现良性循环。服务券发放体系比较完善，政府只负责前期工作，其他全部依靠企业运作，确保服务券达到使用目的。政府职责是确定领取人员名单，提供部分财政补贴，采取优惠措施鼓励企业发放服务券，如企业为雇员购买养老服务券每人每年金额在1830欧元以内，可以抵扣企业为雇员缴纳的社保。服务券发行由6家大型企业负责，为了运作透明，券商共同成立服务券处理中心，独立负责服务券的核定和资金运作。[①] 为鼓励支持相关行业发展，法国政府设立“银发经济”奖，组建“法国‘银发经济’协会”，并积极推销相关产品和服务。法国的公共机构和私营诊所通过政府牵线搭桥达成合作，共同为老年人口提供社会和医疗护理。此外，法国政府还增加资金补贴，对那些失去生活自理能力老人的家庭提供帮助，减轻他们的负担，并加强护理网络建设。[②]

（三）对我国老年人社区居家养老服务发展的启示

根据英法两国的社区居家养老制度的历史演进和实施情况，社区居家养老是在老龄化严重、财政必须压缩社会保障支出的背景下产生的，两国经历了市场混乱、服务质量不高、价格昂贵等市场乱象之后逐渐建立起比较规范的居家养老制度。在此过程中制度的不断完善很重要，主要经过下面的几个步骤：一是人力资源的培养相对比较严格。英国培养社会工作者，并将其定位为管理者的角色，社会工作者的参与拉近了供需双方的距离，专业化的管理比政府人员管理更高效、更接近老人的需求。法国通过认证范围细化以及证书等级与护理价格挂钩的方式提升服务人员的从业积极性。投诉及对投诉的反馈机制强化了对相关人员的监督和管理。二是政府的角色主要是制定政策、评估、购买、监管的角色。英法两国属于高福利国家，政府出资相对比较多。政府对符合条件的老人提供资金保障，补助金使用

---

① 刘婉娜、胡成：《法国居家养老服务业的发展及启示》，《宏观经济管理》2012年第7期。

② 《法国推动养老服务业优先发展》，2018年5月29日，新华网（http：//www. xinhuanet. com/world/2018 -05/29/c_129882011. htm）。

比较灵活；对符合准入标准的从事居家养老服务的企业，通过税收减免给予鼓励；家政人员获得的服务费可享受个税优惠，等等。政府的主要任务是创造平台发挥组织、协调、监督的作用。三是志愿者、非营利组织和企业的参与。这与日本、澳大利亚的情况是相似的，社会力量的参与和帮助成为发达国家居家养老的一大特色，但英法两国企业参与的程度更深一些，企业通过为老服务形成良好的社会形象，政府对企业从事为老服务提供优惠政策也刺激了企业的积极参与，除了专业人员提供照料服务之外，社会上形成了良好的助老氛围。

四　小结

（一）居家养老是大势所趋

根据发达国家的情况看，无论是老人还是政府更提倡的是居家养老，但这种居家养老与传统的家庭养老有很大区别。老年人的老后生活依托属于自己的生活空间是必要的。从老年人心理角度，自己可以做主的“家”才是生活的归属。即使原居住宅需要改造，即使身体条件必须依靠轮椅，大多数老年人也会选择在自己的家中养老。居家养老并不意味着政府可以放手不管，而是提供更多辅助性的服务。

（二）法律制度的完善

任何一项措施的实施都离不开完善的制度保障，发达国家有关老人福利的法律体系包括经济保障、健康保障、就职保障、护理保障等方面。而我国相关方面的法制建设十分薄弱，目前涉及老人保障的专门法律只有老年人权益保障法，保护的范围不全面，只有建立完善的老年人保健制度，完善的老年医疗服务体系，才能使整个社会对老年人的权益、老年人事业、老年人再就业、老龄产业等都能做到有法可依。

（三）政府职能的转变

作为最基层的政府部门，街道在居家养老中的作用非常重要，其作用更应该体现在资源整合、平台搭建、制度创新、过程监管及投诉受理等具有管理优势的方面，具体操作应该交由独立化的非营利机构、专业协会、企业等社会力量进行专业化操作。在选择提供方时应在公平竞争的招投标基础上进行，而不应有附属或裙带关系。

（四）医疗服务体系

日常的医疗服务对于老年人当然非常重要，但是紧急情况下街区级别的救助医疗，医生护士的入户访问式医疗也是必要的，即根据需要增加护理的层次，保证老人在不同阶段都可以获得阶段式的服务。目前，独身老人独自在家中去世，多日后才得以被发现的案例日渐增多。可以说要杜绝此类问题的发生，医疗照料服务多层次的覆盖迫在眉睫。

（五）生活照料体系

发达国家尤其是日本的经验，是由社区老年福利管理机构或访问护理所介护认定审查会等部门根据老年人的身体机能情况确定需要照护的程度，按照标准制定介护方式和服务内容。而我国由于居家养老服务内容不完善，不能充分满足老年人的各种要求，也难以依据老年人的具体身体情况制订相应的服务计划，今后应更注重服务内容细化，按照老年人不同身体情况、不同文化和不同需求进行开发，为老人提供多样化的养老服务。由于20世纪80年代实行的独生子女政策，未来2个独生子女照料4位老年人的“421家庭”将越来越多。照料老年人的家庭成员减少，较之日本更为严重，放开二胎和三胎的政策将改善人口结构，但不论怎样，都需要建立健全的生活照料体系，以保证即使子女工作或不与父母同住，在相应社区照料体制下，也可保障老年人安心地居家养老。

（六）专业人才培养机制

发达国家非常注重人力资源培养，通过资质证书与护理价格挂钩提高护理人员提升产业技能的积极性。目前我国尚未成立介护方面人员培养体系，介护工作大部分由护理人员或护工来承担，我国护士130多万人，工作在一线的护士严重缺乏，护工工作在我国并没有形成一个固定的职业，缺乏统一的培训、管理和考核。今后应加大力度培养居家养老的专业人才，对现有从事居家养老的工作人员进行系统培训，应充分发挥在临床专业退休的护士长或护士们的作用，她们有着丰富的护理经验和管理才能，有效地利用将会使她们成为社区护理建设和培训工作的新生力量。

（七）社会力量的参与、各专业协同合作

与设施照料不同，“居家养老”的照料服务必须是各个专业和机构形成合作意识，制定相互对接的工作方法，明确分工内容。各专业在养老问题上需进行专门的教育培训，以提高各行业间的合作机能。社会性的养老必将是一种社会参与的养老模式。社区、志愿者、老年人之间、老年协会、社会工作者等，通过制度创新、社会分工形成既有交叉又独立专业的非正式的民间互助体系。①

① 王晓朦、胡惠琴等：《解析日本居家养老课题的研究视角与方法》，《城市住宅》2015 年第 1 期。

第十三章

老年退休社区的发展趋势——生态化和智能化

一　生态住宅

生态住宅的概念是20世纪80年代后期，在人口增加、城市扩张、居住空间缩小、不可再生资源减少和生态环境恶化的社会背景下提出的一个有关改善人类居住条件、节约资源、达到人与自然和谐统一的新的住宅发展模式。与以往的住宅模式相比，生态住宅最重要的特点就是要求人类正视当前的生态问题，加强生态环保意识。在此基础上，生态住宅的定义可归结为：应用生态学和建筑学原理，充分利用自然资源，并以不触动环境基本生态平衡为前提，能够进行自身良性生态循环，对居住者的身心健康和安全不构成任何危害的居住空间。生态住宅基本上围绕三个主题：一是减少对地球资源与环境的负荷和影响；二是创造健康、舒适的居住环境；三是与自然环境相融合，并致力于人类的生活模式、现有的生产模式和消费模式的改造。它将给我们带来节地、节水、节能、改善生态环境、减少环境污染、延长建筑寿命等益处。

（一）生态住宅的一般要求

住房不只是人类挡雨遮阳、避暑御寒的栖息场所，更是人类与地理环境（地理、水文、气候）、代谢环境（物质流、能量流）、生物环境（有益、有害生物）、社会环境（服务设施与水平）、经济环境（就业环境、房产市场）和文化环境（历史的延续性、标识性）相互作用的复合体。建设部住宅产业化促进中心最新的绿色生态住宅小区的技术导则，大致包括以下九方面：

能源系统——使用常规能源（电、燃气等）时，应使用清洁能源。要求对常规能源进行分析优化，采取能源系统优化方案，避免多条动力管道入户造成资源的浪费。对住宅的围护结构和供热、空调系统要进行节能设计，建筑节能至少要达到50%以上。充分考虑绿色能源（如太阳能、风能、地热能、废热资源等）的使用，绿色能源的使用量达到小区总能耗的10%（折合成电能计算）。

水环境系统——要考虑水质和水量两个问题。在室外系统中要设立排水、雨水等处理后重复利用的中水系统、雨水收集利用系统等，小区绿化、景观、洗车、道路喷洒、公共卫生等用水直使用中水或雨水；用于水景工程的景观用水系统要进行专门设计并将其纳入中水系统一并考虑。小区的供水设施采用智能化管理，应具有远程监控、故障报警等功能。节水器具的使用率应达到100%。排水应采用雨水、污水分流。污水处理率应达到100%，达标排放率也必须达到100%。在有需要的地方，同步规划设计管道直饮水系统。

气环境系统——室外空气质量达到国家二级标准。居室内实现自然通风，以保证主要居住空间空气新鲜，防止室内潮湿与霉菌滋生，厨房应有烟气集中排放系统。

声环境系统——包括室外、室内和对小区以外噪声的阻隔措施。室外设计应满足：日间噪声小于50分贝、夜间小于40分贝。建筑设计中要采用隔声降噪措施使室内日间噪声小于35分贝、夜间噪声小于30分贝。小区周边产生的噪声如果影响了小区的声环境则应采取降噪措施。

光环境系统——室外公共照明宜采用绿色照明。宜用反光指标牌，反光道钉，反光门牌等，建立区内道路识别系统。通过高、中、低、远、近、虚、实等不同照明形式，在不同地区按不同的要求，合理配置路灯、庭院灯、草坪灯、地灯等，形成丰富多彩、温馨宜人的室外立体照明系统。住区内不宜采用霓虹灯或强烈灯光做广告，小区内居住建筑不得采用玻璃幕墙。住宅楼梯间的公共照明应使用声控开关或延时开关。小区道路、停车场上的车灯应避免车灯直射室内，不可避免时，应采取挡光措施。书房、起居室、卧室的窗地比应大于1：7。

热环境系统——住宅的采暖、空调及热水供给应尽量利用太阳能、地热能等绿色能源。推广采用采暖、空调、生活热水三联供的热环境技术。室内热环境的舒适性设计：冬季供暖的室内温度宜保持在18℃—22℃，夏季空调的室内温度宜保持在22℃—27℃；室内垂直温差宜小于4℃；供暖、空调设备的室内噪声等级不得大于30dB。

绿化系统——生态环境功能：小区绿地应具备提供光合作用的绿色再生机制；休闲活动功能：应提供户外活动交往场所，要求卫生整洁、适用安全、景色优美、设施齐全；景观文化功能：通过园林空间、植物配置、小区雕塑等提供视觉景观享受和文化品位欣赏。

废弃物管理与处置系统——生活垃圾收集率应达到100%，分类率应达到70%，生活垃圾收运密闭率应达到100%，生活垃圾处理与处置率应达到100%，生活垃圾回收利用率应达到50%。生活垃圾收集系统的规划、设计、建设应同小区的总体规划、设计、建设同步进行。体现“谁污染谁治理，谁排放谁负担”的公平原则，管理与处置应以无害化、减量化和资源化为基本原则。应设置袋装垃圾的收集设施。多层建筑按单元收集，高层建筑分层收集。小区内居民的冰箱、电视、家具等应进行有计划收集和处理。

绿色建筑材料系统——小区建设采用的建筑材料中，3R材料的使用量宜占所用材料的30%。建筑物拆除时，材料的总回收率达40%。小区建设中不得使用对人体健康有害的建筑材料或产品。

以上标准贯穿于生态住宅的各个环节（规划设计、材料生产及运输、建造、使用、维修、改造、拆除），即全寿命管理，它是指在保护生态环境和节约各类资源的基础上，在住宅全寿命中都体现节约资源、减少污染的原则，创造健康、舒适的居住环境，以及与周围生态环境的融合。生态住宅的全寿命周期强调的是管理手段的系统性和可持续性。它用系统论的方法涵盖了从前期策划、设计、施工直到营销、物业管理等整个开发运营过程中的管理手段，以达到经济和环境效益最优化。

通过生态住宅的全寿命管理，使小区达到生态环境自然化、洁净能源得到充分开发与利用、水资源的高效利用、废弃物的再利用以及住宅空间实现休闲娱乐功能。生态环境的自然化：结合居住区规划和住宅设计来布置室内外的绿化，在园区的绿化带，住宅的屋顶、地面、走廊等处栽种各类花草植物。洁净能源的开发与利用：通过房屋结构的设计，使住宅的通风性能、保暖降温性能与当地的气候条件相适应。夏季通风降温、冬季采光保暖等均尽可能多地利用自然界的可再生能源，来达到调节住宅的舒适度水平。与此同时，减少外界能源的输入，如电能、煤气、热能等，从而达到自然资源的可持续利用。水资源的高效利用：生态住宅要求在适宜的范围内进行雨水收集、中水处理。通过设立生活污水处理系统和雨水收集利用系统，将处理后的生活污水以及自然降水用于水景工程的景观用水、园区绿化用水、洗车用水等，达到循环利用和梯级利用的目标，特别是对于水资源匮乏的地区。在技术体系上，要对其进行专门设计并纳入整体水循环系统。小区的供水设施宜采用节水节能型，强制淘汰耗水型室内用水器具。废弃物的再利用：任何住宅小区都不可避免地要产生固体废弃物，而废弃物的无序排放必将增加对外部环境的污染。如何通过合理的设计与处理，将产生的各种废弃物进行回收利用，提高其可再生性是生态住宅设计理念中的一个重要环节。住宅空间的立体化：首先，通过合理的建筑设计和园林花卉的搭配，对住宅进行立体化布局，有利于为居民提供一个娱乐身心的居住环境。其次，通过对住宅小区以及楼宇公用走道的立体化设计，拓展住宅的开放空间，宽敞的走道与公共活动场所的增加有利于增加住户相互交流的机会。生态住宅的文化休闲功能：生态住宅小区建设不仅仅局限于物质方面，同时也体现在精神境界方面，其中包括生态住宅与自然景观的融合，与人文景观的融合，与社会文化的融合，以及小区内居民良好的环境意识与道德水准。

（二）老年生态住宅的特殊要求

除了满足上述一般性条件外，作为老年生态住宅还需充分考虑老年人的特殊需求。功用性：要充分考虑老年人步行和使用轮椅的空间，住宅一般设计电梯，尽可能消除地面所有的高差或设置缓坡，使老年人能自由地在住宅内移动。住宅内各功能区要留有足够宽度的通道，房间最好在15—20平方米，既可放置床铺、衣柜等家私，又有宽裕的空间便于老年人步行或使用轮椅。大厅亦需在使用上充分考虑老年人出入的方便。

在户型方面，可考虑同居式的，即老人与子女同住在一个住宅单元内；或者考虑附属式的，即由老年人居住的小户型与其子女居住的大户型搭配在一起，这样老人与子女既可各自独立，又没有完全分隔开，形成一种“邻居式”的生活环境；或者考虑并列式的，即在相互独立的两套户型中开辟一个公共的生活空间，使老年人原有的活动空间得以发展和延伸。

安全性：保证老年人安全使用各种设施。地面材料要求防滑、耐磨，厕所和浴室要安装扶手，建筑内部墙体阳角宜做成圆角或切角，且在1.8米高度以下做到与墙体粉刷齐平的护角，如能做到带有缓冲性的发泡墙纸则更好。照明用途和场所适当配置照明器具，各房间与走廊的亮度应大致相同，以免有刺眼的感觉。开关、门铃和门窗把手的位置适当降低以适应老人身高，标志应醒目以适应老人视力。在空间、标高、材质变化等易发生事故的地方，应通过装修材料或色彩等的变化来达到容易识别的目的。

可变性：由于老年人从自理自力期到照顾关怀期，大约为十年的时间，老人生理将由健壮到衰老，住宅的设计应当考虑到老年人的需求，设置隐蔽设计，便于增添设备、设施等改造工程。

可协助性：起居室、卧室、卫生间等门扇要预留观察窗，以便其他人能及时了解老年人的情况并给予协助帮忙，在室外公共设施设计和配套方面，小区规划建设中，应坚持无障碍设计，其出入口、水平通道和垂直通道都应为老年人提供方便设施和服务条件，要有清楚的方向性和明确的标志系统，以方便记忆力和视力减退的老年人。设施建设应使老年人可自由进入园林绿地、庭院进行休闲晨练，还应使老人便利地享受服务设施和健全的医疗保健体系。

娱乐性：老人室内娱乐空间以麻将、书画、园艺及饲养宠物为主，根据需求在室内预留合理空间。阳台可作为老人兴趣所至的小型阳光室，自种花草园艺让老人时刻感到自然魅力。为避免老年人有害怕孤独的心理，住宅小区需建造康体中心、医院、社区活动中心等多种配套设施，营造各类的交流空间，丰富老年人的精神和文化生活，为老人开辟一个学习、交流、增长知识、休闲、健身的场所，可通过开设形式多样且不拘一格的课程，满足老年人绘画、摄影、雕刻、文学、地理等不同方面的需要，丰富老年人的社会生活。

（三）智能化住宅

首先，电气设备操作方便。由于老年人的思维能力有所下降，复杂的操作对他们来讲有难度，如电气设备的安全性操作。故应要有以人为本的设计思路，选用操作简单、安全的设备，提高智能化设备的利用率，综合利用系统集成方式将计算机技术、网络通信技术、智能仪器仪表技术作有针对性的设计，在厅、房各位置安装各类明显的控制开关，使老年人能方便、快速地与外界取得联系，以获得帮助，包括物业服务和家人的协助。其次，服务功能。“智能化老年住宅”室内与外界的联系，一般可以通过电话网、有线电视网、电力网、局域网等接入，采用双绞线或细缆、粗缆作为传输介质，为小区提供物业管理、监控系统、门禁系统、车辆管理、三表抄送等服务。再次，报警功能。建立“智能化老年住宅”应以老年人家庭为单位，在住宅内部采用先进的家庭网络路线，将所有的家电（电视、空调、家政安全系统等）相连，以无线或有线方式组网，完成对室内诸如盗窃、火情、有毒气体等的监测，同时控制各种电器、门、窗等。室内一旦发生异常情况（紧急病人、入室盗窃、失火、煤气泄漏等），各报警器可以通过无线方式将警情发送到主机，主机判断警情类型后，自动拨号通知相关的部门或小区接警中心，及时采取措施加以解决。最后，自动调节功能。根据老年人特定身体条件，自动选择调整室内的温度、湿度、光线强度以及无障碍程度等室内环境，从而适应老年人的生活需要。

具体包括：1. 安全报警。可以为老年人提供紧急呼救、防盗、防火、防煤气等类型报警。2. 家电控制。可以提供手动开关、室内集中遥控、家电定时遥控、电话异地遥控等，甚至通过人体感应对家电实施控制。3. 环境监测与调节。可以根据老年人的身体条件，自动监测、调节老年住宅的室内温度、湿度以及无障碍环境等。4. 室内外通讯。与主机对讲、通话录音、来电显示、信息查询、相互转接、电话线路监测、智能对讲门铃等。

二　案例

（一）瑞典

Smeden 位于瑞典中部小城 Jonkoping 的郊外，有十二幢双联排住宅，共 25 户住户。基地被山坡树林包围，很像中国东北的农村。建设之初，创始人提出了“生态村”的设想，于是他们各司其职分别查找有关生态方面的资料，并与建筑师和生态专家充分讨论，最后在建筑师的帮助下完成规划设计、产品采购，住户参与了建设的全过程。Smeden 的给排水系统不和市政管网相接，在每个房子的卫生间里，大小便分离，分解作有机肥。房子下面埋着收集污水的容器。污水经处理后再利用。每家必须定期清理卫生间，而小区集中的污水处理器，也要由住户轮流定期清理，在 Smeden 每周有劳动日。每家分得一块蔬菜地并可饲养一些家禽如兔子、鸡、羊，强调与动植物共生，并可获得新鲜的自然食品。住宅单体为一层半的坡顶住宅，前半跨客厅到顶、后半跨二层阁楼为卧室，外观朴实，但每户底层有一个玻璃封闭的阳台作阳光室。屋顶上有太阳能板通过高效的转换器提供热水和采暖。建设中特设了一套公共活动单元，供社区活动，共同管理维护。这一切看似怀旧，却是先进技术与传统设计、人与自然的结合。这里的住户都感到满意与自豪，凡今后迁入的成员，也必须遵照“村”里的生态性公约。

Kullon 生态社区——与美景和谐相处。市政当局和建设者在公众宣传方面投入很大力量，使那些选择住在 Kullon 的人们有兴趣学习与周围环境和谐共处。他们也接受了生态化生活培训，如垃圾分类方法，使粪便分解成肥料，节约能源和水，爱护环境等。当每份房屋销售合同签订时，业主也必须签一份生态合同。开发者负责提供生态化生活需要的必要条件，但后来全靠住户自己。开发商会通过教育和宣传生态知识来帮助他们。这个小区的特色有：拥有自己的小型水处理厂，有独立的绿化区使房子坐落于林木间，共享的有机肥系统；太阳能采热和供热系统；采用绿色电力；为了节水用喷淋而不用盆浴。尽管这里不可能完全生态化，他们仍希望有一间专门出售环保食品和无磷洗涤剂的店，以减少对环境的不良影响。

（二）日本

21世纪住宅发展的趋向，全世界都在关注，日本也有不少企业对此展开研究。Next21生态型实验住宅是其中研究面广、具有代表性的一个实验基地。Next21生态型实验住宅自1993年竣工后，采用由实验者居住的方式，并不断听取他们对此住宅的意见，从而不断调整。Next21生态型实验住宅研究目的：通过改变现有的人类的居住方式，达到保护地球环境的目的。Next21生态型实验住宅研究内容：（1）高效率的能源开发和回收利用；（2）家庭智能化系统；（3）生态环境的自然化；（4）住宅空间的立体化；（5）废弃物的再利用；（6）建筑的可变性和长寿化；（7）儿童及老人的住房设计；（8）建材、设备选用的环保化。

高效率的能源开发和回收利用：发展商自行研制了9.8千瓦的高效能的小型煤气发电机，安置在地下室为整幢楼供电。同时，用供电时产生的热能驱动蓄热吸着式制冷空调和提供热水。另外，通过屋顶的太阳能为居室提供照明。目前，发展商正在研制一种高性能的超小型燃料电池，以取代上述的小型煤气发电机。这种燃料电池，只要放在家门口就可以为家中供电了。

家庭智能化系统：每户安装电子显示板，记录家庭水、电、煤气的使用情况，业主可及时了解用量情况并调整节能。所有的电器与电脑联网，业主在外就可以遥控电器开关。

生态环境的自然化：在实验住宅的屋顶、地面、走廊等处栽种各种植物，植物的种植以减少热岛效应为目的。通过遮阳防止水分散发，吸引鸟类、昆虫居住等试验，提高居住环境的自然生态化。住宅空间的立体化：通过对整幢楼的公共走道的立体化设计，拓展了住宅的开放空间；宽敞的走道也增加了住户互相交流的机会。

废弃物的再利用：废弃物的排放会增加外部的环境污染。通过实验以达到在本幢楼内对废弃物的再利用。厨房废弃物通过水槽下的粉碎机排放到调整槽；调整槽中的废水和卫生间的废水经过排水处理，一部分再经中水处理后用于大楼内的植物浇灌，一部分达标排放；调整槽内的杂物和废气经过融化分解，对废物产生的热能进行回收，废气经达标处理后排放。

建筑的可变性和长寿化：传统住宅使用一段时间后将会被拆平重建。而这里的开发商将住宅分为躯干和住户两部分，躯干结构设定寿命为100年，住户部分设定寿命为20—30年。通过两部分的彻底分离，达到住宅使用的定期更新和长寿化。老人住房的设计和房型的可变性：为满足老龄化社会的需要，实验住宅内所有的住房没有台阶，以方便轮椅自由移动。同时，在室内的各个部位设计扶手，方便老人行走。随着单身者、母子型家庭的出现，所有的房型均可重新设计，房间的大小、位置和朝向可随意调整，以满足不同家庭的需求。

三 老年退休社区运作模式：Hartrigg Oaks 运作模式的实践经验

老年退休社区也称聚集住宅或退休之家。与老年公寓不同的地方是它除了租赁房屋外，还提供就餐、清扫房间、交通、社会活动等便利服务。如果老人可以独立生活，但喜欢同其他老人住在一起，或者希望有人帮忙做家务，希望有交通工具外出多参加一些社会活动以保持与社区服务良好的联系，老年退休社区是较为理想的选择。

老年退休社区是英国相当一部分老人所选择的具有代表性的养老环境。Hartrigg Oaks 是英国第一个持续护理退休社区（CCRC），是拓展晚年生活新形式的成功试点。Hartrigg Oaks 模式之所以受到老人的青睐，主要原因是社区十分重视和尊重老人的物质和精神需求并试图最大限度地给予满足，表现在1998—1999年第一批老人入住之后的硬件设施、经营理念、一揽子收费计划等方面均根据居民的要求做了调整和改进。那么老年消费心理的一般特征是什么？Hartrigg Oaks 又如何针对这些消费特征进行经营方案设计？Hartrigg Oaks 经营模式为我们提供了什么可资借鉴的经验？这是本部分所要探索的问题。

（一）有良好的资质和信誉

Hartrigg Oaks 是一个独立、非营利性的社区，完全通过 Joseph Rowntree 住房信托（JRHT）和居民的贡献来获得资金。Hartrigg Oaks 由 JRHT 负责运营，这是 Hartrigg Oaks 具有吸引力的原因之一。居民信任 Rowntree

这个名字及其声誉，首先，JRHT 与基督教教友派（Quaker）有关联，因而被认为具有良好的道德品质。其次，JRHT 不仅拥有广泛的资金来源，而且具备护理院和住房项目的运作经验。Hartrigg Oaks 的居民确实在入住决策过程中受到 Rowntree 的知名度和声誉的影响。可以理解，一个在融资方面不具成长性，在护理服务方面没有足够经验的组织不可能会引起潜在居民的兴趣。这一点在考虑模式复制时十分重要，因为居民们对于提供赡养住房的私人公司的逐利动机持有不信任的态度。

（二）人性化的硬件设计

Hartrigg Oaks 是一个能为现有居民提供多年（20 年甚至更长时间）居住场所的社区。由于居民可能在 Hartrigg Oaks 连续独立生活很多年，住房的平房化设计、空间标准、私密性和社区内外娱乐设施的配备以及该案的选址等因素对于潜在入住居民来说，其重要性与寻找新家无异。首先，在诸多吸引力因素中"房屋设计质量上乘"排首位。大面积的房屋空间标准为居民提供贮存贵重物品的场所，同时还可以把阁楼改造成供探亲使用的房间或者工作室。细节设计可以使轮椅运动自如。更重要的是，房屋自带小花园和停车场，房屋之间界限清晰，从而营造一种独立私密的家庭气氛，避免产生机构建筑的感觉。其次，Hartrigg Oaks 坐落在迷人的约克城，离市中心很近，交通和通讯便利。Hartrigg Oaks 所在的 New Earswick 花园式村庄，有保存完好的 19 世纪末 20 世纪初的红砖露台房子，周边花园和绿地环绕，Hartrigg Oaks 的一边与田野相连，风景和空气质量优良。最后，设备和设施齐全。Hartrigg Oaks 内部建有餐厅、咖啡吧、艺术工作室、理发店、图书馆、机房、温泉游泳池等。每栋房子都有与 Oaks 中心相连的报警系统。

（三）邻里式的社交活动支持

在 Hartrigg Oaks 邻里之间能够和睦相处、友好互助，这源于 Hartrigg Oaks 的社区理念：通过各种居民自发组织的社团和咖啡吧等场所提供的社交机会，营造良好的邻里关系。居住成本决定了居民多数是退休的专业人士，可以分享彼此的兴趣爱好。他们自发组织各种各样的兴趣小组，有工艺小组、神学小组、文学小组、音乐戏剧小组及瑜伽班等，56% 的居民参加两个或以上小组，并认为 Hartrigg Oaks 是充满活力的地方。除此之外，Hartrigg Oaks 还提供诸如咖啡吧等非正式社交场所作为增进感情的地方，帮助居民参加更广泛的社区生活，加强彼此之间的联系。不活跃的居民只要愿意也可以在邻居或社区工作人员的帮助下参加活动。社交计划实施效果也不错，多数居民给予邻居友善的评价并表达助人的意愿。有人认为 Hartrigg Oaks 是社会型友好社区，这是他们入住之后未尝预料到的额外收获。居民总体满意度也与能加入到社区内外的社会网络中紧密相关。其他研究表明住在社区中的居民满意度的一个关键因素是为他们安排或提供的社会活动及社交支持的程度（Nocon and Pleace，1999）。但是，Hartrigg Oaks 亟须考虑的一个问题是它该为相对不活跃的居民提供何种程度的社交支持，这是一个难题。

（四）多样性的服务供给

杂物活服务，包括小型修理和维护。家政服务，包括真空包装、打扫房间、洗刷餐具、更换被褥、床垫翻身、洗涤衣物以及食品或清洁用品的基本购买服务。应急服务：不超过 15 分钟的情感护理、膳食派送、简单梳洗和膳食准备。个人护理：包括穿脱衣服、洗浴和膳食准备等。另外还有短时过渡期间照料以及退房入住 Hartrigg Oaks 护理院的服务项目。

Hartrigg Oaks 采取措施克服最初运作时所面临医疗空间不足、虚弱人群数量过多以及家政服务需求量严重低估等困境，膳宿、护理和供养性的服务逐渐受到居民的广泛好评。首先，居民主观上希望需要时即可得到服务，但在 Hartrigg Oaks，居民是否如愿以偿取决于社区护理专业人士的评估。当居民需要服务时需向社区服务协调中心提出申请，经认定确实自己不能打理，社区才会提供服务。如果夫妇俩人其中之一有能力打理，申请通常不会批准。多数居民和职员认为评估程序公平有效，服务质量细心周到。其次，改变过去以年长人口理论数据的需求期望作为依据的需求估计方式，新的估算模式逐渐与全社区人口的需求相一致，以克服需求低估的状况。最后，Hartrigg Oaks 还充分利用社交活动所创造的资源倡导互助服务。同居一室的伙伴、社交活动认识的朋友以及邻居都是护理服务的来源。

（五）周到的收费计划

Hartrigg Oaks 需要向居民收取两种费用以补偿社区成本。1. 住宅费用，或称房屋租金，金额根据面积大小和位置不等。有三种缴费方式可供居民选择：一是可归还的一次性付款。居民入住 Hartrigg Oaks 时一次性支付资本金，离开时 Hartrigg Oaks 以现金形式一次性偿还，与该房间是否有下家预订无关。二是不可归还的一次性付款。金额取决于居民进住时的年龄，总体来讲低于上一种付款方式。如果居民入住的前 56 个月离开，可得到部分退款。三是月付年费，根据可归还的一次性付款计算得出。2. 月付式的社区费用，包括社区运作成本（例如餐厅、咖啡吧职员的工资，房屋和社区设施的修缮费用，园艺，住房保险及管理费用）和护理服务费用。有三种付款方式可以选择：一是标准费用。费用以总额计算，金额与个人实际享受的护理服务量无关，这是一种具有吸引力的选择。选定该种付款方式的居民在入住时必须达到健康标准，年龄越大费用越高。二是标准费用减少的付费方式。个人可在入住时缴纳额外的非偿还资本金，以取得居住期间付款金额低于标准费用的权力。三是护理费用。如果居民不想支付标准费用，或身体状况不达标，护理费用可以在服务发生时支付。另外这些人需要每年为补偿社区运作成本支付固定金额的费用。

JRHT 良好的信誉和资质赢得老人信任，这是 Hartrigg Oaks 的运作基础。Hartrigg Oaks 的周边环境、房屋设计、设施配备充分考虑了老年群体特殊的物质和精神需求。在这个距离市中心不远而又相对隔离的区域，老人的生活宜静宜动，房屋设计照顾到私密性和家庭感的同时，行动不便和健康状况不良的特殊人群亦作为考虑对象。邻里式的社交活动帮助老人克服落寞孤独的不良情绪，形成具有安全感、邻里感、归属感的生活氛围。多样化的服务供给满足了老人在行动不便、信息渠道狭窄的情况下享受服务和购物的需求。可见，Hartrigg Oaks 运作模式将满足老年群体特殊的物质和精神需求以及迎合其消费行为放在首位，正因如此，越来越多的老人成为 Hartrigg Oaks 的居民，满意度也在不断提高。

第十四章
养老保险统筹账户面临的挑战及可持续运行能力

1995 年国务院颁布了《关于深化企业职工养老保险的通知》，将个人账户制度引入我国基本养老保险制度。1997 年《国务院关于建立统一的企业职工基本养老保险制度决定》，确定我国城镇的基本养老保险制度为社会统筹（social pooling accounts）与个人账户（individual account）相结合的混合制，这标志着我国基本养老保险制度从单一的社会统筹转向社会统筹与个人账户相结合的制度，与此相适应，基金管理方式也由现收现付制转向部分积累制，制度转轨之后现收现付部分在整个养老金支出中所占比例减少，但不论缴费比例还是目标替代率，统筹账户仍然是养老保险基金财务收支的重要组成部分，为退休职工提供最基本的生活保障，体现了传统意义上社会保险的社会互济、分散风险的特点，统筹账户的重要性显而易见。同时，转轨期间统筹账户所面临的风险和挑战也逐步显现，有些风险和挑战由客观现实所导致，有些风险则源于制度本身的不完善。承担如此重要功能的统筹账户能否顺利应对挑战、化解风险成为养老保险制度转轨的关键环节。就宏观层面而言，从国家角度考虑，在养老金偿付上财政负担过重会影响其他功能的发挥，如果将其控制在可承受范围内的前提下探讨制度转轨问题，需要研究并引入更多的筹资渠道。就微观层面来看，统筹账户的可持续运行将对制度的社会保障能力产生深刻的影响，从而关系到退休人员的生活水平和在职人员的长远利益。

按照现行养老保险制度的设计，单位缴纳所形成的统筹账户用于现收现付的代际赡养，个人缴费所积累的个人账户通过保值增值实现跨期的自我供养。随着老龄化程度的加深，养老保险金的支出水平也会相应提高，"部分积累制"能否顺利化解老龄化危机也屡遭质疑，人们主要对于隐性债务（IPD）的清偿及部分积累制度下的替代率持有消极预期，这样的情绪已经影响到养老保险制度的扩面工作和参保人员的缴费积极性。以上问题均与养老保险统筹账户有密切关系，因此有必要建立统筹账户的收支动态模型进行精算预测，对养老保险制度的转轨过程有一个基本趋势的判断。统筹账户属于全国统筹，因此本部分的数据也是全国数据。从老龄化程度来看，截至 2018 年 12 月 31 日，上海市 60 岁及以上上海户籍老人比重为 34.4%，上海市 15—59 岁劳动年龄人口抚养 60 岁及以上人口的老年抚养系数为 62.5%，[①] 全国 60 周岁及以上人口为 24949 万人，占总人口的比重为 17.9%，[②] 目前上海市的人均寿命达到 83.4 岁，超过全国 76.1 岁水平，因此上海的老龄化程度比全国要高得多，养老负担相对更重。全国统筹账户的收支情况自然对上海市老人的统筹部分影响比较大。从前面的问卷调查结果可知，老人消费主要与收入、边际消费倾向有关，而老人的收入来源主要是养老金收入，因此统筹账户的支付情况将极大影响居家养老服务的需求进而影响相关产业的发展。对此，本部分通过开放系统的精算模型测算全国统筹账户的年度缺口、累积余额及基金率，进一步刻画退休人口的结构和不同类型职工的养老金债务走势。研究方法上，充分考虑职工类型对养老金年度收支的影响，在细分参保职工类型的基础上，采用保险精算的个体成本法针对不同类型的职工构建精算模型。通过预测账户的偿付能力及缺口大小，估计维持账户良好运转所需要的外源性融资规模和时间节点。同时，进一步测算替代率以衡量退休职工的生活水平，为政府政策制定和调整提供相应的预警和建议。

---

① 《2018 年上海市老年人口和老龄事业监测统计信息》，上海市养老服务平台（http://www.shweilao.cn/cms/cmsDetail? uuid=5615186e-685f-4003-bbc2-09454a4f7736）。

② 《2018 年国民经济和社会发展统计公报》，2019 年 2 月 28 日，国家统计局官网（http://www.stats.gov.cn/tjsj/zxfb/201902/t20190228_1651265.html）。

一 统筹账户可持续运行能力的指标重建

什么措施有利于提升统筹账户的长期运行能力？目前的缺口规模控制分析只聚焦于如何改善财务状况。以财务收支平衡为衡量指标，站在账户管理部门的角度预测某参数发生变化时的收支年度缺口及累积赤字，并以此为基础得出弥补缺口的政策措施，以此为指标的分析过程会导致以在岗职工更高的负担水平和对退休人员更低的保障水平为代价的情况，这样的养老保险财务收支平衡意义不大。因为站在参保人员的角度，如果预期养老保险制度的生活保障水平较低，将会挫伤缴费积极性，甚至造成退保风潮影响参保率的提高和覆盖面的扩大，势必抑制制度的可持续运行能力。因此，控制缺口规模的措施需要同时站在两个角度进行可行性分析，才能得出正确的结论和政策引导。

由上述分析可知，问题焦点集中于在统筹账户可持续运行能力的指标重建基础上进行制度内参数调整的可行性分析。首先，可行性分析关注两个方面：具备客观的实施条件，并且有利于提升统筹账户的可持续运行能力，这样的措施是我们应该首先考虑并加以实践推广的。因此，运用可持续运行能力的衡量指标从措施中加以筛选或实证，然后对其进行实施条件分析，可以避免错选或因操作不得当而引起的有力措施难以有效利用的尴尬局面。其次，进一步需要突破的是对衡量统筹账户可持续运行能力指标的认识。养老保险财务收支平衡是维持制度可持续运行的必要条件，但是认为只要财务收支状况良好，制度就能可持续运行，这样的观点是狭隘的。可能出现的情况是：增收减支使收支平衡，但负担水平和保障程度并不合理。养老金实际上代表一种对经济成果的分配权利，平均替代率衡量的便是这种分配权利的大小，也即衡量制度对于退休人员生活保障程度的指标。因此，应将财务收支平衡与平均替代率两指标结合起来，共同衡量养老保险制度的可持续运行能力。鉴于此，本书建立了开放系统精算模型，在细分参保职工类型的基础上，测算统筹账户的年度缺口、累积余额及平均替代率，以此为基础筛选有助于提升账户可持续运行能力的政策措施。

二　统筹账户收支测算模型的构建

统筹账户测算模型的建立和精算过程所涉及的理论主要包括利息理论、生命表理论及年金理论，目的是通过预测账户未来年度的现金流量对账户的可持续运作能力做出判断，因此建立模型时完全以现行政策为依据，力求保证模型尽可能客观公正地模拟现实。

（一）测算方法

1. 构建开放系统下的参保人口测算模型

本书考虑到各年龄中，适龄参保人口的加入，退休参保人口的变化，以及死亡参保人口的退出，构建了开放系统下的城镇参保人口测算模型，预测出2013—2050年（即模型中的s）各参保年龄的参保人口数量，每年都会有职工加入养老保险体系，亦有参保职工因死亡、离职或退休等因素退出养老体系。经2002—2009年数据验证，存活下来的在职参保职工（未到退休年龄）在第二年有两种去向：继续工作、提前退休，因此该年龄提前退休人数大致可以通过以下方法得到确认：第N年x岁的在职职工参保人数×生存率－第N+1年x+1岁在职参保人数。对于提前退休人员，国发〔1978〕104号文件《关于颁发〈国务院关于安置老弱病残干部暂行办法〉和〈国务院关于工人退休、退职的暂行办法〉的通知》以及劳社部发〔2000〕13号文件《关于贯彻国务院8号文件有关问题的通知》作出如下规定：对于按规定办理提前退休的人员，特殊工种提前退休的年限若符合国发〔1978〕104号规定，不减发基本养老金，其余人员的基本养老金每提前1年减发2%（不含个人养老金），减发基本养老金的计算公式为：基本养老金＝（基础养老金＋过渡养老金＋调节金及各种津贴）×（1－提前退休年限）×2%＋个人账户养老金。

2. 参保职工分类

测算点为2013年1月1日，测算期间为2013—2050年，即统筹账户收支模型中的“s”及个人账户收支模型中的“y”。根据“国发〔1997〕26号”文件、“国发〔2005〕38号”文件及测算点，所有参保职工分可分为“老人”“老退休中人”“新退休中人”“在职中人”及“新人”五类，详见表 14—1，分类目的是研究统筹账户和个人账户债务分布，为债务偿付规模及“空账”做实时间找到精算依据。

表 14—1　　参保职工分类表

职工分类	对应时间	测算点年龄区间			计发办法
			男性	女性	
老人	国发〔1997〕26 号文件实施前退休	$[e+1,\omega]$	[76①，90]	[69，90]	国发〔1997〕26 号文件规定
老退休中人	国发〔1997〕26 号文件实施前参加工作，国发〔1997〕26 号文件实施后至国发〔2005〕38 号文件实施前的这段时间退休	$[d+1,e]$	[68，75]	[61，68]	国发〔1997〕26 号文件规定
新退休中人	国发〔1997〕26 号文件实施前参加工作，国发〔2005〕38 号文件实施后至测算点之间退休	$[b+1,d]$	[61，67]	[54，60]	国发〔2005〕38 号文件规定
在职中人	国发〔1997〕26 号文件实施前参加工作，测算点以后退休	$[a_1+1,b]$	[36，60]	[36，53②]	国发〔2005〕38 号文件规定
新人	国发〔1997〕26 号文件实施后参加工作	$[a,a_1]$	[20，35]	[20，35]	国发〔2005〕38 号文件规定

（二）参保人口测算模型

1. s 年人口总数和新生儿人口数

$$L_s = L_{s-1} \times (1+r)$$

$$L_{0,s} = L_s - L_{s-1} * \varphi$$

---

① 1998 年国发〔1997〕26 号文件正式生效，最年轻的男性“老人”是 1997 年退休，2013 年他们的年龄是 60 +（2013 - 1997）= 76，下同。

② 见参数设定 1。

其中，$L_{x,s}$ 表示 s 年末 x 岁人口总数，L_s 表示 s 年末人口总数，r 是人口自然增长率，$L_{0,s}$ 表示 s 年末新生儿人口总数，φ 是存活率。[①]

2. s 年末在岗人员参保总数 l'_s

l'_s = （城镇就业人口 − 非《社保法》覆盖范围人口数）× 参保率 = [s 年末劳动年龄人口 × 劳动参与率 − 2011 年乡村就业人口数 × (1 − 转移至城镇就业速度)$^{(s-2011)}$] × (1 − $\frac{\text{非《社保法》覆盖范围人口数}}{\text{城镇就业人口数}}$) × s 年参保率

3. s 年末新增参保人数 $\Delta l'_s$

$$\Delta l'_s = l'_s - l'_{s-1}$$

4. 估计 s 年末各年龄新增在岗人员参保数占新增在岗人员参保总数的比例 ρ_x[②]

5. s 年末各年龄新增在岗人员参保数 $\Delta l'_{x,s}$

$$\Delta l'_{x,s} = \Delta l'_s \times \rho_x$$

6. s 年末各年龄在岗人员参保人数 $l'_{x,s}$

$$l'_{x,s} = l'_{x,s-1} + \Delta l'_{x,s}$$

7. s 年末各年龄正常退休情况下的退休参保人数 $l_{x,s}$

$$l_{x,s} = \begin{cases} l'_{x-1,s-1} \times \varphi,\ x = 50_{(\text{女职工})} \text{或} 55_{(\text{女干部})} \text{或} 60_{(\text{男性})} \\ l_{x-1,s-1} \times \varphi \end{cases}$$

（三）统筹账户收支测算模型

1. 收入模型

$$I_S = \sum_{x=a}^{b} \bar{w}_s \cdot c \cdot l'_{x,s} \cdot \mu \cdot \eta$$

其中，a 为就业年龄，b 为退休年龄，$\bar{w}_s$ 为 s 年在岗职工的平均工资，c 为统筹账户的缴费比例，μ 为缴费工资占平均工资的比重，η 为综合征缴率。

---

① r 使用联合国《世界人口展望—2010 年修订版》的预测。φ、2009 年的人口分布表以及 2010 年的人口总数来源于全国市镇从业人口生命表、第六次人口普查数据（2010）。

② 假设参保职工的年龄分布与城镇就业人员趋势相同。孟昭喜：《养老保险精算理论与实务》，中国劳动社会保障出版社 2008 年版，第 197 页。

2. 支出模型

（1）“老人”养老金的计发方式。“老人”养老金的发放以退休时的工资标准为基础，按一定的替代率水平进行调整，支出模型记为：

$$E_{1,s} = \sum_{x=e+1+s-2013}^{\omega} T_i \cdot \bar{w}_i \cdot \frac{l_{x-1,s-1} + l_{x,s}}{2}$$

其中，ω 为生存极限年龄，T_i 为养老金替代率。

（2）“老退休中人”养老金的计发方式。根据国发〔1997〕26 号文件，对“老退休中人”在发给基础养老金的基础上还会发放过渡养老金。

支出模型记为：$E_{2,s} = E_{2,J,s} + E_{2,G,S}$

基础养老金：

$$E_{2,J,s} = \sum_{x=d+1+s-2013}^{e+s-2013} \varepsilon_1 \cdot \overline{w_{s-(x-b)-1}} \cdot (1 + k \cdot g)^{x-b} \cdot \frac{l_{x-1,s-1} + l_{x,s}}{2}$$

过渡养老金：

$$E_{2,G,s} = \sum_{x=d+1+s-2013}^{e+s-2013} \varepsilon_2 \cdot \overline{w_{s-(x-b)-1}} \cdot \beta \cdot TI_x \cdot \frac{l_{x-1,s-1} + l_{x,s}}{2}$$

其中 ε_1 为基础养老金计发系数，ε_2 为过渡养老金计发系数，$\overline{w_{s-(x-b)-1}}$ 为 x 岁“老退休中人”退休前一年在岗职工平均工资，k 为基础养老金调整率，β 为缴费工资平均指数，TI_x 为建立个人账户前实际缴费年限和视同缴费年限。

（3）“新退休中人”养老金的计发方式根据国发〔2005〕38 号文件的规定，“新退休中人”与“老退休中人”的过渡养老金计发方式完全一致，基础养老金却差别很大。

支出模型记为：$E_{3,s} = E_{3,J,s} + E_{3,G,S}$

基础养老金：

$$E_{3,J,s} = \sum_{x=b+1+s-2013}^{d+s-2013} \frac{1}{2} \cdot (\overline{w_{s-(x-b)-1}} + w_i) \cdot 1\% \cdot TI \cdot (1 + k \cdot g)^{x-b} \cdot \frac{l_{x-1,s-1} + l_{x,s}}{2}$$

过渡养老金：

$$E_{3,G,s} = \sum_{x=b+1+s-2013}^{d+s-2013} \varepsilon_2 \cdot \overline{w_{s-(x-b)-1}} \cdot \beta \cdot TI_x \cdot \frac{l_{x-1,s-1} + l_{x,s}}{2}$$

其中，w_i 为职工指数化平均缴费工资，TI 为退休时的缴费年限。

（4）“在职中人”养老金的计发方式。“在职中人”和“新退休中人”的计发标准完全一致，可参考“新退休中人”模型，所不同的是年龄上下限变为 $b + s - 2013$ 和 $x = a_1 + 1 + s - 2013$ 。

支出模型记为：$E_{4,s} = E_{4,J,s} + E_{4,G,S}$

（5）“新人”养老金的计发方式。“新人”只发放基础养老金。支出模型记为：

$$E_{5,s} = \sum_{x=a}^{a_1+s-2013} \frac{1}{2} \cdot (\overline{w_{s-(x-b)-1}} + w_i) \cdot 1\% \cdot TI \cdot (1 + k \cdot g)^{x-b} \cdot \frac{l_{x-1,s-1} + l_{x,s}}{2}$$ 。

综上，总支出模型为：

$E_s = E_{1,s} + E_{2,S} + E_{3,s} + E_{4,s} + E_{5,s}$

3. 统筹账户的模型为：s 年的缺口（或余额）$D_s = I_s - E_s$

三　养老金统筹账户缺口测算

（一）参数设定

1. 在职参保人数

根据《农民工参加基本养老保险办法》和《社会保险法》，城镇就业人口去除部分行政事业人员①，才属于参加城镇基本养老保险并缴纳统筹养老金的参保人范围。不在基本养老保险覆盖范围的机关事业单位职工人数以下列方式计算：机关、事业单位就业人数—机关事业单位参保人数，该结果占城镇就业人口的比重非常稳定，2002—2008 年均值为 9.02%。假设城镇就业人口从 2010 年占总就业人口的 39.92% 上升至 2050 年的 50%，据预测 2020 年以后农民工转移的压力显著减轻，2030 年农村劳动力停止转移，② 估计 2011—2030 年农村劳动力转移的人口约以 1.107% 的平均速度增加。2011 年《中华人民共和国社会保险法》覆盖范围内城镇职工基本养老

① 尽管从 2014 年开始机关事业单位与城镇企业的养老保险制度并轨，但资金来源不同，并且政府承诺账户分立。本部分仅以基本养老保险的主体部分——城镇职工养老保险制度的可持续性为研究对象。

② 国务院发展研究中心、国务院农民工工作办公室，“我国农民工工作‘十二五’发展规划纲要研究”课题组：《“十二五”及中长期农村劳动力转移趋势研究》，http://www.hangzhou.gov.cn/main/tszf/dywj/T333352.shtml。

保险的参保率为81.68%,[①] 如果到2050年达到90%，则参保率年增长率为0.3784%。据劳动和社会保障部社会保险事业管理中心的数据，城镇参保职工年龄和性别分布基本与城镇就业人员一致,[②] 假设每年参保职工净增人员的年龄和性别分布，与2002—2009年净增人员的平均状况一致，假设乡村就业人口数量稳定。再根据联合国《世界人口展望—2010年修订版》[③]、全国市镇从业人口生命表、《中国统计年鉴》（2008—2011）、《中国劳动统计年鉴》（2002—2011）、《劳动和社会保障事业发展统计公报》（2002—2011）和第六次人口普查数据（2010）等资料整理出2013—2050年分年龄、分性别的参保职工人数。

2. 年龄和工资参数

劳社部〔1999〕8号文件规定我国城镇职工法定退休年龄分别为男性60岁、女干部55岁、女职工50岁，我们采用加权平均的方式得出女性平均退休年龄为53岁。另外假设职工的最早就业年龄为16岁，平均就业年龄为20岁，在岗职工年平均工资增长率 g 为8%。[④]

3. 缴费年限和缴费率

退休时的缴费年限（含视同缴费年限）TI，退休男性职工最长为40年，女性职工最长为30年，提前退休者据实际情况而定；建立个人账户前的实际缴费年限和视同缴费年限 TI_x 为 $1998-[s-(x-20)]$。统筹账户的缴费比例 c 为缴费工资的20%。已知2005年末缴费工资占在岗职工平均工资的83.6%，2006年综合征缴率为92.1%，因其他年份的相关数据不可得，故假设模型中的参数 μ 和 η 同上，分别为83.6%和92.1%。假设在岗职工的平均缴费指数 β 为100%。结合各省市的执行情况，“老人”的 T_i 假设为70%。

---

① 根据《人力资源和社会保障事业发展统计公报》计算得出。

② 孟昭喜：《养老保险精算理论与实务》，中国劳动社会保障出版社2008年版，第197页。

③ 因尚未有权威的人口自然增长率预测，笔者以2008年联合国公布的乐观的人口增长率计算，统筹账户最终累积结余为正，说明可以保证财务可持续性，但是如果考虑个人账户的情况，累计结余仍为负，但规模减半。

④ 在岗职工年平均工资增长率 = 实际工资年平均增长率 + 通胀率。按照中科院的预测，以2002年不变价格计算，2050年中等发达国家的人均月工资最低为1300美元，可以推算实际工资年平均增长率为3.86%。根据最近的宏观调控资料，央行对通胀的容忍区间为［4%，5%］。如果相信央行宏观调控的力度，可以假设通胀率为4.14%。

4. 计发参数

根据国发〔2005〕38 号的文件，基础养老金计发系数 ε_1 为 20%，过渡养老金的计发系数 ε_2 按规定在［1%，1.4%］，目前大多数省份都是采取 1.2% 的标准，本书假设 ε_2 为 1.2%，基础养老金的调整率 ε_2 为 50%。

（二）统筹缺口测算

根据如上假设，可估算出 2013—2050 年养老保险的收支情况（以 2013 年的价格为基准）。利用 Excel 软件处理数据，得到未来年度收支、基金结余等预测结果，如表 14—2 所示。年度结余是年度收入和支出的差额，收大于支为结余，收不抵支为缺口。累积结余是各年度基金结余及其累计利息之和（负数为赤字），即：$t+1$ 年初累计资产结余 $=t$ 年初累计资产 $\times$（1 + 年利率）$+t$ 年养老金收入 $-t$ 年养老金支出。

累积结余（或赤字）反映出统筹账户内源性融资不足和财务运转不良的问题。如表 14—2 和图 14—1 所示，2018 年出现年度缺口，这时优先的举措是动用 2013—2017 年积累历年结余。因承担了过多的转轨成本，导致统筹账户 2023 年之后出现大规模的累积赤字，2038 年达到最大赤字额（9.466 万亿），从 2039 年开始累积赤字呈现减少趋势，2046 年以后由于年度结余的减少，统筹账户累积赤字的减少开始放缓，这种状况的出现与“新人”养老金待遇给付期的到来有密切关系。2050 年，最终的累积赤字大约为 4.637 万亿，这说明在测算期内统筹账户的内源性融资远远不足以偿付养老金支出，可以看出测算期内如果没有外源性融资，仅靠制度本身的资金支持，统筹账户的财务可持续性难以为继。

表 14—2　　现行制度下城镇职工养老保险基金统筹账户结余

单位：百亿元

年份	年度收入	支出合计	年度结余（或缺口）	累积结余（或赤字）
2013	133.3779	123.3666	10.01	10.01
2017	155.4465	150.4952	4.95	41.27687
2018	156.7007	161.0515	-4.35	38.37071

续表

年份	年度收入	支出合计	年度结余（或缺口）	累积结余（或赤字）
2023	169.4721	203.6959	-34.22	-54.4083
2024	168.1383	213.4767	-45.34	-101.651
2025	166.3182	221.9233	-55.61	-160.814
2028	169.6987	241.0789	-71.38	-392.188
2030	181.8157	248.232	-66.42	-558.065
2035	240.883	257.9554	-17.07	-879.571
2036	256.3047	261.0348	-4.73	-915.086
2037	273.215	263.6692	9.55	-937.568
2038	292.7837	268.9739	23.81	-946.573
2039	314.0672	270.9293	43.14	-936.565
2040	338.4255	282.1269	56.30	-913.047
2043	397.4479	326.5496	70.90	-807.151
2045	444.7835	366.7547	78.03	-709.463
2046	468.8657	392.2689	76.60	-657.697
2050	581.3198	520.3445	60.98	-463.668

数据来源：见参数设定 1。

年度结余（或缺口）的变动趋势表明，通过各种方式实现外源性融资是很有必要的，某些年份仅仅依靠财政补贴仍然不足以弥补高额的年度缺口。表 14—2 和图 14—1 的计算结果显示，2013—2017 年社会统筹基金每年都有结余，2018—2036 年是年度收支缺口的集中爆发期，其中 2028 年达到最大缺口值（7138 亿），然后趋于平缓。从 2037 年开始，统筹账户开始出现年度结余，数额迅速增加，2045 年达到峰值后缓慢下降。从年度结余的发展趋势可以看出，政府需要在 2018—2036 年不断进行外源性融资。年度支付压力大约分布在 435 亿到 7138 亿，占当年财政收入（2013 年可比价格）的 0.2%—4% 不等，其中 2036 年的比重最少，2027 年的比重最大。然而从现实的财政补贴比重可以看出，2000—2011 年各级财政对于基本养老保险的补贴占总财政收入的比例相当稳定，平均值为 2.36%，年度收支缺口占财政收入的比重大于平均值 2.36% 的年份主要分布在 2023—2032 年，2023 年正是累积赤字的开始，内源性融资已经耗竭，而这些年份单靠财政补贴难以弥补高额的缺口，还需要通过其他调节方式减少支出和增加融资。

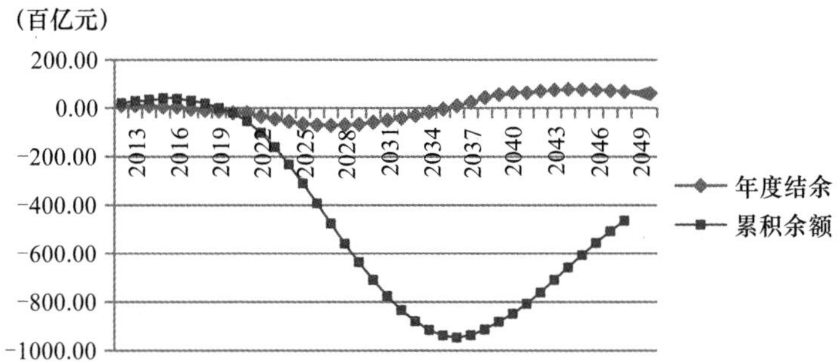

图 14—1　2013—2050 年年度结余和累积余额变动趋势

年度结余先抑后扬再抑的趋势可以从收入、支出结构的变化得到解释。2013—2050 年不同类型职工的养老金债务（可比价格）分布图如下：

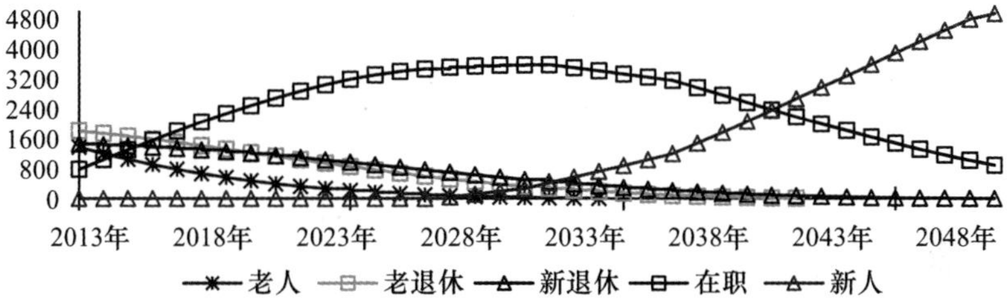

图 14—2　2013—2050 年退休参保人员结构图（万人）

从养老金收入趋势来看，影响和制约养老金收入的因素主要有参保人数、缴费工资以及综合征缴率，其中后两个因素已经做过参数设定。因此，影响养老金收入的活跃因素在于在职参保人数的变动。在职参保人数并非一路上扬，决定在职职工参保人数的因素有两个：一是城镇职工基本养老保险覆盖范围内的在职人员人数，二是参保率。假设条件中参保率 2050 年增长到 90%，尽管参保率在增加，但第一个因素会受到人口年龄结构的影响而下降，某些年份在职参保人数增加不多甚至负增长，① 抵消了参保率和缴费工资增长对养老金收入的拉动作用。这决定了

① 根据在职参保人数假定计算出来的数据，2018—2029 年在职参保人数有减少趋势。

2018—2029年养老金收入增长非常缓慢。2030年以后随着人口年龄结构的调整，在职参保人数逐年上升，养老金收入又开始以较快的速度增长。

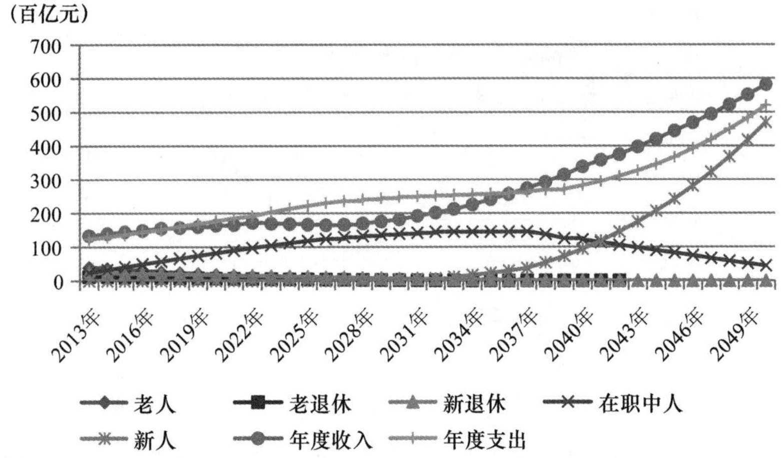

图14—3 2013—2050年养老金债务（可比价格）分布图

如图14—2和图14—3所示，支出结构分为三个阶段：一是隐性债务所占比重高，但总支出低水平徘徊阶段（2013—2017年）。随着“老人”“老退休中人”和“新退休中人”参保人数逐渐减少，2013—2017年对这三类参保职工的支付额（其中大部分是隐性债务）呈逐年下降状态，从最初占总支出的84%下降到2017年的40%。对“在职中人”的支付增长不快，数额也并不高，在养老金收入增加较快的情况下，统筹账户出现基金余额。二是对“在职中人”支付比重增加，处于偿债高峰期阶段（2018—2036年）。2018年之后养老保险支出结构发生很大变化，“在职中人”的支付额迅速上升并逐渐占总支出的绝对比重，2031年开始“新人”支出增加，同时2018—2036年间多数年份养老金收入增加乏力，老龄化高峰期也在这个区间，上述因素综合导致2018—2036年出现了统筹账户的年度缺口。三是对“新人”的支付快速增加，隐性债务基本消失（2037—2050年）。2037年之后支出结构又发生调整，对“在职中人”的支付尽管仍占总支出的绝对比重，但增长速度逐年降低并于2037年开始下降，2028年开始对“新人”进行支付，增长速度逐年上升，2042年首次超过“在职中人”的支付额，并开始占据总支出的绝对比重。与此同时存在更大的抑制支出增加的力量，“老人”“老退休中人”和“新退休中人”的债务分别在2035年、2043年和2046年彻底消失，支出结构的调整和养老金收入的大幅提升导致了统筹账户从2037年开始出现年度结余并逐渐上升，直到2046年因“新人”支出快速上升而出现年度结余的下降。由此可见，支出结构呈现逐级替代的趋势：支付压力由隐性债务转移到“在职中人”债务，再由“在职中人”债务转移到“新人”债务。尽管隐性债务的偿还期很长，但2025年之后占支出总额的比重已经降到10%以下，已经不会对制度转轨造成威胁，对“在职中人”和“新人”的支付将成为沉重的负担，此时需要调整制度的收支结构以实现财务的良好运转。

四 个人账户面临的挑战及对统筹账户债务的叠加效应

养老保险作为关系民生的重要领域，随着改革的进行及老龄化进程的加快日渐成为研究的焦点。在现收现付转为部分积累的制度转轨过程中建立起来的统筹账户，因在满足以代际赡养为目的养老金支付方面面临危机而受到普遍关注。个人账户的运作机理是个人在职期间缴费并通过保值增值实现跨期的自我供养，关注焦点在于保值增值、“空账”及由此带来的制度选择问题。而目前忽视的是，两个账户除了在“空账”问题上有关联之外，个人账户的制度选择对统筹账户缺口也会产生相当大的影响，因此需要对个人账户支出结构进行预测，以呈现个人账户对统筹账户在原有缺口基础上的叠加效应。

现有文献在个人账户“空账”问题和制度选择方面以定性研究为主。另外，下列个人账户对统筹账户的影响一直被忽视。现行制度规定，养老金个人账户缴费以及增值部分完全用于个人账户养老金支付，但这种支付以个人账户全部储存额为限，如果个人账户资金全部发放之后退休人员仍在世，个人账户养老金需继续发放，资金来源于统筹资金，显然个人账户对统筹账户的支付负担形成一定的影响。

参保职工类型不同所适用的征缴和计发办法不同。国发〔1997〕26号文件规定个人账户征缴标准为个人缴费工资的11%，其中个人交纳8%，统筹划入3%，计发时月支付额为个人账户储存额除120个月。国发〔2005〕38 号文件规定个人账户征缴标准为个人缴费工资的 8%，统筹不再划入，计发时月支付额为个人账户储存额除以相应的计发月数。测算点为 2013 年 1 月 1 日，测算期间为 2013—2050 年。

1. 在职参保人员的个人账户积累和支出模型

以同一年龄组职工整体为精算对象，分别计算该组职工在职期间的缴费总额与退休后领取的养老金总额。假设该组职工 a 岁参加工作，参保人数为 l_a，到 b 岁退休时参保人数为 l_b，x 岁职工死亡率为 q_x，生存率为 $1-q_x$，开始缴费时的平均工资为 $\bar{w}_a$，根据职工类型确定相应的缴费率 C_r，i 为利率 。

（1） y 年个人账户基金收入

假设 m 年初参加工作，则 y 年该年龄组在职职工个人账户缴费总额构成个人账户基金年度收入为：

$$I = C_r \cdot \bar{w}_x \cdot l_x = C_r \cdot \bar{w}_a \cdot (1+g)^{y-m} \cdot l_a \prod_{x=a}^{a+y-m}(1-q_x)$$

$$(a+y-m<b)$$

$$\text{其中 } l_a = \frac{l_b}{\prod_{x=a+1}^{b}(1-q_{x-1})}$$

（2） 在职职工死亡的个人账户返还

截至 y 年初人均个账累积额：

$$I_y = \sum_{x=a}^{a+y-m} C_r \cdot \bar{w}_x \cdot (1+i)^{y-m}$$

其中：a + y − m = b 时上式为该年龄组退休时的人均个账积累额，记为 I_{yb}。

y 年初的个人账户返还支出：$E_{y1} = I_y \cdot l_a \prod_{x=a}^{a+y-m}(1-q_{x-1}) \cdot q_x$

$$= l_a \cdot \left[\prod_{x=a}^{a+y-m}(1-q_{x-1})\, q_x\right] \cdot \left[\sum_{x=a}^{a+y-m} C_r \cdot \bar{w}_x \cdot (1+i)^{y-m}\right];$$

2. 退休参保人员的账户支出

（1） 退休人员人均个账支付额

按照现行制度规定“个人账户养老金计发月数表”及普通年金现值计算公式，通过 $I_{yb} = e_{yb} \cdot (\frac{P}{A}, i, n)$，可以求得退休人员年人均个账支付

额 $e_{yb}=\dfrac{I_{yb}}{(\frac{P}{A},i,n)}$，其中 $(\frac{P}{A},i,n)$ 为年金现值系数，i 为利率，n 为根据计发月数计算的计发年数（职工类型不同，计发年数有异）。

（2）生存退休参保人员账户支出

$$E_{y2}=\frac{I_{yb}}{(\frac{P}{A},i,n)}\cdot l_a\cdot\left[\prod_{x=a}^{a+y-m}(1-q_x)\right]$$

$(a+y-m>b)$

（3）死亡退休参保人员账户支出

y 年死亡时账户的剩余部分人均额为：

$$I_{yb}\cdot(1+i)^{a+y-m-b}-e_{yb}\cdot(a+y-m-b-1)$$

$$E_{y3}=\left[I_{yb}\cdot(1+i)^{a+y-m-b}-e_{yb}\cdot(a+y-m-b-1)\right]\cdot l_a\cdot\left[\prod_{x=a}^{a+y-m}(1-q_{x-1})\cdot q_x\right]$$

五　名义账户制与积累制下的个人账户收支分析

目前我国个人账户实行缴费确定型的完全积累制，该制度面临的主要财务风险在于：账户资金的投资运作保值增值力度以及参保人员寿命延长超过计发月数而导致的对统筹资金的挤占乃至财政支出的压力。同样是缴费确定型，个人账户还有一种现收现付制度即名义账户制，支付方式与缴费确定型的完全积累制相同，只是资金来源发生变化，前者来源于同年度在职参保人员的缴费供养退休人员，后者来源于退休参保人员在职期间参保之日起的缴费积累，该制度面临的财务风险与统筹账户相似，主要是账户收支不平衡带来的支付压力。

（一）名义账户下个人账户的财务状况

根据上面的假设，可以估计出 2013—2050 年养老保险的收支情况（以 2013 年的价格为基准）。把各种变量值输入 Excel 软件中，可以得出未来的年度收支、基金结余、基金率等的预测结果，如表 14—3 所示。

表 14—3　　现行制度下城镇职工养老保险基金个人账户结余

单位：百亿元

项目/年份	年度收入	年度支出	年度余额	累积余额	统筹账户累积余额
2013	74. 67	25. 36	49. 31	49. 31	10. 01
2014	77. 14	29. 27	47. 86	98. 89	20. 38
2021	86. 37	71. 85	14. 51	374. 23	-0. 10
2022	88. 08	77. 30	10. 77	398. 10	-19. 50
2023	87. 82	83. 61	4. 22	416. 25	-54. 41
2024	92. 23	87. 10	5. 13	435. 95	-101. 65
2025	93. 00	93. 65	-0. 65	450. 56	-160. 81
2026	94. 59	99. 60	-5. 01	461. 32	-232. 10
2029	102. 23	115. 95	-13. 72	471. 55	-475. 02
2030	105. 61	120. 39	-14. 79	473. 27	-558. 06
2034	118. 13	128. 28	-10. 15	494. 21	-833. 33
2035	121. 30	130. 37	-9. 06	502. 44	-879. 57
2036	124. 11	133. 07	-8. 96	511. 06	-915. 09
2037	126. 44	135. 75	-9. 31	519. 64	-937. 57
2042	131. 21	163. 56	-32. 35	520. 98	-848. 36
2043	130. 63	171. 11	-40. 48	498. 73	-807. 15
2044	128. 86	180. 01	-51. 15	465. 03	-760. 86
2047	118. 16	211. 65	-93. 49	273. 69	-606. 05
2048	113. 34	223. 41	-110. 07	173. 20	-555. 52
2049	105. 10	240. 97	-135. 86	43. 40	-506. 90

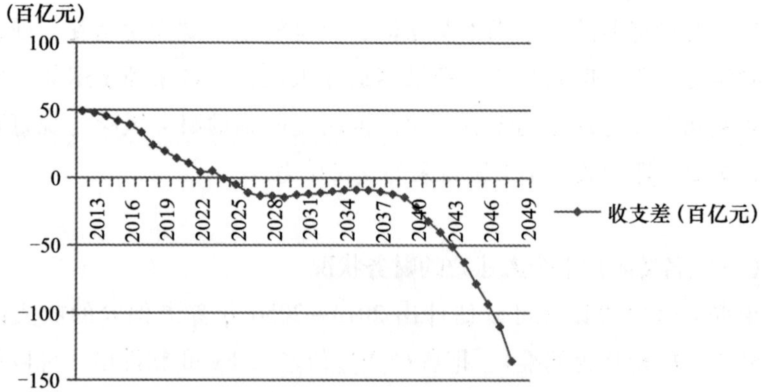

图 14—4　2013—2050 年年度结余变动趋势

如果采用名义账户制，需要密切关注财务风险的预测和控制。如表14—3和图14—4所示，总体来说2013—2050年度结余处于下行趋势，2013年个人账户基金结余4931亿元，之后结余额逐渐降低，2025年开始出现缺口为65亿元，2030年缺口达到极大值1479亿元。从2031年开始缺口状况有所缓解，2037年缺口达到极小值931亿元，随之而来的是缺口规模的快速扩大。累积余额（结余或赤字）反映出个人账户内源性融资和财务运转的状况，因2025年之前有大量的年度结余，累积结余数目可观，尽管2025年出现年度缺口，但累积结余保持在500亿元左右，2043年开始同时出现支出规模的增长加速和收入规模下降的情况，累积结余下降明显。上述趋势表明，测算期内仅靠制度本身的资金支持，名义账户制下的个人账户可以实现财务的可持续性，达到自我平衡的状态。

（二）积累制下的支付压力分析

根据第六次全国人口普查详细汇总资料计算，2010年中国人口平均预期寿命达到74.83岁，比10年前提高了3.43岁。中国男性人口平均预期寿命为72.38岁，女性为77.37岁。[①] 根据“个人账户养老金计发月数表”，女职工50岁退休，个人账户养老金计发月数为195个月即16.25年；女干部55岁退休，个人账户养老金计发月数为170个月即约为14.17年；男职工60岁退休，个人账户养老金计发月数为139个月即11.58年。结合平均寿命及政策，必然有部分职工在个人账户存储额计发完毕后仍在世，而且随着寿命的逐渐提高，这部分职工的人数会越来越多，那么在积累制下继续享受的养老金待遇需要动用统筹账户的资金，因此在支付高峰期必然大幅度提升统筹账户支付压力。个人账户精算模型可以预测出积累制下因寿命超出计发月数而需要统筹账户补足的部分（以下简称个人账户统筹支出），从而更精确地把握统筹账户的年度支出和累积余额情况。

表14—4与图14—5和图14—7的数据及对比表明，测算期内个人账户的统筹支出逐渐增长，对统筹账户财务状况的影响也是逐步加深。统筹账户2018—2036年是年度收支缺口的集中爆发期，其中2028年达到最

---

① 国家统计局网站（http：//www. stats. gov. cn/was40/gjtjj_detail. jsp? channelid =2912&record =1）。

大缺口值，在这期间个人账户的统筹支出部分控制在1521亿元之内，其中2028年仅有572亿元。2028年之后统筹账户年度收支缺口逐渐减少，而个人账户的统筹支出部分反势上扬，可见两者的变动趋势并不一致。与未考虑个人账户的统筹账户相比，个人账户的统筹支出部分支付压力趋后，表现在年度余额和累积余额曲线上更加明显。如图14—6和图14—7所示，考虑个人账户前后的年度余额及累积余额曲线越拉越大的差距，体现出个人账户统筹支出影响力的渐进性。

表14—4　考虑个人账户统筹支出后的统筹账户年度余额及累积余额

单位：百亿元

年份	个人账户统筹支出	统筹账户年度余额（考虑个人账户）	统筹账户累积余额（考虑个人账户）
2013	2.12	7.89	7.89
2014	2.46	7.56	15.73
2017	3.03	1.92	27.15
2018	3.07	-7.42	20.68
2019	3.08	-12.34	9.06
2020	3.05	-15.46	-6.09
2021	3.01	-22.88	-29.18
2022	2.91	-22.30	-52.51
2028	5.72	-77.10	-460.42
2029	6.68	-75.78	-552.32
2030	7.69	-74.11	-645.76
2036	15.21	-19.94	-1100.42
2039	18.78	24.36	-1196.50
2040	19.84	36.46	-1201.92
2041	22.13	41.41	-1202.57
2045	24.32	53.71	-1176.05
2049	26.13	41.93	-1149.67
2050	26.58	34.40	-1155.51

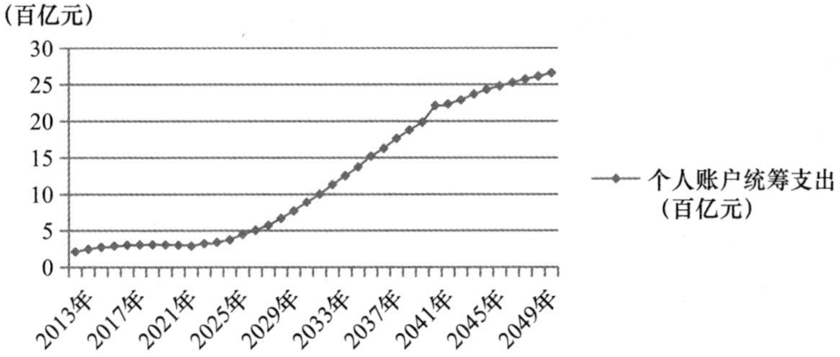

图 14—5　个人账户统筹支出

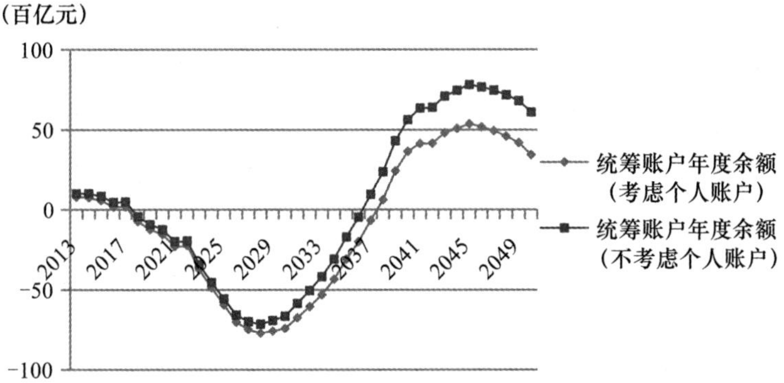

图 14—6　考虑个人账户统筹支出后的统筹账户年度余额变动情况

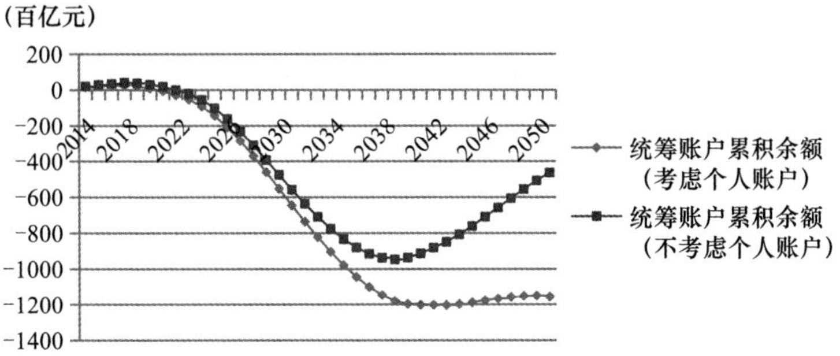

图 14—7　考虑个人账户统筹支出后的统筹账户累积余额变动情况

(三) 个人账户养老金债务分布及“空账”做实

目前我国养老保险制度的“混账管理”模式，即通过挪用个人账户的累积余额弥补统筹缺口，由此造成的个人账户的“空账”问题不可小觑，中国社会科学院世界社保研究中心 2012 年 12 月 17 日发布的《中国养老金发展报告 2012》显示，中国城镇基础养老保险个人账户空账额继 2007 年突破万亿元大关后，2011 年突破 2 万亿元大关，达 2.2156 万亿元。[①] 我们需要做的是在个人账户支付高峰期到来之前逐步做实个人账户，以免造成个人账户的支付危机。如图 14—8 所示，总支出经历了一个先缓慢上升后急速上升的过程，目前因大部分拥有个人账户的参保职工尚未退休，个人账户支付压力不大。“空账”问题还没有产生严重的后果，与本阶段的支付状况有关。老退休中人和新退休中人的积累不多，因此在整个测算期并不构成支付压力。2013—2037 年主要是在职中人的支付期，经历了缓升到平稳的过程，其中 2028 年开始出现了第一批针对新人退休人员的支付，2028—2037 年在职中人支付平稳期期间，对于新人支付的增加成为拉升总支出的主要力量。2037 年之后对在职中人的支付逐渐减少，而对新人的支付快速上升并于 2042 年超过在职中人成为主要的支付对象，总支出也因此加快了增长速度。

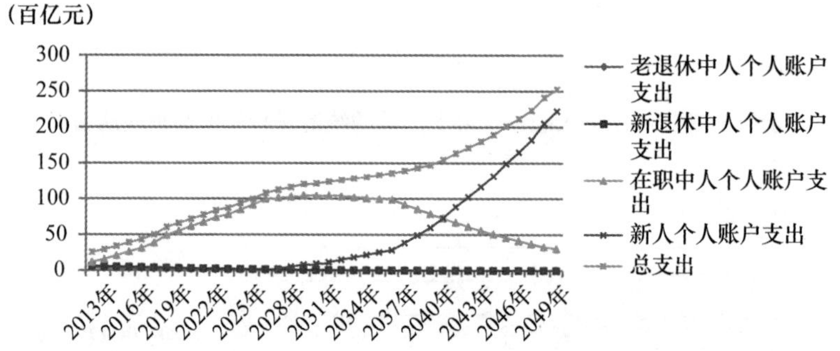

图 14—8　2013—2050 年个人账户养老金债务（可比价格）分布图

测算期内，个人账户累积余额呈先升后降趋势，这与个人账户支付结构的主要部分——新人支付期延后有关。与统筹账户累积余额相比，其财务具有较好的可持续性。尽管如此，实际操作中账户资金挪用至统筹账户的做法不可取，这样的判断基于以下两点：一是从绝对值上看，

① 2012 年 12 月 18 日，东方早报网（http://www.dfdaily.com/html/136/2012/12/18/912899.shtml）。

从2029年开始统筹账户累积赤字开始超过个人账户累积结余，挪用个人账户资金难以弥补统筹账户的支付缺口。二是随着新人支付期的到来，个人账户也出现明显的支付压力，个人账户不及时做实将威胁到养老保险制度的可持续运转。由上述分析可知，2028年之前在新人支付还没有开始之时支付压力相对较轻，2013—2028年做实个人账户可以避免“空账”造成的支付风险，2037年新人的支付快速上升引发年度缺口加速，2028—2037年做实个人账户，“空账”的风险可以得到控制，若2038年之后还没有做实个人账户，养老保险制度将会面临严重的支付危机。因此，对于个人账户养老金债务分布的分析，可以为“空账”做实列出大致的时间表。

六 小结

统筹账户与个人账户在财务方面的联系主要包括两个方面：一是因统筹支付压力增大而挪用个人账户资金引发的“空账”问题；二是现行制度承诺对个人账户计发期结束之后仍在世的参保人继续支付养老金，因资金来源于统筹账户而产生的统筹账户在原有缺口基础上的叠加效应。

（一）个人账户的制度选择会对统筹账户的支付负担造成影响

名义账户制下个人账户在测算期内可以达到财务平衡。个人账户年度收支缺口将在2025年出现，在测算期内缺口规模呈递增趋势，并在2042年之后迅速扩大。尽管如此，从累积余额可以判断，2024年之前的账户积累及利息足以弥补不断扩大的年度缺口规模，从2042年开始随着年度收支缺口变大，累积余额迅速减少，但仍维持结余状态。因此测算期内选择名义账户制，个人账户能够实现财务平衡。

维持个人账户全积累制不变，统筹账户筹资负担将加重。在平均寿命延长而计发月数维持不变的情况下，积累制会出现个人账户的支付缺口，根据现行政策本部分缺口由统筹补足，必然会使原本赤字的统筹账户雪上加霜。2028年之后统筹账户年度收支缺口逐渐减少，但个人账户的统筹支出部分反势上扬，并且这种影响具有明显的渐进性。如果维持个人账户全积累制不变，统筹账户则需要筹措大约11.56万亿的资金，积极调动内源性和外源性融资必不可少。

（二）精算模型证明以“空账”弥补统筹账户支付缺口的做法不可取

名义账户制下个人账户略有结余，但是累积结余规模远远低于统筹账户的累积赤字。另外测算期末个人账户支付压力增大，积累有迅速耗减的趋势，若前期积累用作弥补统筹账户赤字，则该时期个人账户将面临非常严重的支付困境，因此依靠个人账户的积累弥补统筹账户赤字是不现实的。

根据个人账户债务分布的预测，“空账”做实有最佳时间段。如果维持积累制不变，2028年之前在新人支付还没有开始之时个人账户的支付压力相对较轻，2013—2028年做实个人账户可以避免“空账”造成的支付风险。

第十五章
长三角区域一体化研究现状和展望

从1982年提出“以上海为中心建立长三角经济圈”开始，到2019年长三角一体化正式上升为国家战略，长三角区域养老一体化经历了成立长三角养老协会联合体、区域养老一体化首批试点、长三角40城与上海市16个区对接合作全覆盖的纵深发展过程。长三角区域内异地养老现象不断出现，中心城市虹吸作用明显，出现了资源配置紧张和闲置并存的局面，因此立足于分析长三角区域养老一体化状况及其与资源配置的关系，探讨一体化正向溢出作用的条件，极其必要和紧迫。长三角地区是我国最早进入人口老龄化社会的地区之一，在经济及公共服务等方面也是最为发达的区域，这种特定、有限区域内养老融合发展的尝试不仅会为我国养老事业及产业的发展提供有益经验，更是构建养老服务模式的积极探索，养老一体化的发展促进老年人口的流动，对平衡区域间养老压力有良好的作用。

一　国内外相关研究的学术史梳理及研究动态

（一）对于“一体化”概念及效应的研究

从现有文献来看，区域一体化强调将彼此不同的独立经济个体逐渐整合融合为一个经济整体的过程。[①] 与市场分割相对应，一体化是为逐步放松区域间生产要素的流动限制，进而打破经济的市场分割状态，与改善资源配置效率有着密切关系。[②] 效应方面，区域一体化在推动经济社会各个方面共同发展融合的过程，均会对基础设施[③]、产业发展[④]、科技创新[⑤]、信息传递[⑥]、人才流动[⑦]、资源配置[⑧]等诸多方面产生积极的影响，显然倾向于一体化具有正效应的研究居多。少数学者得出泛珠三角经济圈经济增长差异并没有明显消退的迹象，甚至是差距在拉大的结论。长三角城市群扩容的加入效应低于预期，加入城市群对周边城市经济增长的拉动效应有限。

---

① Balassa B.，*The Theory of Economic Integration*，London：Allen and Univin，1973. 邹卫星、周立群：《区域经济一体化进程剖析：长三角、珠三角与环渤海》，《改革》2010 年第 10 期。全毅：《全球区域经济一体化发展趋势及中国的对策》，《经济学家》2015 年第 1 期。罗贞礼：《关于长三角区域一体化的新思考——以中国特色社会主义进入新时代为视角》，《人民论坛・学术前沿》2019 年第 4 期。

② 刘瑞翔：《区域经济一体化对资源配置效率的影响》，《南京社会科学》2019 年第 10 期。

③ 刘生龙等：《交通基础设施与中国区域经济一体化》，《经济研究》2011 年第 3 期。翟炜等：《交通基础设施对区域经济协同影响——以京津冀地区为例》，《现代城市研究》2018 年第 5 期。

④ 孙久文等：《京津冀产业空间转移、地区专业化与协同发展——基于新经济地理学的分析框架》，《南开学报》（哲学社会科学版）2015 年第 1 期。李蕾：《长三角地区制造业的转型升级以及地区专业化与协同发展研究——基于长三角与京津冀比较的实证分析》，《上海经济研究》2016 年第 4 期。

⑤ 程皓等：《区域一体化与区域协同发展的互动关系研究》，《经济问题探索》2019 年第 10 期。危怀安等：《区域协同视角下城市群科技创新与经济产出效率时空分异研究——以武汉城市圈为例》，《科技进步与对策》2019 年第 11 期。

⑥ 李卫锋：《京津冀区域信息化空间差异与协同发展研究》，《河北经贸大学学报》2010 年第 6 期。Biancardi，C. G.，Cavazzi，D.，Masullo，M. T.，"Parente，C. Regional Integration of Information and Communication Technologies for Navigation Safety in European waters"，*Position Location and Navigation Symposium*，1996.

⑦ 于斌斌：《区域一体化、集群效应与高端人才集聚——基于推拉理论扩展的视角》，《经济体制改革》2012 年第 6 期。邸晓星等：《京津冀区域人才协同发展机制研究》，《天津师范大学学报》（社会科学版）2016 年第 1 期。

⑧ 李荣娟：《在区域经济一体化中优化配置教育资源》，《宏观经济管理》2007 年第 9 期。祝佳：《创新驱动与金融支持的区域协同发展研究——基于产业结构差异视角》，《中国软科学》2015 年第 9 期。

（二）异地养老现象的出现，催生了相关研究

从主题方面来看，研究视角主要聚焦在与异地养老相关的制度、背景、意愿、市场、模式等方面。从研究方法来看，既有传统的理论分析，学理上探讨异地养老可能遭遇的瓶颈，又有强调实践状况的实证分析，寻找影响异地养老的现实因素与发展困境。在为数不多的研究中，退休迁移是国内外研究的重点，并通过生命周期理论或老年迁移发展模型（Developmental Model of Old Age Migration）给予解释。关于意愿与动机，美国退休老人多移往南部的阳光地带，[①] 身体残疾或配偶死亡可能迫使老人再次迁移，靠近可提供照料的家人或移向养老机构，形成迁移行为的一个完整周期（Longino，2003）。老年人日益增长的美好生活需要、老年人口数量规模不断扩大、老年人对居住环境质量越来越重视、支付体系和交通网络日益发达等，是异地养老方式逐渐流行的主要原因。异地养老是在外在结构因素制约下，综合考虑异地养老成本与收益等经济因素以及子女、自身需求等社会因素而做出的理性选择行为。[②] 关于群体特征，异地养老人口以年龄偏低、身体状态较好、有稳定收入、有一定文化水平的老年人为主。[③] 在融合方面，欧洲的众多老年迁移者，在异地面临环境不适问题（Yaskevich R A，2013），[④] 不适可归结为语言文化障碍、社会福利的“支持空挡”（Hall K，2016）及养老服务的不足（Habermann M，2015）。

（三）随着研究的深入，逐渐过渡到公共服务等宏观层面

异地养老的兴起和发展得力于政府力推，但更多体现出自发性质，政府治理异地养老要尊重老年人自由抉择，明确发展异地养老定位，提

---

① Litwak E.，Longino C. F.，“Migration Patterns among the Elderly：A Developmental Perspective”，*The Gerontologist*，No. 27，1987，pp. 266 – 272.

② 李芬：《我国老年人异地养老动力机制分析》，《安徽师范大学学报》（人文社会科学版）2016 年第 2 期。

③ 李雨潼等：《“候鸟式”异地养老人口生活现状研究》，《人口学刊》2018 年第 1 期。

④ Yaskevich R. A. E. V. Derevyannikh，L S Polikarpov，N. G. Gogolashvili，E. V. Taptygina，E. L. Davidov，E. V. Kozlov，“Estimation the Quality of Life in Elderly Migrants of the Far North in the Period of Readaptation to New Climatic Conditions”，*Cancer Nursing*，Vol. 4，No. 3，2013，pp. 213 – 217.

升服务质量，解决社保体制障碍，牵引养老文化变迁。[①] 杨菊华（2010，2017）构建了农村—城镇流动人口在流入地社会融入的指标体系，可以促成政府出台加速流动人口在流入地融入的公共政策，改善该群体的经济和社会福利。[②] 李雨潼、曾毅（2018）认为异地养老人口也面临很多困难。如医疗保险跨省异地报销问题，异地居住人员养老保险待遇协助认证问题，无法真正融入迁入地的问题以及医疗服务、社区养老服务、社会管理等供需失衡问题。

（四）与长三角区域养老相关的还有长三角公共服务一体化研究

武义青等（2017）认为公共服务一体化的核心内涵是实现基本公共服务均衡发展，要通过人、财、物等各种资源在一定空间范围内合理布局，建立跨区域资源共享机制，基本实现公共资源配置的均衡。关于公共服务一体化程度的测度常用指标有基尼系数、泰尔指数、变异系数等统计指标。[③] De Witte 把公共服务的生产分为一个过程的两个阶段，使用了一个非参数模型来评估公共图书馆的供给效率。[④] 武义青等测算长三角基本公共服务一体化指数，结果显示长三角地区呈现基本公共服务一体化水平稳步上升、区域之间差距缩小的趋势。[⑤] 卢洪友等（2012）采用基尼系数从投入、产出、受益三个维度，系统分析了中国的基本公共服务的均等化程度。[⑥] 刘丹鹭（2018）认为长三角地区基本公共服务的发展水

---

① 何阳、李芬：《政府治理异地养老的理论与实践启示》，《青海社会科学》2017 年第 1 期。

② 杨菊华：《新型城镇化背景下户籍制度的“双二属性”与流动人口的社会融合》，《中国人民大学学报》2017 年第 4 期。杨菊华：《城乡差分与内外之别：流动人口经济融入水平研究》，《江苏社会科学》2010 年第 3 期。

③ 武义青等：《区域基本公共服务一体化水平测度——以京津冀和长三角地区为例》，《经济与管理》2017 年第 4 期。

④ De Witte K. , Geys B. , “Evaluating Efficient Public Good Provision: Theory and Evidence from A Generalised Conditional Efficiency Model for Public Libraries”, *Journal of Urban Economics*, Vol. 69. No. 3, 2011.

⑤ 武义青等：《区域基本公共服务一体化水平测度——以京津冀和长三角地区为例》，《经济与管理》2017 年第 4 期。

⑥ 卢宏友等：《中国基本公共服务均等化进程报告》，人民出版社 2012 年版。

平差异显著，均等化程度也随着公共服务发展程度的增加而增加。① 区域内公共服务差异，归因于各地经济社会发展水平差距过大的同时公共服务配置层级过低、② 财政分权引发的地方政府间相互竞争，③ Keen 和 Marchand（1997）则指出，在资本可自由流动的条件下，财政分权使地方政府间相互竞争，但在缺乏协调机制的情况下，可能会导致公共支出结构上的系统性“偏差”，从而使地方公共品供给过度或不足。④ Demurger（2001）认为，分权后地方政府把过多资金作生产性投资而忽视了公共品供给，从而导致区域经济发展不平衡。⑤

（五）长三角区域养老一体化的研究是个新课题

随着长三角区域经济一体化的研究和实践不断深入，养老一体化也成为新的课题，但长三角区域养老一体的研究才刚开始。张卫等认为长三角养老融合发展存在涉老产品和养老服务供给严重不足、养老服务市场开发不完善、多地养老服务发展不均衡等问题，老人的自由流动和养老资源的最佳配置是问题核心。⑥ 特木钦（2019）在论述了长三角区域融合的必要性和可能性之后，认为养老一体化需要打破经济瓶颈、制度瓶颈、市场瓶颈，长三角区域养老存在着不平衡性，而这种特色和不均衡正是区域融合的依托和关键。⑦

（六）学术动态

基于现有研究，有以下三方面需要进一步思考：

---

① 刘丹鹭：《长三角地区基本公共服务均等化的评估》，《南通大学学报》（社会科学版）2018 年第 11 期。

② 唐亚林：《推进长三角公共服务均等化的理论思考》，《学术界》2008 年第 1 期。

③ Inman Robert P.，Daniel L. Rubinfeld，“The Judicial Pursuit of Local Fiscal Equity”，*Harvard Law Review*，No. 98，1979，pp. 1662 – 1750.

④ Keen M.，M. Marchand，“Fiscal Competion and the Pattern of Public Spending”，*Journal of Public Economics*，Vol. 66，1997，pp. 33 – 53.

⑤ Démurger Sylvie，“Infrastructure Development and Economic Growth：An Explanation for Regional Disparities in China?”，*Journal of Comparative Economics*，Vol. 29，2001，pp. 95 – 117.

⑥ 张卫等：《长三角一体化与区域养老融合发展机制研究》，《现代经济探讨》2018 年第 4 期。

⑦ 特木钦：《长三角一体化下养老服务区域融合研究》，《宏观经济管理》2019 年第 8 期。

1. “三观”统筹

异地养老更多是从老人微观层面进行的研究，而长三角区域养老一体化侧重跨区域资源共享，涉及中观和宏观层面的研究，目前这方面在理论和实践上都刚刚起步，需将三者结合起来做更深入的分析。微观分析在异地养老研究中已经比较成熟，针对长三角区域养老的微观调查成果并不多，但现有成果的研究方法仍可应用于长三角的分析。

2. “两侧”兼顾

养老涉及多方面，但长三角区域养老一体化并非涉及所有领域。微观调查帮助筛选需要一体化的领域，故应该同时根据需求侧及供给侧的情况共同考量，目前的研究成果尚未做明显区分，这样容易形成一刀切的问题，既使研究失去了针对性，又可能造成公共资源的浪费。

3. 效应判断需全面

现有文献认为长三角一体化步伐正在加快，但对于一体化的效应尚需做进一步分析。因为区域发展的不平衡，一体化产生中心城市效率外溢作用还是“虹吸”作用，尚有待于分析。养老产品可分为纯公共产品、准公共产品以及私人产品，不同的产品属性所涉及的主体各有不同，因此需要做区分，才能在各自领域内进行效应判断。

二 长三角养老一体化的未来研究思路

长三角区域一体化在实践中早已开展，最近长三角区域一体化被提到国家战略高度，其重要性不可小觑，长三角区域养老一体化是其中一部分，也会随之加快发展。尽管整体看长三角是中国最发达的区域之一，但内部发展仍存在许多不平衡。经过多年的努力，长三角一体化正不断走向深入，催生了以老年人口的流动为特征的长三角区域养老，但是养老制度建设及资源流动却出现相对滞后的现象，跨区域共建共享共保共治机制尚不健全，基础设施、生态环境、公共服务一体化水平有待提高，养老产业难以发挥资源配置作用，从而影响老人生活水平的提高，老人日益增长的美好生活需要和养老资源不平衡不充分的发展之间产生矛盾。未来的研究将针对这一矛盾，进行长三角区域微观主体意愿的调查，在区分养老产品属性的基础上，通过调研、计量分析、比较研究，估计长三角区域的地级城市养老一体化程度及其对提升财政支出效率、市场培育等方面的效应，判断中心城市在过去的一体化过程中所发挥的作用，综合案例城市的对比，可以得到发挥效率溢出作用的机理和前提条件，为一体化的健康发展提供政策建议。

从前面的文献综述来看，一体化内涵说法不一，但有共同点，即通过一体化提高资源配置效率。目前一体化研究倾向于正向作用的居多，养老领域实践已经存在但研究尚待发展。实践中老年人口流动要快于资源配置，这样的现象与研究结果相悖，让人疑惑：区域养老一体化对资源配置的作用究竟怎样？过去的一体化过程能够带来什么启示？应以此为切入点进行微观—中观—宏观的分析。微观调查确定长三角养老一体化所涉及的具体产业领域，中观涉及养老产业的属性及其运营数据，宏观涉及公共服务。微观是中观和宏观的基础，中观与宏观研究成为效应分析的核心。长三角一体化概念从提出到上升为国家战略的36年间，养老一体化程度取得了什么进展，所涉及的城市的资源配置效率是否都有明显的提高？这需要进一步验证。对于公共服务的资源配置效率可以用公共财政支出效率衡量，市场配置效率通过资本错配指数、劳动力错配指数衡量，并使用格兰杰因果检验、面板回归模型等计量工具分析一体化效应。

（一）基本架构设计

1. 长三角异地养老微观意愿调查

长三角老人区域间流动性高，运用分层抽样方法对这一区间内的老人进行大数据调查，了解个人特征、家庭背景、异地养老意愿等信息，对于已经是异地养老的老人，调查其对公共服务及养老资源的满意程度。根据调查结果可以得到三方面信息：一是通过对异地养老意愿的调查，获取与意愿相关的养老产业领域的信息，为进一步分析打下基础。二是通过计量方法，获取影响异地养老意愿的因素。运用有序Logit回归，分析影响异地养老意愿的因素及其显著性，从而获得异地养老的潜在人员的特征。三是通过幸福感调查，获取异地养老老人的幸福感影响因素，根据计量结果判断公共服务及养老资源对幸福感的影响程度。

2. 宏观分析养老产业与其他产业的关联性及波及效应

关于养老产业的属性，学术界大致界定为准公共品。本部分建立投入产出模型，分析在长三角地级市的养老产业与其他产业部门之间的相关性，并判断其宏观属性。运用直接消耗系数和完全消耗系数，测算养老服务产业对其他产业的依赖度。运用感应度系数和影响力系数，分析长三角养老产业对区域经济发展的感应程度，以此说明养老产业对区域经济的重要性以及区域经济对养老产业自发的拉动作用程度，两者是否平衡，后者可以从中观方面界定养老产业的属性。

3. 长三角区域养老一体化程度及效应分析

将异地养老相关联的养老产业分为纯公共产品、准公共产品以及私人产品。对于纯公共产品，可以通过公共服务一体化的研究方法加以分析，采用基尼系数、变异系数方式分别进行长三角地级城市指标测算，判断对比养老公共服务一体化程度，DEA 模型计算财政支出效率，运用地级城市面板数据进行计量获得长三角城市公共养老服务一体化程度与公共服务效率之间的关系，以判断一体化程度的效应。对于准公共产品，运用计量模型分别衡量和比较长三角城市养老相关的财政支出与私营养老企业发展之间的相关性，结合 DEA 模型计算财政支出效率，以此判断相关养老领域的财政支出对市场是促进还是挤出作用，养老一体化程度的变化对于这种作用是强化还是弱化。对于财政支出效率低的同时政府与市场又是排斥关系的领域，需要特别关注。对于私人产品，计算长三角区域的市场一体化程度，结合资本错配指数和劳动力错配指数，通过面板回归模型获得一体化程度的资源配置效应。

4. 长三角区域养老一体化对资源配置的作用机理

对于纯公共产品领域，根据计量结果划分效应区间，根据一体化程度对于财政支出效率的作用方向与程度可以分为四大类，重点分析显著性强的区域。从供给侧、需求侧及公共品等方面，分析区域养老一体化在改善或者恶化政府效率方面的作用机理和条件。对于准公共产品领域，财政支出效率低的同时政府与市场又是排斥关系的领域，若一体化又强化这种关系，需重点分析产生这种情况的原因。对于私人产品，重点关注中心城市资源配置外溢作用和虹吸作用显著的区域。机理分析涉及一体化过程中基础设施、产业发展、科技创新、信息传递、人才流动、资源配置、区域合作、政府行为等方面的博弈，分析作用机理和产生相关效应的条件。最后为长三角区域养老一体化的进一步发展提供政策建议，避免虹吸作用造成的不平衡发展。

（二）可能的创新

1. 学术思想创新

第一，切入点的创新。现有研究基本上支持一体化的正向作用，讨论产生正向作用机理的文章也比较多，但现实中存在下列矛盾现象：长三角城市之间的老人流动比较频繁，异地养老也常见，但长三角经过36年的发展，一体化过程滞后，养老资源配置也相对滞后，限制了老人生活水平的提高。长三角存在诸多中心城市，有可能存在虹吸作用，因此本书打破学术界对一体化具有正效应这种几乎一边倒的观点，从养老领域分析其效应的可能性，既继承原有的学术思想，又做出质疑和突破。第二，养老产业属性的具体化。尝试运用投入产出法分析养老产业与其他产业之间互相影响确定属性。关于养老产业属性，学术界的观点基本一致：准公共产品，本书认为需要细分领域，三种属性均存在，于是一体化对资源配置的影响也就分为对财政支出效率及市场效率的影响，后面的分析均围绕这种分类进行。

2. 学术观点创新

第一，关于长三角区域一体化养老，需要“三观”统筹、“两侧”兼顾，具有一定的创新性。微观分析是中观和宏观分析的基础，只有了解长三角异地养老意愿，才能划定研究范围，才有接下来的养老产业属性及效应等的中观和宏观研究。微观分析在效应机理研究中也起到很大作用，作为需求侧出现，对比公共品供给，可以获得提高资源配置效率的途径。第二，长三角区域养老一体化的实质是提高资源配置效率，按照一体化程度与资源配置效率的组合将城市分类后，具体到城市间一体化领域分析效应机理，合理性、创新性强。第三，在准公共领域，财政支出效率除了以DEA衡量之外，是否与市场形成促进关系也很重要，这是学术界容易忽视的方面。

第十六章
结论与政策建议

一 结论

本书以上海市居家养老服务供求错配及公共财政支出效率为研究对象，以微观需求调查为基础，立足于分析老人的微观需求、中观的产业发展以及宏观的政府调控三个层面逐渐展开。

（一）微观需求调查："双差距"和幸福感分析

对上海市老人的微观调查反映出以下几个方面的情况：一是上海市老人的收入主要来自于养老金，平均养老金收入低于上海市的人均可支配收入。考虑上海房价，上海老人的不动产比较可观，但与之相关的金融产品尚不完善，另外，老人与子女的经济相对独立，从子女那里获得的经济资助不多，总体来看老年人日常可支配的收入决定了其购买能力有限，多数老人为自己存了养老金，但是仍为生病时没钱治疗和需要时没人照顾而担心。二是"双差距"问题。在意愿需求和实际有效需求方面，差距比较大，即意愿需求比较大但真正用这些服务的比重却不高，调查下来主要是信息宣传渠道与接收渠道不匹配导致的知晓程度低，以及老人对价格和质量有所顾虑。在供给层面，目前居家养老服务供给体系已经具备雏形，社区成为供给主力，有提供中短期托养服务的长者照护之家，提供白天托养服务的老年日间照护机构，提供送餐服务的助餐服务点，提供居家上门服务的社区养老服务组织，提供一站式服务的社区综合为老服务中心、护理站和护理院等，目前看来服务主要限于物质层面，而且在整个供求的衔接方面社区正在起着非常关键的中介作用，并获得老人的倚重和认可。“双差距”问题表现为意愿需求和有效需求差距比较大，有效需求和供给也有错配。这种错配有收入和消费倾向因素，也有供给质量因素，除此之外有些老人需要的项目仍还处于试点阶段，比如代办及精神服务等方面仍无法形成规模，精神关爱和心理健康服务相对欠缺，限制了服务供给和服务种类的扩展。还有老有所学方面，关于高科技产品，老人的兴趣比较大，但苦于没人教授和学习能力较弱，最常用的仅限于智能手机，对其他高科技产品的尝试和使用相对不多，对于免费学习他们持有积极态度。

微观调查并没有就此结束，本书进一步通过计量模型对幸福感做进一步研究，以找到影响老人幸福感的居家养老因素：第一，是否使用老龄化智能穿戴设备对老人幸福感无显著影响，说明智能穿戴设备在老人生活中所扮演的角色并不像我们想象中那样重要，这也是为什么老龄化智能穿戴设备始终处于“叫好不叫座”的尴尬境地的原因。如果说供给方一直在以创新引领潮流，但相比之下需求方仍然处于传统的消费模式，所以老龄化智能穿戴设备方面，除改进产品设计之外还应关注需求侧的提升。第二，愿意学习使用互联网及软件的老人更能感到幸福，因此给老人提供更多的学习机会，尤其是与互联网相关的通用技巧培训，将在提高幸福感的同时对于其提升需求档次有帮助。第三，对政策越了解幸福感越强。上海市政策出台非常频繁，越了解政策的老人越能够运用政策为自己谋福利，这样的结果说明上海市养老政策效果显著。结合政策了解渠道的调查，社区宣传和电视是老人获取信息的主要渠道，互联网的传播作用并不大。第四，存养老金、子女孝顺以及身体健康对幸福感有正向影响，相应地担心钱不够养老、子女不孝以及身体不健康将会使老人的幸福感大打折扣，针对老年人的这些忧虑，政府政策也应有针对性地为老人排忧解难。

（二）中观产业研究：老龄产业发展的不平衡性

“双差距”的供求错位究竟是什么原因导致的？从需求上来说，老人收入相对较低而且从养老保险的支出增长趋势看，如果不进行开源节流，将面临比较大的缺口，因此首先需要在收入层面有所保障。从服务供给侧——政府、企业、社区、社会组织、评估机构、老年家庭六个参与主体的现状和困境来看，政府购买养老服务在运行过程中长期存在养老服务认可度低、养老服务企业生存困难、社区功能资源配置效率不足、评估体系配套服务不健全、老年人支付能力差且对政府购买认知不足的问题，供需匹配度不够是当前养老服务业发展的一个痛点。现有的服务供给运行机制中，政府、社区及社会组织存在附属关系，养老服务市场发育不充分，自上而下的养老服务供给与自下而上的养老服务需求，由于信息不对称、需求表达渠道不畅、供需之间缺少直接互动，就会产生供需错位、缺位的问题，另外老人需求层次的提升尚需要供给方来引导。

由于供给方的主导力量在于政府、社会组织和企业，而他们所涉及的就是老龄服务产业，接下来本书着重于狭义（以政府为主导）以及广义老龄产业（狭义＋以市场为主导）的发展研究。经过分析，发现了以下不平衡性：第一，产业与区域经济发展的不平衡性。从关联性和波及效应计算，广义的养老服务产业不仅关系到福利经济及社会保障中的老人福祉，还涉及宏观经济中需求、政府投资及私人投资等拉动经济增长的重要因素，主要表现在上海市养老服务产业对于相关产业的产品需求较强。从产业类型上说，养老服务产业的发展对制造业的拉动最为强劲，因此无论从产业联动角度还是从对区域经济的拉动角度看，养老服务产业的重要性显而易见。相反，区域经济对于养老服务产业的拉动作用却很弱，说明上海市养老服务产业难以随着区域经济的增长而同步自发增长，即广义的养老服务产业并不具有随区域经济自发增长的明显趋势和潜质。这样的不平衡性说明养老服务领域具有明显的市场失灵特征，单纯依靠市场其发展动力不足，需要政府的介入，以弥补市场失灵的状况。第二，狭义与广义（市场化部分）养老服务产业发展不平衡，目前能做到的是社会化，市场化部分发展尚处于小规模和无序状态，这与政策支持、标准制定及监管的不平衡性有关。同时调查过程中反映出来另一个问题就是：狭义的老龄产业可能对广义老龄产业的市场化部分产生一定的挤出作用。第三，从企业性质方面看，公办、公办民营与民营企业发展的不平衡性。主要问题在于三者的关系尚未梳理清楚，首先养老服务产业离不开政府支持，政府购买以及相关政策的制定是必要的，但是这种支持需要以公平竞争为制度基础，不同性质的企业可以在不同层面形成竞争和互补关系。同时，标准和监管的缺位会扰乱企业与老人建立信任关系，难以真正市场化。第四，老龄服务产业与老龄产品产业之间发展的不平衡性。尽管老龄服务产业发展存在一定的不平衡性，但就整个老龄产业来说已经形成了比较成熟的框架，下一步就是机制的理顺。与老龄产品市场相比，老龄服务市场因其在社区内的社会资本形成的闭环，容易形成相互信任的关系，这一点比老龄产品产业具有较大的优势，因此老龄产品产业也可以借鉴老龄服务产业的经验，创造社会资本的闭环，建立与老人的信任机制。

（三）宏观政府调控：公平与效率的统筹兼顾

以上分析表明居家养老服务产业的供给主体是多元化的，如何将这些力量进行有效整合，除了市场之外还需要政府的作用。目前上海市政府在建立平台和各种社会组织方面迈出了坚实的步伐，在制度供给方面落实了评估制度，将资源分配给最需要的老年群体，从效率和公平上已经有所建树。

从国外老龄化严重的国家经验来看，政府已经不是服务的直接提供者，而是制度和政策的供给者。上海市也在这方面做出了尝试，将服务交给更为专业化的社会组织或企业，但是在此过程中存在的附属关系制约了竞争从而影响了市场机制的成长。因此在供给机制的建构过程中，需要秉持公平公正的原则进行招投标，以提供物美价廉的服务，这种竞争机制的引进将会刺激老龄服务产业的发展和创新，提高服务供给效率，政府还需要对于供给过程、产品质量、行业标准做严格的规划和监督。除此之外，政府要搭建平台创新制度供给，促进老人之间互帮互助、家庭服务的专业化指导，同时进一步理顺社区、医院、社会组织、志愿服务部门、企业之间的关系，在供给过程中形成资源共享、互通有无的关系，打破部门之间的壁垒，促进资源协调和调配。目前政府仍需要在上述方面进一步改进公平和效率的统筹方式。

在定性研究基础上，本书尝试从两个方面衡量财政支出效率，一是扩展线型支出系统模型，此模型可以横向显示每一个商品的基本需求，但是因数据的原因留待以后分析。二是本书以四个区为例，采用 DEA 模型尝试探讨了居家养老服务的财政支出效率，政府的居家养老支出以及由此产生的服务项目数量、享受服务人员数量以及服务满意度，是影响居家养老服务政府财政支出效率的重要因素。从数据收集和分析过程来看，政府在数据库建设方面还是比较薄弱的。从产出弹性看，多数区都是产出弹性小于 1 的情况，处于产出规模效应递减区域。如果数据库足够完善我们还可以计算出每个项目的情况。对于规模收益递减的服务项目，政府需调整财政支出结构来消除效率损失，对于规模收益递增的服务项目，政府需进一步增加财政支出来改善效率。当前我国地方政府购买服务涉及养老、残疾人服务、医疗卫生、教育、社区服务等公共服务，存在数量少、购买规模小、购买领域狭窄的问题，同时尚未涉及更多的门类，如除了老有所养（如陪伴、照顾）之外，还要发展老有所乐（娱乐、学习和公益）等文化消费。因此扩大服务购买范围、增加享受服务人员数量是提升我国地方政府购买服务财政支出效率的重要途径。在政府购买服务的过程中，让民众对财政资金的投入、组织机构、服务队伍、服务质量以及制度的建设等实施情况进行反馈，既有利于实现公共服务市场化，又有利于打破长期以来政府在公共服务供给中的垄断地位，从而提高政府购买服务的效率。

二 上海市养老服务产业发展的政策建议

（一）合理制定产业发展规划并落实到位

合理制定产业发展规划，第一，重视广义的养老服务产业的概念，明确产业化是必然趋势，避免局限于发展事业的视角。第二，应针对具体细分产业制定不同政策，避免一刀切的产业政策，加大对居家照护服务、智能设备制造、医药技术研发等产业的扶持力度，加强对养老地产、养老金融、老年旅游等产业的监管。第三，以政府投资为先导，并通过税收、贷款等优惠措施加大对产业发展的资金支持力度，拓宽企业的融资渠道。第四，要充分发挥政府的资源整合作用，建立起政府主导、有关部门密切配合、社会各界广泛参与的养老服务产业发展体制。

（二）厘清政府职责合理推进市场化进程

在养老服务产业的发展过程中，政府不能过多地干预企业的行为，应打造服务型政府。第一，转变政府参与模式，上海市应从非竞争的形式购买向竞争性、契约化购买方式转变，在政策许可的范围内逐步开放市场竞争。第二，将具有独立性、专业化的企业引入到养老服务产业中，使各类型养老服务企业以及社会组织等在养老服务市场中公平竞争。第三，发挥监督服务职能，在政府的主导下建立全民监督机制，增加企业、群众信息反馈渠道，建立机构进入、退出机制，对于不符合要求的机构进行严厉整治和勒令退出，维护产业环境。第四，为制度创新搭建平台。借鉴国外经验，例如目前推出"时间银行""老吾老计划"以及"老伙伴计划"等试点可以适时铺开，实施"喘息服务"减轻养老者的负担，以及"爱心券"跨期跨区使用，等等。培育志愿者队伍，将志愿者履历与升学或升迁挂钩，形成良好的志愿氛围，为老人提供更多的代办和精神层面的服务。

（三）改善养老服务产业布局发挥区位优势

产业布局是关系区域经济、社会与环境可持续发展的重要问题，第一，重视养老服务产业的布局，立足老年人的需要层次，注重环境、经济、社会三方面的协调发展，继续以基本养老、医养结合产业为重点发展对象。第二，结合自然资源、产业资源、社会资源的优势，加强对化学制药、养老地产、老年用品等产业的扶持，使广义的养老服务产业全面发展，各细分产业相互促进。

上海市要充分利用区位优势，深化《长三角区域养老合作与发展·上海共识》，整合区域资源，协同周边省市共同推动"一体化战略下长三角区域的社会养老服务业"的落实。第一，上海市可以立足自身的经验、技术、经济优势，加速对本地品牌化养老服务企业的培育，充分利用长三角地区的老年人消费市场，将本土优秀的养老服务企业在长三角地区进行复制。第二，上海市应充分利用周边区域的环境优势和土地价格优势，推动养老地产及相关产业园区的建设。

（四）加强对企业调研和对老年人政策宣传

要发挥民营资本的作用，激发企业家们的投资热情。第一，政府要及时做好针对养老服务企业的调研，了解企业发展困境，针对性地制定相关政策给予支持。第二，需要及时与企业家们进行沟通。一方面充分解读养老服务相关政策，提高他们对相关产业的信心；另一方面鼓励他们作为战略投资者投资养老服务产业，不要急于追求养老服务的盈利，用时间换盈利空间。

提高老年人的有效需求和养老认识。第一，结合微信、电视等媒体扩大养老服务宣传的范围和渠道，提高社会民众特别是老人家庭成员对养老服务的认识。第二，培育专门的养老服务宣传人员，深入社区，将老龄政策由浅入深进行宣传讲解，逐步提高老年人对养老服务的理解和认可。第三，引导和鼓励信息技术、机器制造企业参与养老服务事业。建设具有信息安全、数据统一、便捷高效的养老服务数据库，利用信息化手段提升工作效率。尽快完善老年人需求表达、监督评价机制，解决养老服务信息不对称问题。利用大数据平台建立长期的需求征询和反馈机制，以及对于服务的评价体系，软件自动跟踪、整理老人的需求信息，即时显示老人的意愿需求和实际有效需求，了解两者之间差距及原因，为供给提供准确的信息。

（五）培育专业人才的同时通过科技替代人工

解决养老服务产业的人才短缺问题。第一，要在薪资待遇、人才公寓、落户标准等方面为养老服务人才提供优惠待遇，使他们能够长期留在当地的养老服务产业。第二，联合高校、养老服务企业搭建产学研相结合的实践基地，培养懂养老、懂产业、懂管理的复合型人才，为养老服务产业的发展提供全方位的人才储备。第三，建立对养老服务人才的保护机制和监督机制，一方面通过为养老服务人才购买高危职业保险降低老年人发生意外后的损失，另一方面对于职业技能、职业操守、职业道德缺失的养老服务从业人员进行处罚。第四，建立服务人员培训机制，建立服务等级和标准。建立全社会方位的志愿者服务平台，并将其与升学就业评价体系对接，借助志愿者的力量为老服务。第五，将机器制造企业与现有养老服务机构进行对接，针对老年人的特殊需求进行全链条机器产品的设计和开发，减少对护理人员的依赖程度。

附　　录

访谈记录摘选

（一）

时间：2017 年 6 月 14 日 16：30—17：30

对象：某助老服务中心

访谈内容：

1. 最受老年人欢迎的活动有哪些？

学习手机和电脑，大部分是 1 对 20 人开课（一般最有效的是 1 对 6，学习一个月基本就会使用手机；小课堂 20 人，大课堂 60 人）；政府买单一小部分，没有企业赞助，几乎都是老年人自费，各地都有这方面的课程在开展。老年人自行组成讲师团，公益工作。还会教老年人微信拓展的功能，比如滴滴打车。

老年人对抢红包等方式还是很喜欢，但是不太会花钱，这条路还很漫长。也团购过手机和电脑，但是不主要靠这个营销赚钱，还比如团购橙子；我们的网站坚决抵制广告，线下也不加入广告。关于玩方面，老年人都很喜欢，老年人互相组织，我们协助执行；每个月长短线加起来，每月 500—600 人；其他小型娱乐活动，老年人玩的话基本上 AA 制 100 元一次吧。我们对老年人管控并不大，线下小活动不参与，官方组织的才会进行管理。

2. 你们与旅游公司的不同之处有哪些？

我们有老年人群体，有客户基础和需求，因此才开发旅游业务；我们更像公益游，收费 AA 制；老年人（客户）发布需求，自行发起，我们负责安全和执行，签同意书（子女和医院双方必须都同意，还需要签其他协议），一般三四天左右。旅游方面已经很成熟。我们现在自行制定线路运营。

3. 公司的资金来源是什么？

政府补贴为主，我们属于某局下属部门，没有公募资质，企业捐款都是捐到基金会和养老院；旅游收管理费，这是某局统一规定，在 5% 左右。每年政府招标进行资助；做得不好就会被淘汰。政府招标项目，如科技扶老计划，教老年人学习。

4. 上海市老年人针对这些服务需求和使用量如何？

需求量很大，但没有足够的人力和物力去支持，企业不敢大量宣传，目前规划是以老年人来教老年人，发挥老年人自己的力量。有些组织具有老年人互助性质，定位到就近社区，让老年人自发组成志愿者等服务老年人，发挥老年人自己的团队的作用，如互助学习小组。

5. 老年人的需求有哪些？

核心的就是手机、电脑和摄影，学习服务为主，我们是科技型，政府和老年大学在做文化，比如艺术学习、英语等，这一块我们就不集中做，我们集中做的是将科技元素融入这三块内容。

6. 与老年大学有合作吗？

几乎没有，老年大学的电脑班老师从我们这里培训出来，但是后期老师流失比较快。我们和老年大学打差异化产品，而且老年大学与我们分属不同的系统。

7. 科技产品的用户都是哪些年龄段？

70 岁左右在网站多；60 岁左右微信很多；学习手机的最大年龄是 86 岁。总的来看，我们网站的用户在 20 万人左右（2016 年底的数据），上海本地人占 90%，最远在加拿大，老年人自行发起组织。

8. 你们的产品端都有哪些？

十分全面、各方面都有，App 和网站很多，基本上都是我们在管，要保证文化价值观主流，小部分也让老年人参与管理。

9. 你们是如何定位未来发展方向的？

公益组织和商业企业之间，努力发展为社会企业；社会企业大部分是商业资源有资金后再投资公益。老年人现在需求的发展，从 PC 到手机，从发文字到发图片，需求逐渐多元化，公司经济实力做强之后会考虑为老人提供更多服务。目前我们缺乏网络平台技术，这方面缺乏人才和经费。每个产品一个人开发，各方面更新进度很慢。类似企业也很多，但各家企业服务人数有限，不会一家独大，我们的企业是公益为主，所以服务价格很低。

10. 你们对于科技助老产品如何评价？

微信能解决的服务，根本不需要额外的产品；大部分科技助老产品不够便捷，也是伪需求。

11. 你们与银行有合作吗？

只是和他们合作制定会员卡，不具备理财功能，部分活动只有会员才能参加。通过会员卡限制人数，提供精品服务，可以对黏性不足的用户，在服务时进行必要的监管。

12. 你们是否考虑和高校合作？

现在经费有限，不过以后服务于老年人的志愿活动非常希望跟高校合作。

（二）

时间：2017 年 6 月 29 日下午 14：00—16：00

对象：某日间照料中心

1. 你们提供的服务包括哪些？

包括助餐、上门就医、换药、助浴，不会额外再收费用。我们还为 90 岁以上老人提供上门服务，比如助洁、助浴等，由政府补贴。我们的服务时间从上午 8 点到下午 5 点，其他时间，老人如果真的有需求也可以电话联系我们，但是老人非常自立，也不会无故打电话麻烦工作人员。

2. 社区对老人的筛选标准是什么样的？

90 岁为主，政府有补贴，社区事务所报名登记，由第三方进行评估，街道作为总的信息中心。老人分为 6 级，我们这里主要是 2—3 级，2 级轻一点；3 级需要轮椅，失能；4 级及以上直接去养老院。

3. 照料中心的规模怎样？

目前有 3 名专职员工，17 名老人，长期接受照顾的有八九个；这个街道共有 3 家日间照料中心，3 家互相协调资源，照顾整个街道；我们以后会根据实际情况进行协调，开设综合为老服务中心，即全托型；我们的老人，基本上都是新上海人，在上海生活七八十年了，纯本地很少；大部分是退休工人，三分之二识字。部分老技术工人，其他高中学历。

4. 照料中心的设施和选址如何解决？

统一由街道安排，街道投资固定资产，通过招标形式运作，我们作为第三方，只提供人力和服务。

5. 照料中心的收支情况如何？

目前算是做公益，基本无法盈利，老人饮食费用高，水电费用高。员工工资水平一般。

6. 街道对照料中心有哪些支持？

大型活动，车辆接送；政策方面会给予支持，长护险；提供补贴。

7. 为何从去年才开始大量建设日间照料中心？

主要是政策推动，经营遵循上海市统一标准。

8. 是否会把不适合我们服务中心的老人协调出去？

基本上不会，我们会尽量特别照顾，我们这边有住了 4 家养老院的老人，来这里反而更加适应，喜欢上这里的环境。

9. 遇到过什么暖心故事吗？

工作人员生病，老人也很热心，大家都会主动把自己的药拿给工作人员。

10. 遇到的困难有哪些？

孤老方面，老人愿意来，但我们的能力有限，他们手续不全，比如老人来这里一定要有家属签字，出现有子女没人管的，却没法收。老人进来前都经过第三方评估。

11. 工作人员的专业水平如何？

医师都有持有医疗护理证书，上岗培训，比如轮椅、洗澡、量血压等，由社会保障局培训；其他员工是否有证都可以，没有的来之后进行培训，最重要的是有爱心。

参考文献

中文文献

白志远、亓寿伟：《收入门槛、相对剥夺与老年人幸福感》，《财贸经济》2017 年第 5 期。

陈叔红：《养老服务与产业发展》，湖南人民出版社 2007 年版。

陈颐：《关于养老服务产业化的几个问题》，《现代经济探讨》2010 年第 11 期。

程超、温兴祥：《家庭内部相对收入、性别身份认同与中国居民生活幸福感》，《经济评论》2018 年第 6 期。

程承坪、吴琛：《健康战略下发达国家发展养老健康产业借鉴研究——以美国、德国、日本为例》，《当代经济管理》2018 年第 3 期。

程皓、阳国亮：《区域一体化与区域协同发展的互动关系研究》，《经济问题探索》2019 年第 10 期。

储伶丽、郭江：《老龄产业的性质评价及发展路径分析》，《改革与战略》2016 年第 2 期。

董克用、姚余栋：《养老金融蓝皮书：中国养老金融发展报告》，社会科学文献出版社 2018 年版。

高鹏飞、张健明：《香港私营安老服务企业的运营机制及启示》，《新金融》2018 年第 6 期。

郭竟成：《居家养老研究：来自浙江的调查与思考》，中国社会科学出版社 2016 年版。

洪静、殷志刚：《当前应全面培育养老产业而非放开》，2018 年 11 月 20 日，中国房地产金融（http：//www. fangchan. com/news/7/2018 – 11 – 20/6470587942443487376. html）。

胡立君、杨振轩、周昭洋：《养老产业的经济学属性研究》，《江淮论坛》2018 年第 1 期。

黄清峰：《中国养老服务产业发展研究》，武汉大学出版社 2014 年版。

金晓彤、张晓路：《我国老龄消费的新特征及促进对策》，《经济纵横》2013 年第 4 期。

李芬：《我国老年人异地养老动力机制分析》，《安徽师范大学学报》（人文社会科学版）2016 年第 2 期。

李健美：《引入市场机制实现老龄产业的超常规发展》，《价格理论与实践》2001 年第 9 期。

李蕾：《长三角地区制造业的转型升级以及地区专业化与协同发展研究——基于长三角与京津冀比较的实证分析》，《上海经济研究》2016 年第 4 期。

李森、韩俊江、荆悦：《我国老龄产业发展现状、存在的问题及改革策略》，《经济视角》（上旬刊）2015 年第 3 期。

李雨潼：《“候鸟式”异地养老方式研究》，《社会科学战线》2018 年第 8 期。

李雨潼、曾毅：《“候鸟式”异地养老人口生活现状研究》，《人口学刊》2018 年第 1 期。

刘丹鹭：《长三角地区基本公共服务均等化的评估》，《南通大学学报》（社会科学版）2018 年第 6 期。

刘燕：《制度化养老、家庭功能与代际反哺危机：以上海市为例》，上海人民出版社 2016 年版。

刘禹君：《中国老龄产业市场化发展研究》，社会科学文献出版社 2018 年版。

鲁志国、黄赤峰：《人口老龄化与产业结构调整》，《中国经济问题》2003 年第 3 期。

陆杰华、王伟进、薛伟玲：《中国老龄产业发展的现状、前景与政策支持体系》，《城市观察》2013 年第 4 期。

陆铭：《优化“上海都市圈”空间形态：做“八爪鱼”而非“太阳系”》，《第一财经日报》2019 年 4 月 2 日。

马岚：《福利性、公益性和产业化相结合的养老服务模式研究》，《现代经济探讨》2019 年第 2 期。

牟永福、彭红利：《政府购买居家养老服务模式与机制创新研究》，河北科学技术出版社 2013 年版。

倪东生、张艳芳：《养老服务供求失衡背景下中国政府购买养老服务政策研究》，《中央财经大学学报》2015 年第 11 期。

彭希哲、胡湛：《公共政策视角下的中国人口老龄化》，《中国社会科学》2011 年第 3 期。

钱平雷：《居家养老解困记》，上海科学技术文献出版社 2017 年版。

全国老龄工作委员会办公室编：《第四次中国城乡老年人生活状况抽样调查数据开发课题研究报告汇编》，华龄出版社 2018 年版。

全国老龄工作委员会办公室编：《第四次中国城乡老年人生活状况抽样调查总数据集》，华龄出版社 2018 年版。

全毅：《全球区域经济一体化发展趋势及中国的对策》，《经济学家》2015 年第 1 期。

施巍巍：《人口老龄化的经济社会对策研究》，《中共中央党校学报》2012 年第 6 期。

宋佳丽：《人口老龄化对产业结构的影响——基于上海市的实证研究》，硕士学位论文，上海社会科学院，2016 年。

孙久文、姚鹏：《京津冀产业空间转移、地区专业化与协同发展——基于新经济地理学的分析框架》，《南开学报》（哲学社会科学版）2015 年第 1 期。

孙鹃娟、杜鹏编：《中国人口老龄化和老龄事业发展报告 2016》，中国人民大学出版社 2017 年版。

田香兰：《日本老龄产业制度安排及产业发展动向》，《日本问题研究》2015 年第 6 期。

田钰燕、包学雄：《“互联网 +”时代居家养老服务供给：从技术嵌入到协作生产》，《社会保障研究》2017 年第 2 期。

王宝顺：《中国地方财政支出效率研究：理论与实证》，中国社会科学出版社 2018 年版。

王恰：《DEA 方法与资源配置问题研究》，中国社会科学出版社 2017

年版。

王倩、刘佳琪：《中国养老产业混合所有制发展路径研究》，《社会科学战线》2018 年第 11 期。

王全忠、彭长生：《城市群扩容与经济增长——来自长三角的经验证据》，《经济经纬》2018 年第 5 期。

王松岭、范中原、李奎：《“十二五”期间城镇养老服务业对 GDP 贡献预测研究》，《商业经济研究》2013 年第 4 期。

王天鑫、韩俊江：《我国养老服务人才培养的现状、问题与对策》，《税务与经济》2018 年第 6 期。

吴婵君：《浙江老龄服务产业市场化融资模式创新研究》，《浙江学刊》2011 年第 4 期。

吴金晶等：《城市老人从事志愿者活动对自身主观幸福感的影响》，《南方人口》2012 年第 5 期。

吴三忙：《投入产出技术理论与应用》，中国经济出版社 2017 年版。

武赫：《人口老龄化背景下我国养老产业发展研究》，博士学位论文，吉林大学，2017 年。

武义青、赵建强：《区域基本公共服务一体化水平测度——以京津冀和长三角地区为例》，《经济与管理》2017 年第 4 期。

杨晓奇：《对我国城市居家养老服务发展的探讨——基于十城市万名老年人的调研》，《老龄科学研究》2014 年第 2 期。

姚兆余等：《家庭类型、代际关系与农村老年人居家养老服务需求》，《南京大学学报》（哲学・人文科学・社会科学）2018 年第 6 期。

易昕：《人口老龄化对中国产业结构变化影响研究——基于 2000—2012 省际面板数据的实证分析》，《商业经济研究》2015 年第 3 期。

殷俊、杨政怡：《老龄产业与老龄事业协调发展路径研究》，《求索》2015 年第 6 期。

雍虎：《公众金融理财行为社会调查报告》，《上海质量》2017 年第 5 期。

袁妙彧、魏雷：《低碳社区模式下的居家养老创新》，社会科学文献出版社 2017 年版。

詹姆斯・H. 舒尔茨著：《老龄化经济学》，裴晓梅等译，社会科学文献出版社 2009 年版。

张斌、李军：《人口老龄化对产业结构影响效应的数理分析》，《老龄科学研究》2013 年第 6 期。

张歌：《城市居家养老服务资金保障研究》，中国社会科学出版社 2016 年版。

张国平：《农村老年人居家养老服务体系研究》，中国社会科学出版社 2015 年版。

张卫、马岚、后梦婷等：《长三角一体化与区域养老融合发展机制研究》，《现代经济探讨》2018 年第 4 期。

郑秉文：《养老保险制度和养老产业一体两面》，2014 年 5 月 6 日，腾讯网（http：//xw. qq. com/finance/20140506032664）。

朱勤皓：《解决养老供需信息不对称问题，上海即将推出“养老顾问”制度》，2018 年 4 月 16 日，东方网（http：//sh. eastday. com/m/20180416/u1ai11365188. html）。

祝佳：《创新驱动与金融支持的区域协同发展研究——基于产业结构差异视角》，《中国软科学》2015 年第 9 期。

外文文献

A. H. Maslow，“A Theory of Human Motivation”，*Psychological Review*，No. 50，1943.

Blanchflower，Oswald，Andrew J. “Well-being Over Time in Britain and the USA”，*Journal of Public Economics*，No. 6，2004.

B. Pichat，*United Nations*：*Population Aging and Its Social Economic Implication*，New York，1956.

Browning M.，Lusardi A.，“Household Saving：Micro Theories and Micro Facts”，*Journal of Economic Literature*，Vol. 34，No. 4，1996.

Crist J. D.，Woo S. H.，Choi M.，“A Comparison of the Use of Home Care Services by Anglo-American and Mexican American Elders”，*Transcul Nurs*，No. 18，2007.

Demir M.，“Close Relationships and Happiness Among Emerging Adults”，*Journal of Happiness Studies*，No. 11，2010.

De Witte K., Geys B., "Evaluating Efficient Public Good Provision: Theory and Evidence from A Generalised Conditional Efficiency Model for Public Libraries.", Journal of Urban Economics, Vol. 69, No. 3, 2011.

Di Tella, Mac Culloch, Oswald, "Preferences Over Inflation and Unemployment", *The American Economic Review*, No. 91, 2003.

Démurger Sylvie, "Infrastructure Development and Economic Growth: An Explanation for Regional Disparities in China?", *Journal of Comparative Economics*, No. 29, 2001.

Feinian Chen, Susan E. Short, "Household Contest and Subjective Well-Being Among the Oldest Old in China", *Journal of Family Issues*, No. 10, 2008.

Graham C., Felton A., "Inequality and happiness: Insights from Latin America", *Journal of Economic Inequality*, No. 4, 2006.

Helen Bartlett, David R. Phillips, "Ageing and Aged Cane in the People's Republic of China: National and Local Issues and Perspectives", *Health& Place*, No. 3, 1997.

Helliwell J., "How's life? Combining Individual and National Variables to Explain Subjective Well-being", *Economic Modeling*, No. 20, 2003.

Hessami Z. "The Size and Composition of Government Spending in Europe and Its Impact on Well-being", *Kyklos*, Vol. 63, No. 3, 2010.

Hudson J., "Institutional Trust and Subjective Well-being Across the EU", *Kyklos*, No. 59, 2006.

John B. Knight, Lina Song, Gunatilaka, "Subjective Well-being and Its Determinants in Rural China", *China Economic Review*, No. 20, 2009.

Joseph J., Spengler, Robert L. Clark, *The Economics of Individual and Population Aging*, Cambridge University Press, 1980.

Litwak E., C. F. Longino, "Migration Patterns among the Elderly: A Developmental Perspective", *The Gerontologist*, Vol. 27, No. 3, 1987.

Paul Samuelson, "The Theory of Public Expenditure", *The Review of Economics and Statistics*, No. 4, 1954.

Robson P., *The Economics of International Integration*, Routledge,

2002.

Whitelaw S. , Hill C. , "Achieving Sustainable Social Enterprises for Older People: Evidence from A European Project", *Social Enterprise Journ*, No. 3, 2013.

Yaskevich R. A. , E. V. Derevyannikh, L. S. Polikarpov, " Estimation the Quality of Life in Elderly Migrants of the Far North in the Period of Readaptation to New Climatic Conditions", *Cancer Nursing*, Vol. 4, No. 3, 2013.

后　记

与养老这个领域结缘已有 20 年，那时候养老制度改革伊始，而我硕士在读。我的导师复旦大学李洁明教授带领课题组参加学术会议、翻译国外文献、进行课题研究、撰写学术论文，为后续研究奠定了基础、创造了条件。随着改革深化，问题也层出不穷，2008 年我参与李老师主持的国家哲学社会科学基金项目，研究期间萌发不少新的想法，并先后获得教育部课题资助和上海市哲社的课题资助以进一步开展相关专题研究。本书就是在上述两个课题的支持下以更广阔的视角和更完整的论证所做出的成果。

对于已经进入老龄化的国家而言，养老关系到人民的福祉、国家的稳定和社会的进步。我们不仅要解决严峻的现实问题，还必须进行长远规划，调整制度设计以实现公平可持续的目标。与其说制度改革是顶层设计，不如说是多方博弈的结果，当制度不适合经济社会的发展，人们必然以逆向选择的方式提出诉求，结果就是要么强制执行人们怨声载道，要么就是制度实施因阻力重重而难以为继。居家养老服务的制度改革现实与目标之间并非难以逾越的鸿沟，我们需要探索的是不断发展着的经济环境及人们的诉求，让制度去适应这些改变而不是相反，如果说本书有一定的贡献，可能就在于此吧。

感谢我的启蒙导师李洁明教授，没有您的引领就没有我今天的进步。感谢教育部人文社会科学研究青年基金项目和上海市哲学社会科学基金项目的资助，让我在无后顾之忧的环境中更攀高峰。感谢复旦大学封进教授的修改建议，感谢华东理工大学于炜教授的交流指导和启发，感谢项目实施过程中给予课题组大力支持的所有养老机构以及可爱的老人们，感谢中国社会科学出版社编辑老师的辛勤编辑和校稿，感谢《上海大学马克思主义中国化研究丛书》编委会领导的大力支持。感谢郭得恩、金汶潓、祝琳、王会光等同学为本课题做出的贡献，怀念一起研讨的日子。最后，感谢我的家人在写作期间给予的莫大支持和关爱，使我能在愉悦的环境下顺利完稿。尽管课题研究告一段落，但本书仍有不足，同时也发现还有尚待深入研究的问题，今后我仍将继续努力，做一个踏实的科研工作者和制度的推动者。

艾 慧

2020 年 5 月 1 日